LE LIVRE UNIVERSEL

La Comtesse Fernande

PAR

Paul Segonzac

PARIS

L'ÉDITION NOUVELLE

20, Rue Bonaparte (VIᵉ)

L'AMOUR & L'ARGENT
EDMOND
LADOUCETTE

LA ...ESSE FERNANDE

par PAUL SEGONZAC

L'OUVRAGE COMPLET

50

CENTIMES

L'ÉDITION NOUVELLE 26 Rue Bonaparte PARIS

et il a tout laissé à son fils unique, Jean, les cinq millions et le nom glorieux, et tout cela, Jean le met à tes pieds ! Tu n'as qu'à faire un signe.

« Tiens ! faut-il te le dire ? Il sait que je suis ici et il doit m'attendre au cercle pour me parler de toi, et il va me supplier encore...

— Réponds-lui une bonne fois qu'il perd son temps ! laissa tomber Fernande. Je t'aime trop pour accepter d'être sa femme.

Et douloureusement, confessant la seule impression qu'eût faite sur elle l'ardent plaidoyer de Robert :

— Avoue donc que tu ne m'aimes plus.

Il l'étreignit fougueusement :

— Moi ! je t'adore !

— Et tu me laisserais épouser...

— Pour ton bonheur ! S'il fallait ma vie, je la donnerais !

Elle lui ferma la bouche :

— Tais-toi, tu es fou !

— Non, je t'adore, et je te veux heureuse et comblée. Et il faut m'écouter, Fernande, il le faut ! Je serai toujours là, ton esclave, moi aussi. Et si quelque jour un événement imprévu, un de ces accidents.

Fernande frissonna.

Il poursuivit, précisant l'image qu'il évoquait :

— Tous les hommes sont mortels... les maris comme les autres... plus que les autres, quand ils jouissent d'un bonheur immérité, d'un bonheur volé...

Et sourdement, une rage d'envie dans la voix et, de ses yeux à la fois caressants et impérieux, imposant sa volonté à Fernande :

— Oui, volé... et c'est à moi qu'il le volera, le bonheur !... Parce qu'il a des millions et que, je n'ai plus rien et que je te veux riche.

Puis disant tout dans une révolte :

— Eh bien, je veux être riche aussi, moi, l'être avec toi ! Je veux que nous vivions ensemble, en nous aimant, la vie qui nous est due... et c'est lui qui nous la fera, cette vie-là !

Un cri lui répondit :

— Misérable !

Le baron de Nivernay s'était dressé sur le seuil ; il s'avançait, en titubant, le poing tendu.

— Misérable ! je t'avais bien jugé !

Mais, tout à coup, il battit l'air et s'écroula sur le

mot avait tout remué.

— Hélas !... Oui. Mon oncle est très malade.

— Oh ! je vais envoyer chercher un médecin dont je suis sûr, une lumière de la Faculté, une vraie, le docteur Daubray. Il n'a rien à me refuser, c'est mon parrain, mon second père.

Le comte Robert secoua la tête :

— Vous êtes l'incarnation du dévouement, mon cher Cornélis ; mais il n'y a rien à faire ; mon oncle est perdu, il sera mort demain, il l'est peut-être à cette heure...

— Mais c'est épouvantable !

— Le mot est un peu gros pour moi ; dites douloureux, très douloureux... Il est vrai que vous pouvez maintenir le mot pour ma cousine. Elle va rester seule au monde, aux prises avec des difficultés de toutes sortes. Ce n'était pas précisément un modèle d'ordre, que mon pauvre oncle, le baron de Nivernay. Enfin, je suis là et, autant que je le pourrai, ma cousine peut compter sur moi.

Presque timidement, le jeune homme demanda :

— Puis-je me permettre de vous offrir mes services ?

Le comte parut hésiter, puis, résolument :

— Non.

— Oh ! pourquoi me refusez-vous ?

— Parce que je sais où vous voulez en venir, mon cher ami. Voilà assez longtemps que vous tournez autour de la question.

— Pardon, mon cher comte, mes intentions sont pures...

— Oh ! on dit cela.

— Et on ne ment pas, comte. Je ne mens jamais. Et, puisqu'il faut le dire, c'est vrai, je me suis pris d'une sympathie profonde pour Mlle de Nivernay et je serai le plus heureux des hommes s'il m'était permis, à cette heure où elle va rester seule, de lui tendre la main et d'y recevoir la sienne.

Le comte Robert se permit un sourire :

— Dites donc, mon cher Cornélis, ce que vous me récitez là ressemble beaucoup à une demande en mariage. Est-ce que, vraiment... ?

Le jeune homme n'hésita pas :

— Oui, vraiment.

Le comte étouffa un cri de triomphe et, très grave :

— Mon cher ami, ce n'est guère le moment de

parler de cela ; mais je ne puis que vous remercier de vos intentions. J'en ferai part à ma cousine et, si elle y consent, je vous présenterai dès que son deuil lui permettra de recevoir vos hommages.

— Merci ! je n'osais pas...

— En attendant, tablant sur les sentiments que vous me faites connaître et les tenant pour sincères, je vais vous demander un service :

— Tous les services que vous voudrez !

— Ah ! les voilà bien, les amoureux !... C'est d'elle qu'il s'agit, d'ailleurs ! je vous ai dit qu'elle allait rester en face de difficultés... Elle m'a déjà prié de me charger de tout régler.

— Faites-moi la grâce de m'y associer et disposez de moi.

Le comte Robert tendit la main :

— Allons ! vous êtes réellement un brave cœur !

Et sûr de ne pas rencontrer d'obstacles :

— Vous savez que je ne roule pas sur l'or en ce moment ; ma présence à Paris, quand toute la vie est sur les plages, vous le dit assez ; voulez-vous m'ouvrir votre caisse pour les règlements en question ? Oh ! je m'engage à vous rembourser, je n'accepterai pas sans cela.

Pour toute réponse, le jeune homme tira son portefeuille.

— Tenez, prenez. Ce sera insuffisant, sans doute ; mais vous n'aurez qu'à venir me trouver chez moi demain matin, je vous attendrai...

Robert de Flourac accepta sans hésitation les billets bleus que lui offrait Jean Cornélis.

— Merci ; vous êtes, je le répète, un brave cœur...

Et comptant les billets :

— Voyons, que je sache ce que je vous emprunte... Les bons comptes font les bons amis... Un, deux, trois...

— Mon cher comte...

— Quatre, cinq... Cinq mille francs. Je vais vous signer...

— Oh ! entre nous...

— J'y tiens. Les bons comptes, je vous dis...

— Alors, attendez que je vous aie versé le tout Cette somme-là ne saurait suffire...

— Hélas ! non, mais...

— Je vous attends demain matin. Venez.

— Vous m'accablez, mais je ne puis pas refuser,

— Le nom de cette dame ?

— M. le comte sait bien que nous ne demandons pas leur nom aux dames.

— Demandez-le pour cette fois !

Il était un peu nerveux ; une inquiétude s'installait dans ses yeux.

L'huissier revint et lui souffla à l'oreille :

— C'est Mlle Marie.

Il recouvra aussitôt sa mine bravade ; un moment il avait craint que ce ne fût Fernande, Fernande qui, perdant patience ou affolée par la mort de son père, venait elle-même le relancer — et il s'était dit, la connaissant bien :

— Elle ne me pardonnera jamais d'être resté là à jouer, tandis qu'elle pleurait au chevet de son père mourant.

Il renvoya l'huissier avec cette réponse :

— Bien. Donnez-lui les journaux illustrés.

Et il se remit à tailler.

A quatre heures du matin, il taillait encore, distribuant à une douzaine de pontes râleux — les gros étaient partis, leur affaire faite — les derniers louis des cinq cent mille francs de Cornélis.

A ce moment, son valet de chambre arriva, tout effaré, au cercle :

— Est-ce que mon patron est encore là ?

L'huissier, qui somnolait, se secoua, regarda le jeune homme et rigola :

— Tiens ! c'est toi, mon petit bibi !

— Il paraît... Je vous demande mon patron...

— Il taille, ton patron, depuis neuf heures du soir. Il a dû faire un héritage !... Moi, j'ai pensé à toi tout de suite ; je me suis dit : Allons ! notre petit bibi Boucan va enfin avoir un peu de galette.

Bibi Boucan était le sobriquet dont on avait, ici même, au cercle où il avait débuté comme groom, affublé le valet de chambre du comte Robert.

Tout petit, alors, et frêle comme une fillette, mais très remuant, toujours en train, il parlait tout le temps de faire du boucan, c'était son mot favori ; il s'en tenait, d'ailleurs, au mot ; nature plutôt douce, un peu timide même, et c'était surtout pour cela, pour la drôlerie de l'antiphrase, qu'on l'avait baptisé Bibi Boucan.

Vingt-quatre ans maintenant, à peine grandi, il était depuis son retour du service militaire — il n'a-

— Un excellent ami.

— Tu la connais?

— Monsieur le comte peut être tranquille, Monsieur le comte connaît mon dévouement.

— La voiture file.

[...] c'est moi qui te vengerai! Oui, oui, c'est moi!

Et ils prirent la fuite en pleurant de rage.

— Alors vous avez fait parler ?
— Non.
— Je ne comprends plus !

— Eh bien, épousez-la, monsieur Jean, puisque vous êtes sûr qu'elle le mérite. Profitez, comme je vous le disais, de l'occasion qui s'offre. Elle va... Voulez-vous me charger de la commission ?

— Oui, Cornélia ! dit-il, les deux mains...

— Merci, mon bon Clément. Ton offre me touche plus que je ne saurais le dire.

— Acceptez-la. Personne ne pourrait plaider votre cause comme moi, parce que personne ne vous aime comme moi et que... ce que vous valez.

— Merci, mon ami, merci ; mais je voudrais compliquer moi-même, et j'ai déjà un ami qui connaît mes intentions et qui me sert auprès de la jeune fille.

— Un ami à vous ? Sincère ?

— Je le crois...

— Un jeune homme comme vous ?

— Mon aîné de quelques années.

— Il est aussi l'ami de la jeune fille ?

— Son cousin.

— Ah ! son cousin...

reprit Clément. Mais... n'oubliez jamais... pour...
... les typhus, qui préservent contre les atteintes
de leurs effets.

— Il vous faudra parler de cela au docteur une
bonne fois. Il est là-bas si... Vous savez comme il fit à
vous la promesse qu'il fit à votre père, en mourant,
mais de veiller à votre bonheur... Il est votre tu-
teur, d'ailleurs.

— Je ne ferai rien sans le consulter.

— Allons! vous êtes tout à fait raisonnable, maintenant, Jean... À votre place, j'irais le voir au docteur,
le docteur... avant que vous ayez à le consulter... Je
vous donne...

...donc...

— Elle s'occupera que votre père vous avait...
complétée?

— Laquelle?

— Le grand remède à tous les maux, le fameux...
l'insensibilité à volonté...

— Mais l'heure n'est pas encore venue de donner
à la découverte au docteur?

— Pardon, mes travaux sont terminés.

— Terminés?

— D'aujourd'hui.

Jean Corneille fut pris d'un léger tremblement.

— Il est arrivé à la liquéfaction?

— J'en suis à la suppression de l'odeur et du
goût de ce symbole...

— Clément?

— Je suis certain que vous allez juger vous-même.

En disant, Clément présentait à son jeune maître
un flacon hermétiquement bouché, plein d'un liquide
incolore.

— Je suis allé un peu plus loin, ajouta-t-il. J'ai...
supprimant les effets de ce liquide... ils sont...
même, j'dirai même ennuyant un peu...

— Vous avez...

— Il paraît... produire ce liquide au chien...
...

— Oui...

— Voilà la rigidité du cadavre. Mais au réveil
les membres reprennent... leur souplesse et... retrouve son activité... Voyez plutôt!

Clément montrait la terre-neuve Mourkou qui
... avec un chiffon.

— Il vous a parfaitement reconnu quand vous êtes...

— [illegible] de vous dire. Mais [illegible] je ne
[illegible] les fonds, c'est, monsieur, qui me la [illegible]
[illegible] Il n'y a pas grand [illegible] vous [illegible]
[illegible] vous [illegible] pourrez.

— Oui, je vois, j'en suis même tout chose, dit
[illegible] de la banque balbutia.

— C'est donc vraiment que je ressemble tant que ça
à [illegible] Cornelis!

[illegible] non, mais la ressemblance est vraiment
extraordinaire [illegible] peut-être l'uniforme [illegible]
également [illegible] qui peut être trompé lui-même [illegible]
[illegible] de [illegible] Pierre Lazare,
[illegible] vous [illegible].

— Oui, monsieur, Pierre Lazare.

Le maître continua:

— Quelqu'un m'a dit que, si l'on rencontrait son [illegible]
ne peut, ce serait probablement l'homme qui [illegible]
[illegible] plus [illegible] bien [illegible] Pierre Lazare [illegible]
[illegible] Je pourrais fouiller le monde entier pour
trouver un homme qui me ressemblât comme vous [illegible]
[illegible] Je tiens à vous dire que vous m'avez plu tout de
suite.

— Vous êtes trop bon, monsieur Cornelis.

— Et non seulement je tiens à vous le dire, mais,
pour le prouver, à partir de ce moment, là où [illegible]
me vous avez besoin, souvenez-vous que ma [illegible]
vous est ouverte.

— Vous me comblez.

— Mais non, mais non, demandez-moi ce que
vous voudrez. Voyons! Quelle est [illegible] votre [illegible]
[illegible] Gagnez-vous bien votre vie [illegible]

— Je n'ai pas à me plaindre, monsieur Cornelis.
[illegible] deux cents francs par mois et les gratifications.

— C'est [illegible] mais vous êtes seul sans doute.

— Non, monsieur Cornelis, je suis marié, [illegible]

— Marié et papa d'une fille [illegible] qui va sur [illegible]
[illegible].

— Déjà?

— Je me suis marié à [illegible] seul, avant de partir pour le service militaire [illegible] je n'ai fait d'ailleurs
qu'un an. Nous nous aimions depuis longtemps [illegible]

Je suis déchiré et très fatigué... mais je n'ai pas le temps de me reposer. C'est à moi qu'incombe le pénible devoir de présider à tout.

— Encore une fois, je voudrais pouvoir partager...

— Je le sais... Et d'abord, que je vous remercie : ma cousine a été profondément touchée...

— Oh ! vous lui avez dit...

— Je n'avais pas le droit de lui cacher votre dévouement... surtout à cette heure où elle a tant besoin de se sentir aimée...

— Et comment a-t-elle reçu ?...

— Je vous répète qu'elle a été très touchée : au delà de ce que je pourrais vous en dire... Je me suis abstenu, bien entendu, de lui parler de vos intentions en un pareil moment ; mais je regrette que vous n'ayez pas été là vous-même pour lui dire : « Non, mademoiselle, vous n'êtes pas seule au monde .» Vous auriez vaincu.

— Et je peux espérer...

— De vaincre... quand vous voudrez.

— Oh ! mon ami !

— Comment voulez-vous qu'elle puisse refuser ?... Elle ne vit que par le cœur, et vous lui prouvez que vous en avez autant qu'elle.

Ils étaient arrivés dans le laboratoire ; ils étaient seuls, Clément s'étant éclipsé.

Jean Cornélis sortit de sa poche une enveloppe cachetée qu'il tendit au comte :

— Mon cher ami, voici de quoi faire face aux difficultés que vous m'avez signalées hier soir. N'ouvrez pas. Si c'est insuffisant, vous n'avez qu'à me faire signe... Et surtout ne me remerciez pas :

Robert de Flourac s'inclina :

— Vous avez toutes les délicatesses, mon ami.

Et l'enveloppe disparut dans sa poche.

— Vous êtes plus et mieux qu'un futur mari ; vous êtes une véritable Providence.

— Chut ! Je suis un homme qui fait son bonheur... et qui vous sera éternellement reconnaissant de l'y avoir aidé !

Brisant là-dessus, Jean Cornélis montra sa table de travail.

— Vous avez tenu à me voir dans mon laboratoire ; vous y êtes, mon cher comte. Comme vous pouvez le constater, il n'y a rien d'extraordinaire.

— Et belle, hein ? Ah ! tu sais, moi, j'aime les jolis visages, et comme je suis appelé à voir le sien quelquefois...

— Elle est adorable, au physique comme au moral.

Et Jean fit connaître Fernande de Nivernay, son dévouement pour ce vieux père dont la mort la laissait seule au monde, et son caractère de haute noblesse qui la faisait hésiter à recevoir les hommages du prétendant trop riche pour sa pauvreté.

— En ce moment même où elle se voit seule et dans une situation plutôt précaire, il me faudra presque lui forcer la main !

— Je t'y aiderai ! jeta le parrain... Ah ! parbleu ! il serait beau qu'elle ne te permît pas de faire son bonheur et le tien ! Car ton bonheur est là, n'est-ce pas ? Tu serais même très malheureux si tu ne réalisais pas ton rêve... Eh bien, je te répète que je vais t'y aider... Quand veux-tu que j'aille lui faire ma cour... et ta demande, à cette jeune perle ?

— Oh ! le plus tôt possible, mon parrain.

— Tu es pressé... je comprends ça... Vingt-huit ans et ton premier amour.

— Le dernier aussi.

— Je l'espère bien. Il ne manquerait plus que ça !

Le docteur riait, très gai, rajeuni. Nulle inquiétude ne le visitait, quant au choix de son filleul ; il le connaissait trop sérieux, trop réfléchi pour douter d'un bon choix. Et il ne voyait que cette joie : marier Jean.

— Dis donc, mon petit Jean, je compte qu'à ton tour tu me feras parrain ?

Et Jean, ravi, caressé de son rêve d'amoureux, lui donnait la réplique sur le même ton joyeux. Ils se séparèrent complètement d'accord :

Un quart d'heure après le départ de Jean, comme le docteur errait tout seul par les allées de son jardin, une autre visite lui arriva.

— Tiens ! ce brave Clément !

C'était Clément, en effet, grave avec du chagrin dans ses bons yeux francs.

— Jean est venu me voir, et vous voilà aussi ! Est-ce qu'il aurait oublié quelque chose ?

— Il ne sait pas que je suis venu, mais c'est pour lui que je viens au sujet d'un mariage dont il a dû vous parler...

— Oui, il m'a même prié de faire sa demande.

— Et vous allez la faire ?

— Comment donc ! ai je vais...

— Alors, écoutez-moi d'abord.

— Qu'est-ce qu'il y a ? Vous n'avez pas l'air enchanté de ce mariage.

— Veuillez m'écouter, docteur.

Et Clément parla :

— Il y a de cela trente ans, le père de votre filleul débutait, il avait eu la bonne fortune de rencontrer un industriel qui lui avait ouvert ses ateliers.

— M. Lauraguais... je me souviens très bien. Mais quel rapport ?

— Attendez, docteur. M. Lauraguais avait chez lui, comme par hasard, une jeune fille très jolie qu'il appelait sa nièce...

— Et qui l'était réellement.

— Attendez donc. M. Cornélis s'amouracha de la jeune fille, alla jusqu'à demander sa main à M. Lauraguais, qui la lui accorda.

— Je sais cela encore ; ce que j'ai toujours ignoré, par exemple, ce sont les raisons pour lesquelles ce mariage ne se fit pas : est-ce là ce que vous voulez m'apprendre ?...

— Oui, docteur, c'est cela. Un beau jour, M. Cornélis s'aperçut qu'il était effroyablement dupé. La prétendue nièce était la maîtresse de M. Lauraguais ; son rôle était d'aveugler le jeune soupirant, tandis qu'à la faveur de cet aveuglement M. Lauraguais volait ses découvertes à mon maître et s'en faisait de belles rentes.

— Ah ! bah !...

— C'est comme j'ai l'honneur de vous le dire.

— Mais Cornélis ne m'a jamais parlé de ça !

— Parce que vous vous seriez moqué de lui, docteur, et qu'il se sentait suffisamment blessé. Ah ! cette blessure ! Sa confiance abusée, son amour exploité !... A partir de l'heure de la révélation, il n'eut plus qu'une idée : punir M. Lauraguais.

« Oh ! il ne cria pas, il s'en alla sans bruit, sans faire claquer les portes ; mais ce jour-là, il condamna M. Lauraguais, il se jura d'écraser cet homme, et, durant plus de vingt ans, il le poursuit, lui créant des embarras, le poussant à l'abîme, et il ne le lâcha que tombé pour ne plus se relever, mort.

— Oh ! exclama le docteur.

tendit à Flourac :

— J'ai laissé la somme en blanc. Inscrivez-la vous-même, suivant les nécessités que vous avez à satisfaire... »

Dehors le cousin de Fernande se tâta.

Le chèque en blanc représentait une fortune.

— Je peux d'un trait de plume être riche, m'assurer des années de plaisir.

Il écarta la tentation :

— Non. La véritable affaire, c'est le mariage, et elle est sans danger, celle-là.

Il passa à la Banque, et toucha quarante-mille francs.

— Cela fait en tout les cent mille. C'est pour rien, et Cornélis appréciera ma discrétion.

Puis, léger, à l'aise pour regarder devant lui.

— Me voilà paré, en attendant le reste.

Il ne retourna rue de Verneuil que le lendemain matin, laissant à dessein Fernande livrée à elle-même et aux suggestions de la solitude.

Comme il y arrivait, la vue d'un passant le fit sursauter.

L'homme, un employé de banque, en uniforme, la sacoche au côté, marchait très vite, l'air affairé, les yeux à terre — et dans ce passant, Flourac avait reconnu Cornélis !

Cornélis déguisé en garçon de recettes et affectant de ne pas le voir !

— Ah ! ça, que signifie ?...

Ce soupçon lui vint :

— Il prend des renseignements ! Et il les prend lui-même !... Ah ! le sournois : qui se serait douté ! Voilà qui m'enlèverait tout remords si je pouvais en avoir !

Il entra dans la maison et s'arrêta à la loge pour demander :

— Vous avez dû recevoir la visite d'un garçon de banque ?

Les concierges, le mari et la femme, se regardèrent : ni l'un ni l'autre n'avait vu de garçon de banque dans la maison.

— Mais non, monsieur le comte... pas encore, du moins, fit la femme.

Le mari ajouta :

— S'il s'agit d'une traite à payer, M. le comte peut m'en charger...

Et l'air des concierges et leurs réponses étaient trop évidemment sincères pour que Flourac s'y trompât.

Il n'osa pas aller jusqu'à confier à ces gens-là ce qu'il avait cru voir dans la rue.

— Merci, vous êtes bien bons ; mais ce n'est pas une traite que nous attendons, c'est le relevé du compte de mon pauvre oncle à la banque.

Il prit l'escalier, songeant.

— Où ai-je donc vu que c'était Cornélis ? Cornélis déguisé en garçon de banque ! Comme si ça pouvait lui ressembler d'employer des expédients pareils, lui, le roi des naïfs, emballé jusqu'à l'aveuglement complet !...

Et, se moquant de lui-même, il s'accusa d'avoir eu la berlue, en s'accordant cette circonstance atténuante :

— Il m'occupe trop, ce gaillard-là !

Puis, comme une suite naturelle :

— Je me charge des compensations !

Il retrouva sa cousine plongée en des tristesses noires.

Il s'excusa de n'avoir pas reparu la veille :

— J'avais de quoi m'occuper, tu sais. Les notes des obsèques à régler, quelques visites à faire qui s'imposaient.

Il glissa, attaquant tout de suite :

— J'en ai reçu une... M. Cornélis... Il n'a pas osé venir ici, il est venu chez moi...

Elle fit celle qui n'entendait pas :

— Tu serais bien aimable de déjeuner avec moi... Je me sens si seule, si triste.

Il s'inclina :

— Je ne peux pas t'offrir de déjeuner dehors, n'est-ce pas ?

— Oh ! non...

Ils déjeunèrent là, dans la petite salle à manger de l'appartement, et, au dessert, à la minute des épanchements, Flourac reprit son assaut, et, à force de tendresses, parvint à se faire écouter.

Un moment même, il put croire que la partie était gagnée : Fernande semblait conquise au pacte qu'il proposait, elle le laissait à l'aise développer l'avenir de jouissances qu'il se promettait pour elle et pour lui.

En vérité, elle n'entendait qu'à peine ; c'était son

— Je ferai cette retraite ici... je ne recevrai personne... que toi.

— Oh ! ne dis pas cela, ne me fais pas mentir à ma promesse ! Permets-moi de te présenter...

— Personne !

La sonnette de l'entrée résonna.

— Tiens ! une visite ! constata Flourac. C'est peut-être Cornélis, il n'aura pas pu attendre.

Elle ne répondit rien, elle prêtait l'oreille.

La bonne était allée ouvrir, elle introduisait quelqu'un au salon.

Elle vint présenter une carte à sa maîtresse.

Fernande regarda la carte et la passe à son cousin :

— Le docteur Daubray... connais-tu ?...

Il réprima un mouvement.

Le docteur Daubray ! ce second père dont lui avait parlé Cornélis et qui venait, sans nul doute, de la part de ce dernier.

— Connais pas, répondit-il, ayant déjà flairé le danger qu'il y avait à révéler l'objet probable de cette visite. Fernande eût peut-être refusé de recevoir cet envoyé de Cornélis.

Elle se dirigea vers le salon.

— Attends-moi, ce ne sera pas long.

— Pas de brusquerie, observa-t-il. Pas de nerfs... sois aimable.

C'était bien le docteur Daubray que la bonne avait introduit au salon.

IV

La visite de Clément l'avait tout angoissé ; il s'était dit :

— J'en aurai le cœur net, je verrai moi-même Mlle de Nivernay, et je saurai bien démêler la vérité.

Clément ne lui avait, d'ailleurs, dit aucun mal de la jeune fille, mais, après avoir fait un portrait vraiment inquiétant du comte de Flourac, il avait affirmé ceci :

— C'est lui qui a imaginé ce mariage, et sa cousine n'est pour lui qu'un instrument dont il joue à sa guise. C'est l'affaire Lauraguais qui revient...

A l'entrée de Fernande, le docteur se leva :

— Mademoiselle, je viens vous offrir mes condoléances.

Fernande s'inclina en fermant ses beaux yeux ; puis relevant la tête :

— Vous connaissiez donc mon pauvre père, docteur ?

Il répondit franchement :

— Non, mademoiselle.

Et comme elle s'étonnait et le laissait voir :

— Mais j'ai l'honneur de vous connaître un peu, mademoiselle, et je suis appelé, je crois, à vous connaître beaucoup. Je suis le parrain de M. Jean Cornélis.

Elle battit des paupières, troublée par ce coup inattendu.

— Mais, monsieur, balbutia-t-elle.

Il acheva avec la même franchise presque brutale :

— C'est déférant au vœu de mon filleul que je me suis permis de venir et vous devinez sans doute ce que je viens faire : vous demander de l'admettre à vous offrir lui aussi ses condoléances... et sa vie, mademoiselle... Oui, sa vie : mon filleul a fait ce rêve de vous épouser.

Ainsi nettement posée, la question appelait une réponse précise.

Fernande essaya de se dérober.

— Monsieur je suis profondément touchée et troublée. Je chercherais en vain à le dissimuler. Mais j'aurais su gré à M. Cornélis de penser que je suis toute au deuil de mon père.

— Et d'attendre, n'est-ce pas, mademoiselle ? C'est ce que lui ai fait observer moi-même ; mais il m'a répondu, avec son cœur et aussi avec raison, que c'est justement à l'heur eoù le malheur nous visite que les dévouements de ceux qui nous aiment doivent s'affirmer...

« Ce qui ne veut pas dire, mademoiselle, que mon filleul se flatte de vous faire oublier votre douleur filiale, ni même qu'il y vise : tout ce qu'il attend de ma démarche, c'est que je lui rapporte l'assurance que vous ne condamnez pas son rêve et qu'il vous sera agréable de le réaliser, à l'heure que vous fixerez vous-même.

Fernande s'inclina encore et murmura :

— Je réfléchirai, docteur... Permettez-moi de réfléchir.

Elle ne repoussait pas l'offre, mais elle ne s'enga-

geait pas, et cette réserve même donna sur les nerfs
au parrain qui eût voulu une réponse nette ; il ne
s'était dérangé que pour cela ! Il la voulait d'autant
plus que la beauté de Fernande, son air de dignité,
ses manières très douces avaient sur lui une heureuse impression. Il crut deviner, derrière ce besoin
de réfléchir, l'influence du cousin. Aussi bien, c'était
toujours le cousin qui le préoccupait.

— Vous n'avez donc pas réfléchi, mademoiselle ?
demanda-t-il. Je croyais que le comte de Flourac, qui
est un ami de mon filleul, vous avait déjà fait part...

— En effet, répondit-elle franchement, mon cousin m'a annoncé les intentions de M. Cornélis.

— Et il a dû plaider sa cause, vous dire le cœur
d'or qui s'offre à vous... un cœur qui a déjà fait ses
preuves.

Et poussé par le besoin de vérifier si Mlle de Nivernay était pour quelque chose dans les emprunts faits
à Cornélis, il insista sur ces preuves.

— Le comte de Flourac sait à quoi s'en tenir ; il l'a
déjà éprouvé, ce cœur d'or.

— Que voulez-vous dire ? releva Fernande, dans un
mouvement de fierté atteinte.

— Oh ! mademoiselle, je ne crois rien vous apprendre... Votre cousin n'a pas dû vous laisser ignorer
que pour faire face aux difficultés que vous a créées
la mort de votre père...

— Les difficultés... répéta Fernande, un léger fré-
missement dans la voix. Si je comprends bien, mon
cousin aurait eu recours à la caisse de M. Cornélis ?

— Et mon filleul la lui a sur-le-champ et très largement ouverte...

— Largement.

Un voile passe devant les yeux de Fernande et quelque chose se déchira dans son cœur.

La dénonciation que commettait là le docteur Daubray, de propos délibéré, pour arriver à ses fins, ne
l'écœura pas ; elle ne vit que l'acte de Flourac, et ce
fut cet acte qui l'écœura.

— Largement... balbutia-t-elle.

Et voulant savoir à son tour :

— Je vous demande, monsieur, de me dire nettement ce qu'a fait M. Cornélis à la demande de M. de
Flourac. Puisqu'il s'agit de moi, j'ai le droit de savoir, le droit et le devoir, jusqu'à quel point je suis
devenue à mon insu l'obligée de M. Cornélis.

— Achevez, mademoiselle, murmura le docteur [illegible].

— [illegible] et les douleurs l'emportèrent, la honte [illegible].

— C'est mon père qui avait [illegible], avec les larmes dans la voix. Le comte de Flouran est [illegible] de mon affection... et je vais le lui dire.

Il se précipita vers la salle à manger. [illegible] Flouran n'y était plus... L'oreille à la porte, il avait tout entendu et s'était éclipsé [illegible], le visage [illegible].

— Il n'est plus là, dit-elle, [illegible]. Cela vaut mieux. J'allais le faire venir devant vous, la mettre en face de son infamie, le chasser ensuite, oui, le chasser ! [illegible].

lui interdire de se représenter devant moi.

Et se décidant brusquement :

— Me voici seule au monde, docteur... Je sais tout le prix de l'offre généreuse que vous êtes venu me faire. Veuillez assurer M. Cornélis de toute ma reconnaissance et lui dire...

Elle s'arrêta, hésitant à prononcer le mot qui serait l'enterrement de son premier amour... La colère l'emporta :

— Et lui dire que j'accepte, oui j'accepte...

Puis, dans un mouvement d'honnêteté :

— Je n'ai vu M. Cornélis qu'une fois; je voudrais être sûre de l'aimer comme il le mérite... comme je l'aimerai sans doute quand je le connaîtrai mieux.

Daubray s'inclina :

— Merci mille fois, mademoiselle. Veuillez me fixer vous-même le jour où il vous plaira de recevoir M. Cornélis.

— Demain, répondit Fernande sans hésiter, pressée maintenant d'en finir.

— Encore merci, mademoiselle.

Le bon docteur se retira ravi du résultat de sa visite.

— Voilà qui est fait. Plus de cousin à redouter et elle est vraiment exquise, cette jeune fille. Je comprends mon filleul.

Il se fit porter rue de Montceau et tomba tout riant sur Cornélis et Clément qui travaillaient dans le laboratoire.

— Quoi? qu'est-ce qu'on fait? Encore des recherches! J'ai trouvé, moi! Je viens de la rue de Verneuil.

Les deux autres ouvrirent des yeux :

— Eh oui! je ne perds pas de temps, moi. J'ai fait la demande, elle est agréée.

Cornélis se jeta au cou de Daubray.

— Mon parrain!

— Attends donc! je n'ai pas fini. J'ai fait mieux que d'enlever le consentement de celle que tu aimes — tu as raison d'ailleurs, elle est adorable, ta fiancée! J'ai supprimé un point noir...

Clément comprit et respira.

— Un point noir? répéta Cornélis.

— Oui, un monsieur louche qui ne me disait rien de bon... le cousin, pour parler clairement.

élevé.

— Et, selon vous, je ne l'ai pas atteint, ce but !

— Tu ne l'as atteint qu'en partie ; il reste, je le répète, quelque chose à faire pour que ta découverte puisse être utilisée sans danger... Nous en reparlerons plus tard, après ta lune de miel...

Et le docteur revint, de la mort, à la vie, à ce sujet autrement aimable, le mariage de son filleul.

Un mois après, le mariage était célébré.

Durant tout ce mois, Jean Cornélis ne revit pas une seule fois le comte de Flourac, que sa cousine n'avait pas eu à dispenser de se représenter chez elle.

De lui-même, il s'était condamné aux ténèbres extérieures. Il n'était pas retourné rue de Verneuil, il n'avait plus donné signe de vie à sa cousine, et cet abandon complet, la laissant désemparée, avait plus avancé la réalisation des vœux de Cornélis que n'eussent pu le faire les conseils et les supplications.

Il ne reparut que le jour du mariage.

Il se rendit à l'église, il assista à la cérémonie, et en sortant de là au bras de son mari, Fernande, tout à coup, frissonna.

Ses yeux avaient rencontré ceux de Robert, ces yeux caressants et impérieux à la fois qui, jadis, la charmaient et la dominaient.

Et ces yeux semblaient lui dire :

— Le rêve est réalisé !... Souviens-toi que c'est à moi que tu le dois ! Souviens-toi de notre amour ! Je t'aime toujours, moi !

Le rapide du soir emporta M. et Mme Jean Cornélis vers l'Italie.

V

Décembre était venu.

Parti depuis juillet, le jeune couple ne s'était pas encore décidé à rentrer à Paris.

Après avoir visité toute l'Italie, Fernande avait eu soif encore de voyages et de pays nouveaux, et les jeunes mariés s'étaient embarqués pour l'Egypte.

C'était là qu'ils passeraient l'hiver.

A Paris, Clément s'accommodait parfaitement de l'absence du maître ; il travaillait tout seul dans le grand laboratoire, sous le regard de marbre de celui

bien voir...

Mais, aussitôt un souvenir l'assaillit, celui de cet employé de banque qui avait, un matin, apporté cinquante mille francs au maître et à qui M. Cornélis avait promis son appui en toute occasion.

Il voulait voir, il avait déjà vu : c'était l'employé de banque qui venait rappeler ses offres obligeantes à M. Cornélis.

— Est-ce qu'il est encore là, cet homme ? demanda-t-il.

— Il m'attend à la loge ; je lui ai dit que j'allais vous prévenir.

— C'est bien, envoyez-le-moi.

— Vous savez donc pourquoi il voudrait parler à M. Cornélis ?

— Je crois le deviner... Faites ce que je vous dis.

Le concierge s'en alla tout préoccupé : on ne lui aurait pas sorti de la tête qu'il s'agissait bien d'un frère du maître, mais d'un frère d'un autre lit, lequel frère venait réclamer.

Il exécuta, d'ailleurs, l'ordre de Clément.

L'instant d'après, Clément, campé sur le seuil du laboratoire, voyait s'avancer à travers le jardin l'homme qu'il avait déjà reconnu à ce que lui en avait dit le concierge.

C'était bien l'employé de banque, Pierre Lazare.

Il n'avait plus son uniforme et une douleur mortelle se lisait sur son visage.

Il salua Clément et, gardant son chapeau à la main, s'excusa d'avoir insisté pour voir M. Cornélis.

— J'ai longtemps hésité à venir, monsieur, mais, enfin, je ne savais plus à quel saint me vouer.

— Que vous est-il donc arrivé mon brave ? demanda Clément.

— Des malheurs, Monsieur... C'est notre lot, à nous, les pauvres diables... D'abord, il y a trois mois, j'ai fait une chute, je me suis démis l'épaule, et il a fallu me remplacer à la banque... Oh ! je puis vous montrer mon certificat.

— Je m'en rapporte à vous, mon brave !

— Merci, monsieur... Après cela, l'hiver est arrivé. Comme tous les ans, ma pauvre femme a été éprouvée, mais plus fort que d'habitude. Voilà que, depuis des semaines, elle garde la chambre, et il lui faudrait un tas de choses que je ne peux pas lui donner.

« Quand je pense que le médecin me disait hier :
« Il n'y a que le Midi qui pourrait la remettre, l'air
et le soleil de Nice ou de l'Algérie... ». à moi qui ne
gagne plus un sou !.., Ah ! monsieur, il y a des moments terribles... Ma vie ! je donnerais ma vie pour
sauver ma femme, pour conserver cette mère à ma
pauvre petite Laurence...

Tout remué par les accents douloureux du brave
homme, Clément murmura :

— Il est vraiment fâcheux que M. Cornélis soit
absent... Avec ça, je ne sais pas quand il rentrera...
Il fait son voyage de noces...

— Ah ! il fait...

— Il est très loin d'ici, en Egypte, et il n'a pas
l'air de songer à rentrer.

— Il est heureux... soupira Pierre Lazare. Ne gâ-
tez pas son bonheur, ne lui parlez pas de ma visite...

— Ah ! mais si ! exclama Clément, touché de cette
délicatesse. Je vais lui écrire aujourd'hui même que
vous avez besoin de son aide. Il ne me pardonnerait
jamais de ne pas l'avoir avisé de votre visite... et,
soyez tranquille, la réponse ne se fera pas attendre.

— Oh ! monsieur, vous êtes bon.

— Mais non, ce n'est pas moi qui suis bon, c'est
lui. Donnez-moi donc votre adresse.

Pierre Lazare la donna, et Clément l'inscrivit :
Rue Saint-Denis, 232.

Et il reconduisit l'ancien employé de banque en
le confirmant dans l'espoir qui l'avait amené.

Pierre Lazare s'en retourna moins malheureux.

Or, au cours de la journée, Clément qui était, lui
aussi, un bon cœur, mais qui ne faisait rien à la légère, se rendit rue Saint-Denis, à l'adresse que lui
avait donnée Pierre Lazare.

Il se renseigna sur ce dernier auprès du concierge,
et voici la réponse qui lui fut faite :

Pierre Lazare était un brave homme qui ne vivait
que pour sa femme et sa fillette. C'était, en effet,
à la suite d'un accident qu'il avait perdu sa place
et qu'il était tombé dans le besoin. La banque dont
il avait été l'employé lui faisait bien une petite pen-
sion, mais si petite, si insuffisante surtout depuis
que Mme Lazare, tombée malade, ne pouvait plus
travailler.

Puis, on lui parla de la petite Laurence, un amour d'enfant... Ça devait crever le père de penser que cette petite pouvait manquer de quelque chose.

Le soir même, la lettre de Clément partit, transmettant au maître et ces renseignements et la démarche de Lazare.

Des jours passèrent, des semaines aussi...

M. Cornélis ne répondait pas. Aussi bien, Clément ne recevait plus rien de lui et il commençait à s'inquiéter sérieusement, quand un soir, vers la fin de sa journée de travail, comme, selon son habitude, il préparait avant d'aller dîner l'expérience du lendemain, son fidèle compagnon de solitude, le terre-neuve Mourzouk, se leva soudain sur ses pattes, huma l'air, agita son panache et bondit vers la porte en jetant un aboiement joyeux.

— Eh bien, Mourzouk. Eh bien, mon vieux, qu'est-ce qui te prend ?... Tu rêves ?

Non, il ne rêvait pas, le bon chien.

La porte s'ouvrait et quelqu'un entrait, sans frapper, dans le laboratoire fermé à tout le monde.

Et, dressé le long du corps de l'intrus, Mourzouk l'embrassait en poussant de petits gémissements.

— Monsieur Jean ! exclama Clément en s'élançant à son tour. Vous, c'est vous, de retour comme ça, sans me prévenir !

Le maître lui tendait la main, l'embrassait sur les deux joues...

— Mais oui, c'est moi... Tu ne te doutais donc pas que je finirais par rentrer !

— Oh ! si... mais vous aviez l'air si heureux là-bas, vos lettres ne me parlaient que de votre bonheur... Moi, je me résignais... j'attendais...

— Quoi ? qu'est-ce que tu attendais ? La fin de mon bonheur ?

Brusquement la voix du maître avait changé, s'était faite amère, en même temps qu'une souffrance envahissait son visage.

Rien de cela n'échappa à Clément.

— Mon maître ! exclama-t-il... Est-ce que vous ne seriez plus heureux ?

Jean Cornélis s'avança dans le laboratoire, regarda longuement le buste de son père et finit par murmurer :

— Je ne sais pas.

— Oh ! gémit Clément, vous êtes là à vous demander.

— Oui, je me demande... et c'est mal après ces

mois d'ivresses.

Et se replongeant dans le souvenir de ces ivresses, pour combattre le doute qui montait en lui, Jean Cornélis chanta :

— Oh ! j'ai été bienheureux ! oh ! le rêve enchanté que je viens de faire !

— Mais il n'est pas fini ! protesta Clément. Il dure encore, il durera toute votre vie !

Le maître secoua tristement la tête.

— Non... je l'ai cru... je ne crois plus...

Et se décidant à parler :

— Ecoute, mon brave Clément, mon ami..., je vais tout te dire, à toi... et ça me soulagera depuis des jours et des jours que je souffre de ce doute sans pouvoir le confier à personne... ; j'avais hâte d'arriver, il me tardait d'avoir un ami devant moi...

— Mon bon maître... Mais vous devez vous tromper, vous n'avez pas le droit de douter... vous vous êtes figuré...

— Peut-être... Je ne sais pas... Hélas ! j'ai peur de savoir...

— Mais quoi ? quoi ?

Jean Cornélis laissa tomber douloureusement cette confidence qu'il s'arrachait du cœur en le faisant saigner.

— Ma femme ne m'aime pas.

— Oh ! que dites-vous là... ! Vos lettres, je revois vos lettres où vous me disiez...

— J'étais sincère, je croyais...

— Mais vous aviez raison de croire !

— Je... je ne sais pas, te dis-je. La vérité, c'est que, voilà un mois, ma femme, presque subitement, n'a plus été la même pour moi. Douce tendre, ne vivant que pour moi comme je ne vivais que pour elle, voici que tout à coup j'ai surpris des inquiétudes, vu des larmes dans ses yeux où, jusque-là, je n'avais lu que des ravissements et de l'amour...

« Voilà qu'elle et devenue nerveuse, qu'elle s'est écartée de moi, cherchant la solitude... D'abord, je crus qu'elle regrettait Paris, qu'elle avait soif d'y revenir, je le lui offris, et, au lieu d'accepter, elle me demanda de voyager encore. C'est à ce moment que nous partîmes pour l'Egypte.

« Je me flattais qu'elle allait redevenir ce qu'elle avait été pendant les premiers mois de notre mariage. Je me trompais. En Egypte, le changement s'aggrava encore ; elle chercha de plus en plus l'iso-

[...] au début de votre mariage.

— Je le souhaite, mon brave Clément, [...] [...].

— Vous avez tort de douter [...]

[...] c'est toi qui le dis [...]

— Voyons, voyons, monsieur Jean, il ne faut pas [...] [...] de vous [...] [...].

[...] Cornélis ne répondit [...] [...]

[...] [...] questionna-t-il, personne, depuis notre départ, n'est venu te demander notre adresse?

— Votre adresse...?

Clément réfléchit, et il se souvint:

— Si, on est venu de la part de la couturière de madame... Vous étiez, phoère, à Met [...]

— Et tu donnas notre adresse?

— Sans hésiter, on me dit qu'il s'agissait d'une [...] en retard.

Les sourcils de Jean Cornélis se froncèrent.

— Ma femme ne m'a jamais parlé de cette robe? [...] Si elle ne m'en a pas parlé, c'est qu'elle ne l'a pas [...] que.

— Puis, amèrement:

Ce n'est pas de la part de la couturière qu'on [...] [...] demander notre adresse. Je me souviens [...] [...]ment que le jour même où [...] m'avisais de [...] [...]harade ma femme reçut une lettre [...] [...] [...] ne rien, et c'est à partir de ce jour qu'elle [...] [...] mon égard.

— Alors, vous [...] [...] que c'est sur votre [...] dans laquelle on lui aurait monté la [...] [...] [...] Met [...] [...] [...] [...] demander [...] [...].

— Je ne pouvais pas, mon brave Clément, [...] des choses qu'un mari bien élevé ne se permet pas [...] [...] j'étais à cent lieues de soupçonner ce qui me menaçait; je n'ai songé à cela que plus tard, en [...] [...].

— Eh bien! il n'y a rien de perdu, vous n'avez [...] demander une explication.

— J'ai tout fait pour amener ma femme à se [...]

fier à moi... je n'ai réussi qu'à la rendre plus nerveuse encore... Va, va ! mon bon Clément, je n'ai pas tort de me tourmenter : mon bonheur, n'est que trop réellement menacé, il est déjà atteint... ma femme s'éloigne de moi, elle ne m'aime plus, si tant est qu'elle m'ait jamais aimé...

— Oh !

— J'en suis là, mon ami, à douter qu'elle m'ait aimé.

Jean Cornélis parlait avec un accent qui faisait mal à entendre.

— Si ce que je crains se réalise, acheva-t-il, c'en sera fait de moi.

— Mon maître !

— J'ai mis ma vie, toute ma vie, entre les mains de ma femme, et ma vie sera à jamais perdue !

— Oh ! mais, c'est effrayant ce que vous me dites là. Et j'étais si heureux de vous revoir !

Jean Cornélis eut un geste d'accablement.

Et, gagnant la porte :

— A demain. Je remonte à l'hôtel. Ce n'est pas le moment de faire attendre ma femme, mieux vaut essayer de la retenir sur la pente où je la sens glisser.

— Mais... s'écria Clément, cette lettre enfin, cette lettre d'où serait venu tout le mal...

— Je te répète que je ne l'ai pas lue.

— Posez carrément la question. Défendez votre bonheur.

Jean Cornélis eut encore son geste accablé :

— Je crains bien qu'il n'y ait rien à faire.

— Pardon, pardon ! Il y a toujours quelque chose à faire. D'abord cette lettre, il faut savoir... Si vous permettez que je vous dise mes soupçons...

— Tu peux tout dire.

— Ce doit être le cousin qui se réveille.

Les yeux de Cornélis avouèrent qu'il avait eu le même soupçon.

— Voyez-vous, mon bon maître, ce comte de Flourac, c'était bien l'homme dangereux que votre parrain craignait tant pour votre bonheur.

Cornélis ne voulut pas en entendre davantage ; il tendit la main à Clément, caressa machinalement Mourzouk et regagna l'hôtel.

Seule, dans sa chambre, Fernande songeait, un papier dans les mains, un papier fatigué, froissé, une lettre déjà lue et relue cent fois.

« J'ai hésité longtemps à t'écrire. Après m'être sacrifié à la réalisation du rêve de fortune que j'avais fait pour toi, je me suis demandé s'il ne valait pas mieux disparaître à jamais de ton chemin, te laisser toute à ce rêve réalisé.

« Je n'ai pas pu, ma raison disait oui, mon cœur et tout mon être protestaient.

« Oh ! ce que j'ai souffert le jour où je te vis, radieuse, sortir de l'église au bras de ton mari et vous en aller ensemble vers les bonheurs !

« Et je souffre encore, de plus en plus, effroyablement... Je ne peux pas me résigner ; je ne peux pas accepter cet arrêt que tu ne m'es plus rien, que je dois rester seul dans la vie, malheureux, misérable, quand tu m'as tant aimé, quand je t'entends encore me jurer de n'aimer jamais que moi... Ah ! femme ! femme...

« J'ai obtenu ton adresse en la faisant demander de la part d'une couturière. Maintenant je t'écris, et à mesure que je te dis mes souffrances et mon amour, il me semble que je souffre moins ; je me sens plus près de toi, je te vois me lire et t'apitoyer peut-être...

« Je ne te demande pas de me répondre, je m'attends de toi qu'une réponse : ton retour.

« Il faut revenir, Fernande, il le faut, je suis arrivé à ces heures où l'on ne sait plus ce qu'on fait... »

Et, l'ayant relue une fois encore, cette lettre de celui qui fut son Robert, Fernande songeait.

Elle n'y avait pas fait la réponse attendue, elle n'était pas rentrée tout de suite à Paris ; non seulement elle n'était pas rentrée, mais elle avait demandé à son mari de la conduire plus loin, en Egypte.

D'abord, elle avait eu peur.

Elle était si heureuse ; Cornélis l'adorait, lui faisait une vie si douce ! Elle s'était prise d'une estime profonde pour ce mari agenouillé, elle sentait qu'elle allait l'aimer, non pas de cet amour ardent que lui avait inspiré Robert, mais de cette tendresse douce et tranquille qui vaut souvent mieux que l'amour.

Et voilà que la lettre de Robert venait troubler tout cela, cette lettre déjà inquiétante par l'état d'âme qu'elle révélait chez son auteur et qui se terminait par une menace très claire :

« Je suis arrivé à ces heures où l'on ne sait plus ce que l'on fait. »

Elle était partie pour l'Egypte ; mais elle n'y avait pas recouvré le repos. La lettre l'y avait suivie qu'elle ne pouvait s'empêcher de relire... et, peu à peu, à force de penser à Robert et de le voir malheureux, le premier amour s'était réveillé ardent, impérieux.

Un matin, elle avait dit à son mari :

— Je voudrais rentrer à Paris.

Cornélis n'avait pas exagéré : son bonheur n'était pas seulement atteint. A moins d'un miracle, c'en était fait de ce bonheur ; Fernande allait revoir Robert, et plus rien ne la retiendrait sur la pente.

La femme de chambre entra annoncer :

— Madame est servie.

Elle se leva nerveusement et descendit à la salle à manger où Jean l'attendait.

Elle sourit en se mettant à table, admira le service, trouva tout bien, se laissa voir enchantée, eut ce cri :

— Oh ! mon ami, que nous allons être bien ici !

Elle entrait dans le mensonge, Flourac n'avait qu'à reparaître.

Ce brave Clément ne s'y était pas trompé : c'était bien le cousin qui se réveillait de son invraisemblable résignation.

VI

Vautré dans son voltaire — un vrai voltaire qu'il avait ramassé dans la déconfiture d'un de ses locataires, le concierge lisait dans un journal du soir les résultats des courses de la journée.

Il les connaissait déjà par les feuilles spéciales que clament les camelots à partir de cinq heures, mais il avait besoin de les revoir dans ce journal qui donnait mieux que des chiffres : la performance des chevaux et la façon dont ils s'étaient employés.

M. Crapeaux — il s'appelait Crapeaux — était un fervent du pari mutuel et il prétendait s'y connaître.

Tout à coup, Mᵐᵉ Crapeaux, qu'un commissionnaire était venue chercher voilà une grande heure, de la part de quelqu'un qui n'avait pas dit son nom, rentra en coup de vent.

— Qu'est-ce que tu fais là ?... Les journaux de courses... Avons-nous gagné, au moins ?

Nous... Elle en était aussi : le ménage Crapeaux était, d'ailleurs, un modèle d'entente sur toutes choses.

— Dix-sept francs cinquante. Une bonne journée. Elle aurait été excellente sans cette rosse de Tulipia qui a claqué à vingt foulées du poteau.

— Ah ! elle a claqué, Tulipia... Je te l'avais dit : pas de fond, cette bête-là... Mais ça n'a pas d'importance, qu'elle ait claqué.

— Comment ! pontée à dix, nous avions mis deux francs cinquante...

— Peuh ! vingt-cinq francs !

— Ah ! ça, qu'est-ce qui te prend ?

— Quelque chose qui ne me quittera plus : j'ai trouvé une autre Tulipia, moi, et qui ne claquera pas, j'espère...

— Tu as trouvé... où ?

— Chez la personne qui m'a envoyé chercher.

— Quelle est cette personne ? Voyons, dis tout ou ne dis rien.

— Pas d'impatience, mon gros loup. Tout vient à point à qui sait attendre...

— Ah ! tu m'agaces à la fin !

— Je vais te dédommager.

Et Mme Crapeaux laissa tomber :

— Nous aurons la petite maison d'Auteuil...

— Hein ? sursauta le mari.

— Nous allons l'avoir.

Leur rêve, cette petite maison à Auteuil, dans les environs du champ de courses, au bon air, dans la verdure, la retraite idéale, après tant d'années passées à étouffer dans cette loge étroite, noire et humide.

— Oui, nous allons l'avoir. J'ai le moyen de la gagner, plus sûrement qu'aux courses et d'un coup.

— Voyons ! voyons ! explique-toi... Tu me tiens sur le gril... Qui te l'a fourni, le moyen ? Cette personne qui t'a envoyé chercher ?

— Oui. Tu la connais très bien, la personne.

— Qui est-ce ?

Mme Crapeaux se pencha vers son mari et lui souffla à l'oreille un nom qui le secoua.

— Le comte ! C'est le comte qui t'a envoyé chercher ?

— Lui-même. Et s'il n'est pas venu ici, c'est qu'il avait à me dire des choses d'importance... qu'on ne raconte pas dans une loge où quelqu'un peut entrer à chaque instant.

— Et ces choses ?

— Il a besoin de nous. Je lui ai promis, et, en retour, c'est la maison d'Auteuil, je te dis... C'est comme si nous la tenions !

L'affaire ! L'affaire !... Explique... Qu'est-ce qu'il nous demande, le comte ?

— Quelque chose de très simple, tu vas voir.

Elle expliqua, mais ce n'était pas si simple que ça, du moins pour M. Crapeaux, qui commença par rouler des yeux effarés pour s'indigner ensuite et lâcher enfin cette protestation :

— Mais c'est une saleté qu'il nous demande là !

— Comment ! comment ! tu ne trouves pas bien qu'il se réconcilie avec sa cousine ?

— Je vois plus loin que ça et toi aussi. Seulement, tu fais la bête ?

— Pour avoir la maison d'Auteuil, ça vaut le coup, il me semble.

— Je ne dis pas, mais il faudrait voir aussi les conséquences.

— Oh ! les conséquences... Ça ne nous regarde pas.

Ils discutèrent quelques minutes et l'accord se fit sur cet arrêt du mari : exiger qu'avec la maison d'Auteuil l'affaire rapportât une petite rente.

M. Crapeaux avait l'indignation pratique.

Le lendemain matin, tandis que son mari s'occupait de reprendre ses travaux avec Clément, Fernande reçut une visite.

D'abord le nom de la personne qu'on lui annonçait ne lui dit rien :

— Mme Crapeaux ? Mais je ne connais pas cette dame-là.

La femme de chambre fit cette observation :

— Madame a oublié sans doute... Cette personne se donne pour l'ancienne concierge de Madame, rue de Verneuil.

— C'est bien possible, fit Fernande, je ne savais pas qu'elle s'appelait de ce nom-là...

Et tranquillement :

— Je vois pourquoi elle vient. Faites-la entrer.

Cornélis n'avait pas donné congé rue de Verneuil. Par une délicatesse toute naturelle chez lui, il avait voulu que l'appartement où était mort le père de sa femme restât en l'état aussi longtemps que durerait le deuil d'usage, et Fernande savait cela.

Mᵐᵉ Crapeaux entra :

— Je vous demande pardon, madame, de venir vous déranger... Il s'agit de l'appartement dont il faudra s'occuper, rapport aux meubles qui peuvent souffrir du froid...

— Eh bien ! faites du feu, madame Crapeaux, et envoyez-nous votre note.

— Bien, Madame... Les ordres de Madame seront exécutés aujourd'hui même. Je m'attendais, d'ailleurs, à cette réponse de Madame ; j'étais bien sûre qu'elle ne resterait pas indifférente... Madame a le culte de la famille. Et à ce sujet je me permettrai de faire une petite proposition à Madame...

— Laquelle, madame Crapeaux ?

— Je sais quelqu'un de la famille de Madame qui serait très heureux de prendre l'appartement à son compte...

Fernande avait tressailli ; elle ne se connaissait à Paris qu'un seul parent, son cousin Robert.

— Expliquez-vous, balbutia-t-elle...

Mᵐᵉ Crapeaux n'hésita pas :

— Voici, Madame. C'est M. le Comte de Flourac que je veux parler. Il est venu à la maison ces jours derniers et il nous a demandé de lui louer l'appartement... Il tiendrait beaucoup, paraît-il, à l'habiter... en souvenir de M. le baron, son oncle.

Fernande dut faire un effort pour dominer son trouble :

— Vous lui avez répondu que l'appartement n'était pas à louer ?

— Bien sûr, madame ; mais M. le comte nous a dit que vous ne refuseriez pas de lui accorder la chose, que vous saviez bien pourquoi il y tenait... M. le comte a terminé en nous priant de venir vous voir dès votre retour...

— Et comment avez-vous su que j'étais rentrée ?

— Oh ! depuis cette visite de M. le comte, je suis venue presque tous les jours, ou j'ai envoyé mon mari. Vous comprenez, madame : M. le comte a toujours été si aimable pour nous, et il a l'air de tout désirer ce que je vous demande pour lui... Et enfin ce serait si bien que l'appartement ne soit pas louer à des étrangers... Ce doit être aussi le désir de madame, puisqu'elle le garde sans en avoir besoin.

Et comme, de plus en plus troublée, Fernande cherchait en vain la réponse à faire, Mᵐᵉ Crapeaux en profita pour glisser :

— Madame tiendra sans doute à visiter une dernière fois l'appartement avant de se décider. Madame peut venir, elle trouvera tout comme elle l'a laissé.

Fernande se jeta sur l'offre qui la dispensait de prendre une décision immédiate :

— Oui, j'irai faire cette visite... ce pèlerinage.

— Si Madame veut bien me fixer son jour ?

— Oh ! inutile de m'attendre.

— C'est que je voudrais recevoir Madame comme elle le mérite. On a son amour-propre de concierge.

— Ne faites rien, je vous le défends expressément ; mais puisque vous tenez à savoir quand je viendrai, ce sera probablement demain... dans l'après-midi.

— Bien, Madame... Madame viendra seule ?

Ayant dit cela, la concierge ajouta vivement :

— C'est que je dois prévenir Madame que M. le comte sera peut-être là.

Un combat se déchaîna en Fernande ; un moment elle se débattit contre la tentation.

— Je verrai ce que je dois faire...

Et elle se dirigea vers la porte, pour marquer à la concierge qu'elle n'avait plus qu'à se retirer.

Mme Crapeaux s'inclina très bas :

— Votre servante, Madame !

De retour chez elle, rue de Verneuil, la digne concierge se jeta presque au cou de son mari :

— Je crois que ça y est ! Nous l'aurons notre petite maison et la rente avec.

Ce matin, tout le long du déjeuner, Fernande fut d'une extraordinaire nervosité et Jean Cornélis eut beau redoubler d'attentions et chercher par tous les moyens à provoquer une expansion, elle resta fermée.

Elle ne sortit pas de la journée et, pour être seule, elle renvoya son mari à son laboratoire, lui rappelant avec enthousiasme les travaux de son père et la tâche qu'il lui avait léguée.

— Il vous faut rester fidèle à son dernier vœu, mon ami, travailler comme il travailla, continuer son œuvre... Si vous saviez en quel mépris j'ai toujours tenu les indignes héritiers des grands noms historiques, les beaux fils qui se laissent vivre sur l'héritage des ancêtres sans se soucier de le mériter !

Comme Jean Cornélis se retirait, un incident bi-

maître, et le concierge, pour être venu plusieurs fois apporter les ordres de Cornélis et de sa femme relativement à l'appartement.

Il remonta rue de Monceau et, très franchement, rapporta ce qu'il avait recueilli sur le compte des Crapeaux et aussi ce qu'il avait vu de ses yeux, cette visite de Flourac, et il conclut :

— Je ne me trompais pas, maître : il n'y a plus à chercher, c'est bien le cousin qui s'est occupé et s'occupe encore de troubler votre bonheur.

Le visage de Cornélis s'était altéré.

Le mari de Fernande n'avait que trop partagé le soupçon de Clément, mais il eût voulu pouvoir douter.

— Et il vaut mieux que ce soit lui, continua Clément. Au moins, vous savez ce qu'il veut et comment vous débarrasser de lui.

— Ce qu'il veut ?... répéta Cornélis.

— De l'argent, parbleu !... Il doit être tout à fait à la côte... Voyons, on vous l'a suffisamment fait connaître, votre ancien ami ! Tous les moyens lui sont bons pour se procurer de quoi nourrir ses vices ; moi, je vois clairement ce qui a dû se passer.

« D'abord, voilà un mois il écrivait à sa cousine pour lui demander des fonds ; elle ne répondit pas et elle n'osa pas vous parler de cette lettre : c'était elle, n'est-ce pas ? qui avait la première rompu avec M. de Flourac... Et, non seulement elle ne vous parla de rien, mais elle vous demanda de voyager encore, d'aller plus loin ».

— C'est vrai...

— Je le tiens de vous-même. Elle espérait que M. de Flourac, ne recevant pas de réponse et ne sachant pas où écrire une seconde fois, se le tiendrait pour dit. Mais il est probable que le gaillard se sera encore procuré votre adresse en Egypte et qu'il aura écrit de nouveau, en menaçant cette fois de faire du scandale.

— Quel scandale ? A propos de quoi ?

— Est-ce qu'on sait avec des hommes pareils ! Tout leur est bon, je vous dis. Quand la vérité ne prête pas au chantage, ils inventent, ils imaginent des infamies. M. de Flourac aura dû en trouver une de bien effrayante pour que, tout d'un coup, sa cousine vous ait demandé de rentrer à Paris.

Et, se résumant, Clément opina :

— Je ne vois qu'un moyen de nettoyer tout cela,

c'est ou de demander la vérité à Mme Cornélis, ou d'aller droit au Flourac, la bourse à la main. Vous êtes assez riche pour vous payer le débarras de l'envoyer se faire pendre ailleurs... Je sais bien que, moi, je préférerais me débarrasser de lui autrement, en le corrigeant d'importance et sans lui donner un sou, mais ce serait encore du scandale.

Cornélis songeait.

— Je vais réfléchir, murmura-t-il, essayer de savoir par ma femme.

Il essaya et n'obtint rien.

Il se risqua à parler de Flourac :

— Quelque chose me poursuit depuis notre retour, ma chère Fernande... un regret qui s'est réveillé en moi, presque un remords...

— Un remords... vous !

— J'ai appris, hier soir, par Clément, que M. de Flourac n'était pas heureux.

Elle tressaillit imperceptiblement :

— Ah ! Vous aviez donc chargé Clément de s'occuper ?

— Eh bien, oui ! Je ne peux pas oublier que c'est à M. de Flourac que je dois le bonheur d'être votre mari... et, quoique vous ayez jugé nécessaire de rompre avec lui, je m'en voudrais de le laisser dans le besoin.

La perche ainsi tendue, Fernande ne pouvait hésiter à s'en saisir.

Elle n'en fit rien.

— Vous êtes libre, mon ami, d'en agir avec M. de Flourac comme il vous plaira ; mais, si vous tenez à me faire plaisir, vous ne renouerez pas avec lui. En ce qui me concerne, quand je romps, c'est pour toujours.

Cela était dit sur un ton qui n'admet pas la discussion.

Cornélis s'inclina, enchanté au fond de cette décision.

Fernande était-elle sincère ?

S'était-elle interdit de revoir son cousin ?

En réfléchissant aux suites possibles de l'entrevue que Robert de Flourac avait sollicitée, indirectement mais assez clairement, par l'organe de la concierge, s'était-elle dit qu'elle ne pouvait pas accorder cette entrevue et juré de ne pas aller le lendemain rue de Verneuil ?

Peut-être...

Fernande n'aimait pas son mari comme elle avait aimé Robert, mais elle aimait la situation inespérée que lui avait faite l'amour de Cornélis, et elle devait y regarder à deux fois avant de la risquer sur la satisfaction de revoir celui qu'elle avait aimé.

Elle eut une nuit de fièvre.

A son réveil, elle était décidée à ne pas aller rue de Verneuil ; mais à déjeuner, comme approchait l'heure de s'y rendre, elle changea d'avis en se donnant cette excuse :

— Allons, il faut en finir. J'ai déjà eu la force de rompre ; je l'aurai encore, et cette fois ce sera bien fini.

Elle fut charmante pour son mari, elle redevint l'épouse des premiers jours.

En la quittant pour gagner son laboratoire — il avait repris ses travaux et leur consacrait tout le temps qu'il ne donnait pas à sa femme — Cornélis était pleinement rassuré.

Il disait sa joie à Clément.

— Le nuage s'est évanoui. J'ai retrouvé ma femme.

L'instant d'après, se reprochant de n'être pas resté auprès d'elle, de ne pas lui avoir offert une promenade au Bois, il remonta à l'hôtel.

La femme de chambre lui apprit que Madame venait de sortir.

VII

Tout autre que Fernande, se retrouvant dans l'appartement où était mort son père, eût éprouvé quelque émotion.

Son premier mouvement fut de regretter d'y être venue.

Elle était là depuis quelques minutes à peine, Robert surgit devant elle.

Non plus le beau cousin de jadis, aux yeux caressants et impérieux, mais un Robert à la mine douloureuse et humble.

En apercevant Fernande, il s'arrêta :

— Toi !... Pardonne-moi de te troubler dans ta visite. Les concierges auraient dû me prévenir que tu étais là.

Fernande s'était laissée tomber plutôt qu'assise dans un fauteuil ; elle en désigna un autre à Flourac :

— Je suis là, murmura-t-elle.

Et s'enhardissant de l'humilité de son cousin :

— Et tu le savais. Dis-moi ce que tu as à me dire.

Robert s'assit et, sans se contraindre davantage :

— Je te l'ai écrit, répondit-il. Tu as certainement reçu ma lettre, puisqu'elle ne m'est pas revenue.

— Je l'ai reçue.

— Et tu n'as pas trouvé le temps de me répondre un mot ?

— Je n'avais pas à te répondre, t'ayant signifié une fois pour toutes que tout était fini entre nous.

— Fini !... Alors c'est vrai que tu ne m'aimes plus ? C'est vrai que j'ai eu tort de croire en toi et de te faire ce que tu es...

Il s'était levé et rapproché de Fernande, et se penchant sur elle.

— Dis-moi encore que tout est fini, que tu as oublié notre amour, que je suis condamné à traîner la misère, en te regardant de loin vivre le beau rêve que je t'ai fait... Dis-le !... Achève-moi !...

« Tu es heureuse et comblée : tu ne me connais plus ! Tu renies l'amant qui ne t'est plus utile, qui ne peut plus que gêner ton bonheur, tu oublies notre pacte, tu as tout gagné, j'ai tout perdu !... Tout et toi d'abord, toi surtout, la maîtresse adorée pour qui je serais allé jusqu'au crime.

Elle eut un mouvement pour s'écarter de lui ; il continua, se rapprochant davantage, la caressant de son souffle :

— Oui, jusqu'au crime !... Ne proteste pas, c'est toi qui m'as fait ainsi. Cent fois depuis que tu n'es plus mienne, l'idée m'est venue d'aller vous retrouver, toi et ton mari, et de te reprendre en le supprimant, lui !...

Elle cria, épouvantée :

— Robert !

Il poursuivit :

— Et je sais que j'en viendrai là. Je ne peux plus supporter de te savoir dans ses bras ! Je t'aime, moi !... Je t'aime, je t'adore ! J'en perds la tête ! Je deviens fou ! Fernande ! Fernande ! Souviens-toi et aie pitié !

Il s'était jeté à deux genoux devant elle il baisait ses mains et elle ne savait plus se défendre.

— C'est moi qui te demande d'avoir pitié ! balbutia-t-elle

Il la prit dans ses bras, l'implorant des yeux :

— Fernande, mon amour !

Il voyait la partie gagnée, il était sûr de triompher.

— Dis-moi que ce n'est pas vrai ! que c'est le supplice qui est fini !... Oh ! nous aimer encore. Nous aimer toujours. Réaliser enfin notre rêve commun et le réaliser enfin ensemble, Fernande !

Il l'attirait à lui, et elle se laissait faire...

— Ah !... tu me perds peut-être, jeta-t-elle soudain, succombant à la fièvre d'amour réveillée en elle, mais je t'aime !... je n'ai jamais aimé, je ne peux aimer que toi !...

Leurs lèvres s'unirent dans un baiser fou...

Mais, presque aussitôt, Fernande repoussa son amant.

— As-tu entendu ? souffla-t-elle.

— Quoi ? Je n'entends que les battements de ton cœur qui m'est rendu.

Elle lui mit sa main sur la bouche, et tendit l'oreille — et se dressant brusquement :

— Il y avait quelqu'un là... quelqu'un qui nous écoutait... qui vient de s'éloigner... J'ai entendu comme un cri étouffé, puis des pas...

Flourac passa dans la pièce voisine ; elle était vide ; à son tour, il tendait l'oreille du côté de l'escalier, et n'entendit rien.

Il revint :

— Il n'y avait personne ; c'est la pensée de ton mari qui te poursuit et qui te trouble... Mais je t'ai reprise, tu es mienne ma Fernande ; ton mari c'est moi ! ton amant, la chair de ta chair... Aimons-nous ! aimons-nous !...

Dans la rue, sous les fenêtres de l'appartement, un homme cheminait, titubant, effondré.

Il sortait de la maison et il s'en allait au hasard, la tête perdue, le cœur broyé.

Un fiacre passa, il l'arrêta d'un geste machinal et s'y engouffra, dans une hâte de disparaître.

Le cocher se pencha :

— Où allons-nous, bourgeois ?

Il n'obtint pas de réponse.

Il dut descendre de son siège et répéter sa question à la portière.

Il ne l'acheva pas, sa question :

Son client, la tête dans ses mains, sanglotait.

— Eh bien ! Eh bien ! bourgeois, quoi donc ? Qu'est-ce qui vous arrive ?...

Le bourgeois se secoua et, d'un geste éperdu, essuyant ses yeux :

— Ce n'est rien répondit-il la voix ferme...

— Où faut-il vous conduire ? demanda-t-il, sans s'occuper davantage de ce qu'il avait vu.

— 130, rue Monceau, répondit le client.

C'était l'adresse de l'hôtel Cornélis et, cet homme effondré et qui sanglotait tout à l'heure dans l'ombre du fiacre, mais que l'apparition du cocher avait soudain galvanisé, rendu à ses fiertés d'homme, c'était Jean Cornélis.

Il était arrivé rue de Verneuil quelques minutes après sa femme.

Quelque chose lui avait dit :

— Elle est allée là ! C'est pour l'y faire venir que la concierge lui a fait, hier, cette visite. »

Et il était venu, lui aussi.

En le voyant arriver, les concierges avaient eu un effarement qui l'avait dispensé de les interroger.

— Elle est bien là, s'était-il dit, et on ne m'attendait pas, moi !

Et alors, son soupçon s'élargissant, lui faisait entrevoir la vérité, l'entrevue imaginée en vue d'un rapprochement entre Fernande et son cousin, son cœur se contracta violemment.

Une sueur d'angoisse lui mouilla le front, tandis qu'il gravissait l'escalier.

Arrivé à l'étage où il se rendait, il n'eut pas besoin de sonner à la porte de l'appartement : Fernande avait laissé la clé dans la serrure, se disant qu'elle resterait que quelques instants, et Flourac avait oublié de l'en retirer.

Il entra, et tout de suite il entendit la voix de Robert, une voix chaude d'amoureux livrant son assaut et qui résonnait haut dans le silence de l'appartement inhabité.

Il s'avança jusqu'à la porte du salon.

Il s'y arrêta, et le soupçon devint une effroyable certitude et l'angoisse se changea en martyre...

Livide, hagard, il entendit tout, il reçut en plein cœur le coup terrible de cette révélation.

Avant d'être sa femme, Fernande était la maîtresse de son cousin, et elle n'avait consenti à devenir Mme Cornélis qu'en exécution d'un pacte conclu entre elle et son amant !

Et c'était pour lui rappeler ce pacte que l'amant avait fait venir sa maîtresse, et Fernande se laissait reprendre, elle redevenait la maîtresse de Flourac et la complice de ses infamies.

Un moment, Cornélis se demanda s'il n'allait pas

tomber sur les deux misérables et les écraser.

Un cri de colère et de douleur lui échappa — Fernande avait bien entendu — ses poings se tendirent vers la porte qui le séparait du couple :

Ils ne la touchèrent pas.

Un indicible écœurement, une honte prit Cornélis à la gorge, le malheureux recula au lieu d'avancer et, courbé sous la révélation, il s'en alla sans bruit.

Il descendit très vite l'escalier, fuyant l'appartement maudit, et, comme à son arrivée, il passa devant la loge sans rien dire aux concierges...

Dans le fiacre, seul et à l'abri des regards du public, il avait succombé à la douleur et sangloté sur l'écroulement de son tombeau.

À la voix du cocher, il s'était immédiatement ressaisi : l'écœurement et la colère avaient repris le dessus de la douleur.

Maintenant, il s'en allait chez lui, roulant des projets de châtiment dans sa cervelle exaspérée.

Tout d'un coup la trahison avait transformé ce confiant si doux en un justicier implacable !

De la rue de Verneuil à l'hôtel de la rue de Monceau, la même question ne cessa de torturer son esprit :

— Que leur faire ? Que leur faire pour qu'ils expient ?

Une seule fois, songeant à lui-même et voyant sa vie perdue, il eut la pensée lugubre d'en finir :

— Mourir... Je n'ai plus qu'à mourir !

Mais ce ne fut qu'une faiblesse d'une seconde.

La seconde d'après, il se raidissait et reportait à la poursuite du châtiment à infliger aux deux êtres qui avaient fait de lui leur proie et s'apprêtaient à l'exploiter.

— Que leur faire ? Que leur faire ?

Rentré à l'hôtel, il gagna son laboratoire, et là, retrouvant ce bon cœur de Clément et les caresses de Mourzouk, il eut une nouvelle crise de larmes.

— Maître ! Maître !... Qu'avez-vous ? Que vous arrive-t-il ? bredouilla Clément en se précipitant vers lui.

Il put se soulager, tout dire à cet ami, et, une fois encore, la douleur céda, le besoin de faire justice l'emporta.

Clément n'avait eu qu'un cri :

— Vous ne les avez pas tués !

Ce cri, Cornélis s'en empara pour y asseoir son

idée de châtiment :

— Les tuer comme cela, d'un coup... tu n'y songes pas ! Les tuer dans les bras l'un de l'autre, les faire passer de l'amour à la mort, ce ne serait pas la vengeance ! Ils ont à jamais empoisonné ma vie, il faut que j'empoisonne la leur, que je leur en fasse un bagne, que je les roule lentement vers la mort en les faisant tellement souffrir qu'ils la réclameront eux-mêmes !

L'agneau révolté devenait féroce.

— Oh ! trouver le supplice à leur infliger et pouvoir y assister et entendre leurs gémissements, comme j'ai entendu leurs mots d'amour...

— Voyons ! voyons ! mon bon maître, supplia Clément, que cette exaltation effrayait, chassez ces idées là. Ces misérables ne méritent que votre mépris. Vous allez chasser cette malheureuse, demander et obtenir le divorce...

Cornélis protesta violemment !

— Et tout Paris saura que le fils de mon père, du grand Cornélis, a été la dupe de ces deux êtres, et ce nom sans tache de Cornélis sera à jamais sali, ridiculisé...

Et s'acharnant sur son idée de châtiment :

— Le divorce ! Mais les deux coupables ne pourraient plus s'épouser... et je veux qu'ils s'épousent. Le voilà, le supplice ! La voilà, la vengeance : J'ai trouvé ! J'ai trouvé !

Clément n'essaya pas de discuter, mais il fit, en tremblant pour la raison de son pauvre maître, cette observation que dictait le bon sens :

— Vous oubliez que vous êtes le mari et que de votre vivant...

Cornélis resta bouche bée, mais brusquement il lâcha cette énormité :

— Eh bien ! je mourrai, moi !

Clément le prit dans ses bras, comme un enfant :

— Mon maître ! mon pauvre bon maître ! je vous en supplie, restez raisonnable...

Le maître eut un rire amer :

— C'est vrai, je ne peux pas mourir, si je veux assister au châtiment... Quand on est mort, on ne voit plus rien !...

Et, toujours fouillant son idée :

— Ah ! mourir et vivre encore !... être mort pour ces deux infâmes et les suivre pas à pas, ne jamais les perdre de vue et les pousser vers la fin ignomi-

reuse, à travers les chutes, les humiliations et le
mépris universel !... Oui, oui, mourir pour eux et
vivre pour les châtier comme ils le méritent !...

Cela devenait de la folie.

Fort heureusement, une diversion se produisit.

La sonnerie du téléphone d'intérieur jeta son rou-
lement strident.

— Ah ! c'est elle, c'est l'infâme qui rentre ! Elle
ose rentrer !

Cornélis se précipita vers le téléphone.

Il écouta la communication qu'on lui faisait et,
revenant à Clément :

— Je me trompais. Ce n'est pas elle. C'est quelqu'un qui demande à me parler... un pauvre homme
qui s'appelle Lazare, comme le mort de l'Évangile.
Le mort qui fut ressuscité... mon rêve à cette heure.
Il y a des coïncidences vraiment étranges. Pourquoi
s'appelle-t-il Lazare, cet homme qui vient me voir
justement aujourd'hui ? Qu'a-t-il à me dire ?..

Clément avait tressailli.

— Vous avez donc oublié, maître ?

— Oublié quoi ?

— Ce que ma dernière lettre vous rappelait...

— Ta dernière... Je n'ai pas eu la recevoir... je
n'ai pas souvenir qu'aucune de tes lettres m'ait rap-
pelé quoi que ce soit où il fût question d'un Lazare.

Mais subitement la mémoire revint au maître :

— Ah ! j'y suis ! Lazare ! Pierre Lazare ! cet employé de banque...

— Il est déjà venu, il y a quinze jours ; il était
malheureux, il avait besoin de vous...

— Et tu ne lui as pas donné ce dont il avait besoin ?

— Je vous ai écrit...

— Je n'ai rien reçu là-dessus... Ta lettre a dû
s'égarer ou n'arriver qu'après mon départ de l'endroit
où tu me l'avais adressée... Mais je fais attendre ce
malheureux !

Jean Cornélis courut de nouveau au téléphone et
donna l'ordre de lui adresser le visiteur. Puis, retournant à Clément :

— Oh ! le pauvre homme ! C'est moi qui lui avais
demandé de venir me trouver... Il est malheureux,
me dis-tu ?

— Il a perdu sa place à la suite d'un accident et
sa femme est malade.

— Oh !

— Je suis allé aux renseignements, chez sa concierge, et vous aviez raison : c'est un homme de tout point estimable...

Quand Pierre Lazare se présenta sur le seuil du laboratoire, Cornélis lui tendit les deux mains :

— Venez, venez ! Et excusez-moi de ne pas m'être trouvé à Paris lors de votre première visite.

Mais, ce disant, Cornélis regardait son sosie et ne retrouvait plus cette ressemblance frappante.

Hélas ! la souffrance et la gêne avaient un peu changé Pierre Lazare. Ses traits s'étaient tirés et il avait laissé pousser sa barbe pour faire l'économie du coiffeur.

Cependant Cornélis le reconnaissait et lui serrait les mains :

— Vous êtes malheureux.... Eh bien ! nous voilà frères...

Cela lui était venu spontanément aux lèvres et il ne l'avait pas retenu...

— Vous, malheureux ! sourit tristement Pierre Lazare.... Ce n'est pas possible, monsieur Cornélis...

Cornélis n'alla pas plus loin dans sa confidence :

— Vous avez raison, mon ami, ce n'est pas possible. Parlons de vous. Dites-moi ce que vous attendez de moi... cela surtout. Je sais ce qui vous est arrivé. Au fait, ne me dites rien, je sais aussi ce qu'il vous faut.

Il avait tiré son portefeuille ; il y prit un grand billet bleu qu'il tendit à Lazare :

— Tenez, mon ami, pour vos besoins urgents, pour les soins à donner à Mme Lazare... Prenez ! prenez sans hésiter ; c'est moi qui suis l'obligé : le plaisir de vous venir en aide me réconcilie un peu avec la fortune, qui, jusqu'ici, m'a plutôt causé des déboires...

La main de Lazare se tendit en tremblant vers le billet, ses yeux s'emplirent de larmes :

— Oh ! monsieur Cornélis ! Vous me sauvez la vie en me donnant de quoi sauver celle de ma pauvre femme ! Je ne l'oublierai jamais, et j'aurai à cœur de vous rembourser.

— Ne parlons pas de ça. Vous n'êtes pas en état de me rembourser et je ne veux pas que vous me remboursiez... non, je ne le veux pas ! Je ne suis pas quitte avec vous. Ce coup d'épaule n'est que le premier, je me réserve de le renouveler aussi souvent que vous en aurez besoin et, en ce qui vous

concerne plus particulièrement, je vous dois de vous
trouver une place ; je vais m'en occuper. Revenez
me voir après-demain, j'aurai trouvé...

Il tendait ses deux mains ; Lazare les prit et, s'inclinant sur elles, y laissa tomber une larme.

— Ah ! mais, soyez homme, sapristi ! sourit Cornélis. Je vous défends de vous mettre dans ces états-
là !

Puis, conduisant Lazare à la sortie :

— Allez vite rassurer votre femme et dites-lui
bien que désormais rien ne lui manquera de ce qui
lui est nécessaire...

Lazare allait sortir par le jardin ; il l'arrêta :

— Pas par là et quand vous reviendrez ne passez
plus par l'hôtel ; venez directement ici, tenez, par
cette porte qu'on n'ouvre jamais, mais qui désormais
sera toujours ouverte pour vous.

Cette porte était une sortie sur une ruelle qui séparait le bâtiment de la propriété voisine.

— Là, prenez à gauche, jusqu'à la rue Monceau...
Je vous attends après-demain, mon brave ami ! Ne
manquez pas, je vous aurai trouvé un emploi.

Pierre Lazare s'en alla, éperdu de joie et de reconnaissance.

— Ah ! fit Cornélis en rentrant dans la salle du
laboratoire, ça fait du bien de s'occuper des braves
gens ! Un moment j'en ai oublié l'infamie des autres.
Ah ! non, qu'il ne revienne plus par l'hôtel, ce brave
Lazare ! Je l'ai condamné, l'hôtel, je la laisse à l'infamie... Ici, mon bon Clément, nous sommes chez
nous, dans le travail et la droiture.

Et il donna cet ordre :

— Tu vas m'arranger ma petite chambre de garçon, à côté de la tienne, ma chambre des bons temps
de travail, celle que je n'aurais jamais dû quitter...
Je ne remettrai les pieds dans l'hôtel qu'une fois,
pour signifier à cette femme que tout est fini entre
nous... Fini !

Il s'exalta de nouveau, revint à ses besoins de châtiment :

— Non, tout n'est pas fini ! Il faut que je punisse
ces deux êtres ! Je veux qu'ils expient ! Je vais chercher le châtiment et je le trouverai.

Clément essaya de se ramener sur le terrain où sa
douleur s'apaisait.

— Vous venez de faire une bonne action... Vous
avez vu comme ce pauvre homme avait l'air malheu-

reux en entrant ?

— Oui, je l'ai trouvé bien changé ; il me ressemble moins...

— La ressemblance va revenir avec la tranquillité, quand il ne se négligera plus. C'est surtout sa barbe qui le vieillit ; il n'aurait qu'à se faire raser... mais, après tout, il n'y a pas besoin de vous ressembler pour être intéressant.

— Non, il n'a pas besoin...

— Sur le moment pourtant, ça vous alla au cœur de vous voir dans ce brave homme... C'était tellement vous...

— Oui, c'était moi, tout à fait moi...

Ce disant, Cornélis songeait, suivait quelque chose qui venait de lui traverser l'esprit.

— C'était moi, répéta-t-il... tellement moi qu'on eût pu s'y tromper... et demain encore, ce sera moi, et l'on pourra s'y tromper encore...

Tout à coup, ses yeux qui cherchaient brillèrent d'un éclat étrange.

— J'ai trouvé, jeta-t-il.

— Quoi donc, Maître ?

— L'emploi pour ce brave homme... Oui, oui, j'ai trouvé... et le châtiment aussi, je le vois, je le tiens !... Chut !... tais-toi ! On me téléphone... C'est ma femme... celle qui fut ma femme... Elle vient de rentrer et elle éprouve le besoin d'aggraver encore sa trahison.... Ah ! l'infamie ! l'infamie !

Il sauta sur l'appareil, écouta et ne dit que ces deux mots, à la fin :

— Je viens.

Il les dit, les cria plutôt, et revenant à Clément :

— C'est bien elle... et elle a pris sa voix la plus enjouée, et elle m'a prodigué les douceurs... Misérable !... J'y vais ! J'y vais !

Il se précipita vers l'hôtel.

Clément le regarda traverser le jardin ; puis, courbant la tête, il murmura :

— Je l'avais bien dit à son parrain ! C'est tout son père : il ne va plus vivre que pour punir ces deux êtres. C'est l'affaire Lauraguais qui recommence.

VIII

En descendant de l'appartement de la rue de Verneuil, Fernande avait passé très vite devant la loge des concierges.

Flourac descendit derrière elle ; lui, s'arrêta devant la loge. Et il y entra pour remettre les clefs de l'appartement.

Les Crapeaux s'empressèrent.

— Monsieur le comte est content ? Monsieur le comte a obtenu ce qu'il désirait ?

Dans la joie du triomphe, il faillit éclater de rire.

Les concierges voulaient évidemment parler de la location de l'appartement, mais leur question, en ce moment, était vraiment drôle pour le vainqueur.

— Pas encore, répondit-il en se mordant les lèvres. Ma cousine demande à réfléchir quelques jours ; elle ne veut rien décider sans avoir l'approbation de son mari...

— Et M. Cornélis refuse peut-être ?

— Elle ne sait pas... elle ne lui en a pas encore parlé.

— Ah ! pourtant... puisque M. Cornélis était là...

— Là... où donc ?

— Mais, là-haut, à l'appartement...

Flourac béa :

— Vous dites ? M. Cornélis était...

— Il est venu ; nous l'avons vu monter, puis redescendre au bout d'un moment. Mais on dirait que monsieur le comte ne l'a pas vu, lui ?

Flourac ne répondit rien ; ce détail lui revenait, le prenait à la gorge ; Fernande avait cru entendre quelqu'un dans la pièce voisine.

Elle ne s'était donc pas trompée, et ce quelqu'un, c'était son mari, Cornélis !

Il s'élança vers la rue...

Fernande était déjà loin ; en remontant en voiture, elle avait recommandé au cocher d'aller vite.

Comment la prévenir avant qu'elle se retrouvât devant son mari ?

Il n'y fallait pas songer ! Cornélis, rentré chez lui, devait guetter son retour !

Il n'avait pas voulu faire de scandale rue de Verneuil, mais à l'hôtel la scène allait être terrible !

Ce fut la première impression de Flourac, mais à la réflexion, ne connaissant de Cornélis que sa candeur et son immense amour, il se rassura :

— Fernande est assez forte pour le rouler, ça se terminera par des excuses, et c'est lui qui les fera.

Il se trompait un peu le beau Robert.

En rentrant à l'hôtel, Fernande avait changé de

toilette ; elle s'était habillée et parée suivant les pré-
férences de Cornélis et s'était empressée de l'appeler
à elle.

Il y avait le pacte à tenir : elle entrait sans attendre dans le rôle que lui avait tracé l'amant.

Et comme l'avait, en frémissant de colère, constaté
Cornélis, elle avait au téléphone pris sa voix la
plus enjouée et prodigué les douceurs.

— Il te faut l'aveugler, le tenir dans ta main comme
un enfant ou un esclave l... avait dicté Robert.

Elle exécutait l'ordre.

Quand Cornélis parut sur le seuil du boudoir où
elle l'avait appelé, elle se leva et marcha vers lui, les
mains tendues, toute en sourire.

Ses mains retombèrent, son sourire se figea.

— Mon ami... qu'avez-vous ?

Ah ! ce qu'il avait !

En traversant le jardin, il s'était dit :

— Je vais commencer par dissimuler et la laisser
continuer la comédie qu'elle a entamée par le téléphone : je veux savoir jusqu'où peut aller son im-
pudence.

Mais en arrivant devant elle,... en la voyant sourire... il ne put pas se tenir parole.

Son visage se contracta, son regard se glaça :

— J'ai, madame, que vous n'êtes plus ma femme,
répondit-il, et que vous me voyez devant vous pour
la dernière fois !

Elle voulut jouer la stupéfaction ; il la rappela
brutalement à la vérité :

— Je suis allé sur vos pas rue de Verneuil, je sais
pourquoi et pour qui vous y alliez. J'ai entendu tout
ce qui s'est dit entre vous et votre amant... Compre-
nez-vous maintenant pourquoi vous n'êtes plus ma
femme, où me croyez-vous capable d'accepter d'être
le mari qu'il vous faut pour réaliser le rêve de M. de
Flourac ?...

Elle s'écroula dans son fauteuil.

Une autre eût fait tête, trouvé à discuter, tenté
peut-être la grande scène des larmes pour reconqué-
rir ce mari hier encore si épris...

Fernande ne répondait rien, ne tentait rien. Elle
ne s'attendait pas à ce coup et elle en restait étrangère, incapable de se défendre. En vérité, elle n'était
pas prête pour le rôle que lui avait tracé Flourac.

Cornélis poursuivit :

— Vous n'êtes plus ma femme ; vous n'auriez ja-

mais dû l'être. Avant de me connaître, vous apparteniez corps et âme à votre cousin ; je vous rends à
votre amant, madame. Vous ne m'êtes plus rien, et
je désire que vous soyez sienne. Vous entendez, madame ? Je vous impose d'être sa femme, ce sera votre
châtiment et ma vengeance, la seule qu'il me convienne de tirer de vous.

Et, comme elle se taisait toujours :

— Vous ne trouvez rien à me répondre !

Elle parvint à parler, et ce ne fut pas pour se
défendre ; maintenant elle le jugeait inutile.

— Alors, c'est fini ? murmura-t-elle.

— Oui, Madame, c'est fini ; je vous dis que je vais
vous débarrasser de moi...

— Demander le divorce, sans doute ?...

Il secoua la tête.

— Non. Nul ne saura que le fils du grand
Cornélis a été votre dupe. Je ne veux pas de scandale... Sans cela, vous et votre amant seriez morts
depuis une heure !

Fernande frissonna.

Il poursuivit :

— Je vais vous faire libre, complètement libre : je
n'existerai plus...

Elle se dressa :

— Mourir ! Vous voulez...

— Vous avez à jamais empoisonné ma vie ; c'est
vous et votre complice qui m'avez tué... oui, je vais
mourir.

Elle joignit les mains et les lui tendit en un geste
qui suppliait :

— Non ! ne mourez pas ! Je ne ne veux pas, moi !...
Epargnez-moi ce remords !...

Sa résolution n'en fut pas ébranlée ; ce fut d'une
voix plus ferme encore qu'il continua, développant
maintenant son plan de vengeance tel qu'il l'avait
rêvé devant Clément.

— Je vais mourir, mais je vivrai. Je serai là près
de vous, autour de vous, vous suivant pas à pas et
savourant ma vengeance ; car je serai vengé, madame ! Vous m'avez tué d'un coup : je vous verrai
mourir lentement...

Et cela jeté avec une exaltation farouche :

— Adieu, madame, c'est tout ce que j'avais à vous
dire. Vous ne me reverrez plus que mort... Inutile
de tenter quoi que ce soit pour m'empêcher d'accomplir ce que j'ai décidé... Un dernier mot pourtant :

le monde doit ignorer de quoi je suis mort ; je compte que vous aurez la pudeur de garder le secret de votre trahison. Adieu !

Elle essaya encore de tendre les mains ; des larmes de honte lui étaient venues aux yeux, le remords la tenait déjà et la déchirait...

Il ne vit pas ses mains qu'elle lui tendait, il ne vit pas ses larmes, il sortit sans la regarder et s'en alla sans tourner la tête.

En rentrant chez lui, dans son laboratoire, il proclama :

— C'est fait, mon brave Clément, tout est fini entre elle et moi, il ne me reste plus qu'à lui tenir parole...

— Que lui avez-vous donc promis ?... demanda le vieux serviteur angoissé.

— De la faire veuve.

Et comme Clément se révoltait :

— Chut ! Ne discute pas. L'arrêt est prononcé, il sera exécuté. Il faut que ces deux êtres soient châtiés comme ils le méritent, et ils le seront !

— Mais vous parlez de mourir !

— Je serai mort et je vivrai ! j'ai trouvé ce que je cherchais... Plus un mot ! Travaillons.

Et d'une autre voix, presque tranquille :

— Où en est donc notre découverte ? As-tu fait de nouvelles expériences sur Mourzouk ?

— Une seule et elle a parfaitement réussi encore... si bien que je me suis décidé à en tenter une sur moi-même.

— Ah ! tu voudrais...

— Pardon, c'est déjà fait.

— Et le résultat ? pressa Cornélis, les yeux brillants et la voix ardente...

— Vous le voyez, je suis debout, bien portant. La chose s'est passée la semaine dernière, j'en suis sorti sans la moindre indisposition et je peux vous parler maintenant des effets...

— Parle !...

— Il y a une minute de souffrance, la première... et ce n'est pas une souffrance physique, on n'a pas mal là ou là... on souffre de sentir qu'on s'en va vers quelque chose dont on ne sait rien.

— C'est de l'angoisse...

— Oui, maître une angoisse terrible...

— Et puis ?

— On ne sent plus rien, c'est fini. Pas de cauchemar, pas de rêve.

— Et le réveil ?

— Rien de particulier. Un peu de lourdeur de tête, comme si l'on avait dormi trop longtemps ; mais ça passe vite.

— Combien de temps as-tu dormi ?

— Quinze heures, de neuf heures du soir à midi du lendemain, exactement le temps que je m'étais fixé, d'ailleurs.

— Tu avais calculé la dose ?

— D'après les expériences faites sur Mourzouk. J'ai tout noté ; voici mes notes que je voulais envoyer à M. Daubray.

— Merci, mon ami.

Cornélis parut étudier ces notes avec une grande attention.

A la vérité, il ne les examinait que des yeux, sa pensée était ailleurs.

— Parfait ! murmura-t-il, c'est parfait. Tu es un vrai trésor, mon bon Clément, le meilleur de tous les biens que m'a légués mon père.

Et il embrassa le vieux serviteur.

Puis, avec un léger tremblement dans la voix :

— Tu as l'adresse de Pierre Lazare ?

— Oui, maître.

— Il te faudra aller chez lui, ce soir. C'est après-demain qu'il doit revenir ; tu lui diras de venir dès demain... J'ai songé à l'emploi que je lui ai promis.

Ici, la voix de Cornélis s'altéra tout à fait :

— Et je crois l'avoir trouvé...

— Ah ! tant mieux ! tant mieux ! vous allez le faire entrer dans une autre banque ?

— Non. C'est ici même que je vais l'employer ; je le prends avec nous.

Et vivement, comme s'il eût éprouvé le besoin de défendre sa décision :

— Il te sera très utile. J'ai signifié à celle qui fut ma femme que je ne mettrais plus les pieds à l'hôtel. Désormais, j'habite avec toi ; c'est Lazare qu' sera notre concierge et je suis sûr qu'il saura défendre notre tranquillité.

Clément trouva cela très bien. Son visage s'était éclairé à cette déduction qui s'imposait.

— Ce n'est donc pas vrai qu'il veuille mourir ; il ne se préoccuperait pas ainsi de notre tranquillité...

IX

Venu à pied, Pierre Lazare s'en était retourné en voiture.

Oh ! le billet bleu de M. Cornélis ne lui avait point tourné la tête au point qu'il se lançât en des dépenses folles ! Mais il n'avait pas hésité à faire celle-là et il avait promis dix sous de pourboire au cocher pour le décider à aller vite.

C'est que chez lui on attendait anxieusement son retour, c'est qu'il savait l'urgence du secret qu'il apportait.

L'état de sa femme s'était aggravé, et c'était bien cela qui l'avait déterminé à tenter encore cette visite chez M. Cornélis, où il n'avait plus osé se représenter depuis sa démarche restée sans résultat.

Il fallait de l'argent pour soigner sa femme, il en fallait tout de suite, et tout était épuisé chez lui.

Il l'avait l'argent, et M. Cornélis lui avait promis un emploi.

Il rentrait soulagé de ses angoisses, n'en gardant plus qu'une :

— N'était-il pas trop tard pour guérir la mère de sa petite Laurence ?

Sa concierge l'arrêta au passage :

— Un mot, monsieur Lazare...

— Voilà...

— Le médecin est venu, il descend de chez vous.

— Ah ! Eh bien ?... Vous lui avez demandé ce qu'il pensait ?

— Il n'y a pas de danger pour tout de suite. Vous pouvez vous tranquilliser.

Lazare sauta sur les mains de la concierge :

— Oh ! merci !

— Il n'y a pas de quoi, mon pauvre monsieur Lazare. Non, ce n'est pas une maladie qui emporte comme ça... Seulement, il faudra des soins, beaucoup de soins... et un régime qui ramène les forces, et du bon air surtout et du soleil.

« Ils sont étonnants, ces médecins ; ils ne voient que la médecine, ils ne se rendent pas compte de l'état de fortune.. Faites ceci ! Faites cela !... Sucez du romsteck, buvez du bordeaux et allez respirer l'air de Nice ! Et ils ne se demandent pas si l'on a même de quoi boire du vin ordinaire et manger du saucisson, rue Saint-Denis !

Pierre Lazare arrêta ce flux de paroles :

— L'important, c'est qu'ils disent juste ce qu'il y a à faire pour guérir le malade... et on tâche de le faire... Moi, je vais tâcher.

— J'en suis sûre, mon pauvre monsieur, j'en suis bien sûre.

— Merci, je regrimpe vite...

Il était déjà dans l'escalier, il montait quatre à quatre.

Arrivé à sa porte, il s'arrêta une seconde pour souffler, il n'aurait pas pu parler.

De l'intérieur, une petite voix très douce et joyeuse, un chant d'oiseau montait.

— Ma Laurence... murmura-t-il. Pauvre mignonne ! elle est toujours gaie, elle ne comprends pas !...

Il entra :

— Papa ! voilà papa !

Laurence lui courait aux jambes.

Il l'enleva dans ses bras, lui donna coup sur coup, trois, quatre grands baisers ; puis il alla à la mère alitée :

— J'ai réussi !

Le malade eut un soupir de soulagement et un sourire éclaira son visage :

— Tant mieux, mon bon Pierre !

— Oui, oui, j'ai réussi... M. Cornélis était rentré, il m'a reçu tout de suite et... Ah ! le bon cœur !... Tiens, regarde ! touche !...

Il lui tendait le grand billet bleu.

— Enfin, je vais pouvoir te soigner, ma Jeanne ! te donner tout ce qui t'es nécessaire... Et ce n'est pas tout, je vais avoir un emploi, M. Cornélis me l'a promis...Ah ! le bon cœur ! Je ne peux pas assez le dire... Une vraie providence !

La vue du billet de banque et surtout le contentement de son mari avaient ramené du rose aux joues de la malade :

— Tant mieux ! Tant mieux ! Il faut bien qu'il y en ait des bons cœurs, et tu mérites si bien qu'on te vienne en aide !

Elle ne s'étonnait pas, elle qui connaissait son Pierre.

— Tu vois, Charles, ajouta-t-elle, s'adressant à un jeune homme assis dans un coin, et dont Lazare n'avait pas remarqué la présence. Il ne faut jamais désespérer ; tu trouveras, toi aussi, quelqu'un pour te tirer de là.

Lazare regarda le jeune homme :

— Tiens ! tu es là, toi !

— Oui, beau-frère, je passais par là, je suis monté voir ma sœur et ma filleule.

— Et toujours ennuyé ? Tu n'as pas encore trouvé le moyen de lâcher ta fripouille de patron et de te caser ailleurs ?

— Lâcher... lâcher... Il me doit des sommes énormes...

— Qu'il ne te paiera jamais !

— Si ! je crois que ça vient... Sa cousine est rentrée, et justement je voulais vous dire tout à l'heure... mais je n'ai pas osé vous interrompre...

— Quoi donc ? Qu'est-ce que tu voulais me dire ?

— Ce M. Cornélis dont vous parlez... est-ce celui qui habite rue de Monceau, un hôtel particulier, au 130 ?

— Celui-là même.

— Il rentre de voyage, n'est-ce pas ?

— Oui, son voyage de noces.

— Eh bien, c'est Mme Cornélis qui est la cousine de mon patron.

— Ah ! par exemple ! la cousine de ce vaurien... et il attend après elle pour te payer tes gages...

Lazare eut là-dessus une moue de mépris :

— Et tu trouves ça bien, toi ? qu'il attende après sa cousine ?...

— Moi ! fit le jeune homme, ça me dégoûte...

— A la bonne heure !

Lazare revint à sa femme :

— A propos, le médecin est venu ? Où est son ordonnance que j'aille de suite...

Elle désigna du doigt une feuille de papier sur la table :

— Là... c'est encore de ce sirop qui sent fort... Il a regretté que tu ne sois pas là, il aurait voulu te dire un tas de choses qui étaient trop longues à écrire.

— Il te les a dites, à toi, demanda Lazare en tremblant de deviner là ce que les médecins ne disent jamais au malade condamné.

Elle le rassura.

— Oui... c'est pour le régime qu'il me faudrait suivre... Il paraît que ce n'est qu'une question de forces à refaire... et alors, je devrais boire ce vin-ci, manger cette viande-là... et aller dans le Midi, au soleil !... Tu entends, dans le Midi, à Nice ! Ils ne doutent de rien, ces médecins !...

C'était bien ce que lui avait rapporté la concierge, et comme la malade souriait, il sourit aussi, mais il dit, préoccupé :

— J'irai le voir ce médecin, me faire répéter tout cela...

— A quoi bon ? Puisque nous ne pouvons pas le faire... Me vois-tu à Nice, moi, la pauvre Jeanne ? C'est bon pour les riches, pour ceux qui ont de trop !..

— Eh bien ! quand je lui aurai dit que je ne peux pas faire ça, il m'indiquera quelque chose de plus facile.

Il tourna un moment dans la chambre, fit bavarder Laurence, puis brusquement :

— Ah ! je vais chez le pharmacien.

Et, prenant le billet bleu resté sur le lit :

— Il va en faire des yeux quand je lui donnerai ça pour le payer ?

— Je vous accompagne, proposa le beau-frère.

— Non, inutile, fais jouer ta filleule, mon petit Bibi-Boucan.

Charles Barillet fit la grimace.

— C'est pas gentil, beau-frère ; vous savez que je n'aime pas que vous m'appeliez comme ça !

— Mais ce n'est pas moi qui t'ai baptisé ! c'est la bande de ce cercle où ton patron passe ses nuits et son sale patron lui-même ne t'appelle pas autrement.. je le tiens de toi...

— Il me paiera ça avec le reste. Vous verrez ça !

— Je ne demande qu'à voir, sourit Lazare.

Il n'avait lâché ce sobriquet de Bibi-Boucan que pour provoquer encore cette révolte.

Il descendit en courant, et ce ne fut pas chez le pharmacien qu'il alla tout d'abord.

La visite au médecin pressait davantage ; il voulait savoir exactement

Il sut et sortit de là le cœur serré comme dans un étau.

Le médecin lui avait répondu :

— Mon ami, nous sommes deux hommes, nous pouvons, moi vous dire la vérité, vous l'entendre. La voici : votre femme peut être sauvée encore, mais si elle reste là, elle est perdue.

— Oh ! gémit Lazare étranglé...

— Elle s'en va d'épuisement, la poitrine est atteinte. Outre une nourriture de choix, il faut lui donner

— ... le Midi.
— Et les bords de la mer, de préférence Nice ou l'Algérie. Il le faut, mon ami.
Et devant l'air douloureux de Lazare:
— Excusez-moi, j'ai l'air de vous faire une mauvaise plaisanterie en vous recommandant cela à vous qui n'êtes pas riche, mais je ne peux pas mieux vous penser... Je ne vois que ce moyen de sauver votre femme. Elle est encore jeune, elle peut prendre le dessus du mal.
— Et si je ne l'envoie pas là-bas, elle est... perdue?
Il réfléchit une seconde, mais ce ne fut qu'une seconde, mais à la mort. Il le confirma:
— Oui, mon ami. Elle ne vivra pas six mois.
Des larmes roulaient dans les yeux de Pierre Lazare, se répandaient sur ses joues.
Machinalement, il avait joint les mains.
— Oh! docteur...
Le médecin trouva un mot d'encouragement:
— Voyons, mon ami, il ne faut pas vous désespérer. Je vous dis que votre malade peut en revenir. Je vois bien ce qui vous peine, c'est que vous ne pouvez pas faire pour elle ce que je vous indique; mais en cherchant bien, peut-être trouveriez-vous un ami, une bonne âme.
Il s'emporta. L'image de Cornélis passa devant les yeux de Lazare, les promesses du bon cœur bourdonnaient à ses oreilles.
— Peut-être, répondit-il.
Et résolument, déjà décidé à tenter la démarche:
— Je vais chercher, docteur. Je ne peux pas laisser mourir ma femme, la mère de ma fille.
Il quitta le médecin et s'en alla.
Avant de rentrer chez lui, il passa chez le pharmacien où il prit les médicaments commandés, mais il fit cela sans y penser.
Il était autre chose qu'il fallait faire. Pensant encore que la maladie ne lui eût rien fait de la nourriture à donner à la malade, il alla aussi chez le boucher et acheta de la bonne viande de riche, puis chez l'épicier où il se munit d'excellent bordeaux.
Et il paya sans marchander, sans même s'apercevoir de la dépense. Aussi bien les déclarations du médecin l'avaient complètement chaviré.
Il n'y était plus, il n'avait plus en tête que cette idée: sa femme était condamnée et il pouvait la sau-

ver en l'envoyant dans le Midi au bord de la mer. Comment oserait-il demander à M. Cornélis les moyens de faire cela ?

Or, en rentrant, il trouva chez lui quelqu'un qu'il reconnut tout de suite et dont la vue lui soufila de l'espoir.

C'était Clément, qui venait s'acquitter de la commission du maître :

— M. Cornélis vous a promis de vous procurer un emploi ; vous n'avez pas été plutôt sorti qu'il a trouvé ce qu'il vous faut. Il vous attend demain matin et vous pourrez prendre l'emploi tout de suite.

Et Clément fit connaître l'emploi.

— C'est auprès de M. Cornélis que vous serez employé, mon ami, et vous pouvez être tranquille quant aux appointements ; outre que M. Cornélis est très généreux, il tient à assurer tout à fait votre bien-être. Ainsi, réfléchissez bien, voyez tout ce qu'il vous faut pour cela et n'hésitez pas à le demander.

Lazare remercia, remué jusqu'au fond du cœur et, tout à coup, comme son beau-frère était encore là, il eut l'idée de le présenter à Clément.

— Mon beau-frère, Charles Barilet..., valet de chambre de M. le comte de Flourac, qui est, je crois le cousin...

Clément ne le laissa pas achever :

— Je connais votre beau-frère, nous nous sommes déjà vus l'an dernier, et, en nous retrouvant tout à l'heure, nous nous en sommes souvenus tout de suite. Il y a des choses qu'on n'oublie pas. N'est-ce pas, monsieur Barilet ?

— Oui, monsieur Clément.

Ils ne s'expliquèrent pas autrement ; mais, au moment de partir, Clément ayant demandé :

— Voulez-vous me faire le plaisir de m'accompagner, monsieur Barilet ?

— Très volontiers, monsieur Clément, répondit Charles.

Ils s'en allèrent ensemble, reconduits par Lazare jusqu'à la rue.

Là, Clément passa son bras sous celui de Charles Barilet :

— Nous avons encore à causer, jeune homme ; c'est pour cela que je vous ai prié de m'accompagner.

— Je l'avais compris, monsieur Clément.

Ils entrèrent chez un marchand de vins et allèrent s'asseoir dans un coin, au fond de l'arrière-salle, et

Ils causèrent. Clément commença par déclarer :

— C'est vous qui aviez raison, l'an dernier : je n'aurais pas dû laisser faire ce mariage.

— Ah ! tressaillit Charles ; il est arrivé quelque chose...

Clément hésita un instant : il ne se sentait pas le droit de faire une telle confidence à ce jeune homme.

Il demanda :

— Vous êtes toujours dans les mêmes sentiments à l'égard du comte de Flourac ?

— Toujours, monsieur Clément. Je n'oublierai jamais. Je ne serai content que lorsque je le verrai à terre.

— Si je me souviens bien, il vous avait enlevé votre bonne amie ?

— Pour en faire une fille, oui, monsieur Clément.

Clément passa sa main sur son front.

— Alors, vous tenez beaucoup à vous venger ?

— Je donnerais ma vie pour le pouvoir.

— Et si je vous en fournissais le moyen, moi ?

— Oh ! monsieur Clément, je vous bénirais jusqu'à la fin de mes jours.

Clément se décida :

— Eh bien ! mon ami, il vous faudra, vous aussi, venir voir M. Cornélis demain. C'est chez lui que vous trouverez votre vengeance : vous n'aurez qu'à écouter mon maître...

— Il a à se venger lui-même, compléta aussitôt Charles Barillet, oui, oui, c'est cela, ne dites pas non. Vous regrettez d'avoir laissé faire ce mariage, je vois d'ici ce qui est arrivé.

— Que voyez-vous ?

— M. Cornélis s'est aperçu qu'on l'avait dupé.

Clément retint encore la confidence.

— Je vous présenterai demain à M. Cornélis. Vous lui raconterez ce que vous a fait M. de Flourac, et vous lui offrirez votre dévouement. Je suis sûr qu'il l'acceptera et que, servant sa cause, vous servirez la vôtre.

En rentrant rue de Monceau, Clément annonça à Cornélis :

— Lazare sera là demain matin ; vous recevrez également la visite de son beau-frère.

— Son beau-frère, pourquoi ?

Cornélis avait froncé le sourcil.

— Parce que ce beau-frère est le valet de chambre

de M. de Flourac et qu'il a à se venger de son maître, qui lui a volé une bonne amie pour en faire sa
maîtresse.

— Ah ! presque un frère ! sourit amèrement Cornélis. Nous pourrons nous comprendre.

X

Ayant reconduit Charles et M. Clément, Lazare
était retourné auprès de sa femme et de sa fille,
transfiguré, débordant de confiance en l'avenir. Dès
le seuil, il cria :

— Tu guériras, ma Jeanne ! Tu iras refaire tes
forces au pays du soleil !

Mais aussitôt, il le regretta ce cri, c'était folie
d'attendre de M. Cornélis des appointements qui lui
permettraient d'envoyer sa femme et sa fille dans le
Midi.

— Que dis-tu là ? exclama la malade. Il te faudrait de vraies rentes pour faire ce que tu m'annonces. Espères-tu donc les gagner chez M. Cornélis ?
Voyons, ne te monte pas la tête, mon Pierre. Ce sera
déjà bien joli que tu gagnes de quoi nous faire vivre
tous trois.

— C'est vrai. C'est toi qui a raison, murmura-t-il.

Et les déclarations du médecin lui revinrent aux
oreilles et lui retombèrent sur le cœur.

Il passa une mauvaise nuit, il dormit à peine,
poursuivi par cet arrêt :

— Ma femme, la mère de ma Laurence est perdue,
si je ne l'envoie pas à Nice !

Et, dans son désespoir, cette lueur revenait sans
cesse :

— Oh ! pourtant, si M. Cornélis voulait. Il faudra
que j'ose lui en parler... Je lui offrirai de passer
ma vie à le servir... Je lui offrirai... Ah ! qu'il me
demande ce qu'il voudra, mon sang, ma vie, mais
qu'il sauve ma femme, qu'il conserve sa mère à ma
petite Laurence !...

Et se levant, il alla chez le coiffeur pour faire raser sa barbe, qui le vieillissait ; et il eut cette idée
de faire tailler ses cheveux comme les portraits de
Cornélis.

— Il faut que je m'applique à lui ressembler, puisque c'est par là que je lui ai plu tout de suite.

En remontant chez lui, il fut récompensé de ce
qu'il venait de faire.

— Oh ! tu es beau, mon Pierre ! A la bonne heure,
je te retrouve.

Ce matin, elle se sentait mieux. Elle avait bien dormi, ne sachant rien de ce qui tourmentait Pierre, toute à la joie du bien-être recouvré.

— Allons! va chez notre bienfaiteur, ne le fais pas attendre, et dis-lui bien que nous le bénissons.

Puis:

— Je crois que je pourrai me lever aujourd'hui. Quand tu reviendras pour déjeuner, tu me trouveras debout.

Il s'en alla ravi, se sentant la force d'oser.

Il ne rentra que le soir pour dîner. Le bienfaiteur l'avait gardé auprès de lui toute la journée.

Il embrassa sa femme et sa fille avec une émotion où il se passionna; et sa main trembla en tirant de sa poche pour les tendre à sa femme quatre de grands billets bleus, pareils à celui qu'il avait rapporté la veille:

— Tiens! pour aller à Nice.

Elle cria, éblouie:

— Oh! une fortune... Mais... Il est plus que bon, M. Cornélis; il est un peu... fou! Faire tout cela pour nous, parce que tu lui ressembles... Car enfin, c'est pour cela que tu lui as plu.

César ne put que balbutier:

— Uniquement... Je ne vois pas comment j'aurais pu autrement faire sa conquête.

Puis tout triste:

— Il faut dire aussi que notre bienfaiteur est malheureux... et ça doit le soulager de faire du bien.

— Ah! il est très malheureux...

— Très malheureux.

Cornélis avait dû se laisser aller à dire son malheur.

— Il t'a donné tout cela, sans te rien demander...

Il hésita une seconde avant de faire cette réponse:

— Il m'a demandé que de le servir avec dévouement...

Elle rompit là-dessus:

— Voyons! il faut songer à ton départ. Tu te sens bien mieux, n'est-ce pas? Oui, tu es sur pied, comme tu me l'avais promis ce matin. Crois-tu pouvoir supporter le voyage... dans un wagon où tu seras comme dans ton lit?

— Mais tu tiens donc tant que ça à ce que j'aille...

là-bas ?

— Je veux que tu guérisses, ma Jeanne. Oh ! ne t'effraie pas de la séparation : tu auras Laurence avec toi et j'irai vous voir, passer deux ou trois jours auprès de vous. Et puis, M. Cornélis m'a annoncé qu'il irait lui-même s'installer à Nice et qu'il m'emmènerait, et nous serons bien heureux, va ! et tu seras guérie...

Il plaida si bien, fut si tendrement pressant, qu'elle accepta de partir.

— Si ça continue, je pourrai faire le voyage dans trois ou quatre jours... Tu nous conduiras toi-même ?

Le visage de Lazare se contracta légèrement :

— Non, je ne pourrai pas... Je vais être très occupé.

— Ah !

— Mais, sois tranquille, vous aurez quelqu'un pour vous conduire et vous installer là-bas. C'est M. Clément qui vous accompagnera. M. Cornélis l'en a déjà chargé, et il lui a donné pour instructions de vous gâter.

Il fit tout accepter — et, ce soir-là, Laurence et la petite mère s'endormirent en rêvant de ce beau pays du soleil, tout baigné de lumière bleue, tout embaumé de parfums...

Lazare les regarda s'endormir, et quand il eut constaté qu'elles ne pouvaient plus le voir, il s'assit dans un coin et pleura silencieusement.

Il avait menti à sa femme : le bienfaiteur avait dû lui demander de se soumettre à quelque douloureux sacrifice, si douloureux qu'il n'osait pas en parler et qu'il en pleurait, maintenant qu'on ne pouvait plus voir ces larmes.

XI

Un matin, un omnibus du P.-L.-M. vint prendre Laurence et la petite mère pour les porter à la gare de Lyon.

Clément et le jeune Charles Barilet en descendirent et entrèrent dans la maison.

Bibi-Boucan riait, très gai, alerte, un peu gavroche même ; il redevenait le Bibi-Boucan d'autrefois et il acceptait volontiers qu'on l'appelât par son sobriquet.

Il passa devant et grimpa l'escalier à la course.

— Vous permettez, monsieur Clément ? J'ai des démangeaisons dans les jambes...

Il voulait être le premier à annoncer à sa sœur et à
sa filleule :

— En voiture les voyageurs pour Nice

Clément était à peine arrivé là-haut que Charles
redescendait, conduisant sa filleule :

— Tu vas voir la mer, la grande mer toute bleue,
et du soleil toujours, et des fleurs partout ! Le para-
dis, quoi !

— Est-ce qu'il y a des anges aussi ? demandait
Laurence...

— Il y en aura au moins un...

Lazare descendit après eux, portant sur son épaule
la malle de voyage, et trouvant encore le moyen de
se retourner pour surveiller la descente de sa femme
qui le suivait, appuyée au bras de Clément.

Cinq minutes après, tout le monde roulait vers la
gare de Lyon — tout le monde, sauf le jeune Bibi-
Boucan.

— Je ne peux pas vous accompagner jusqu'à la
gare, mon patron n'aurait qu'à se lever plus tôt que
d'habitude... J'ai besoin de me bien tenir avec lui...
Non, je ne peux pas, mais le cœur y est ! Au revoir,
Jeanne ! Au revoir, petite filleule !

A la gare, Clément prit les billets, trois places de
coupé.

Lazare suivit les voyageurs jusqu'au wagon ; il les
vit s'y installer, il y monta pour embrasser une dernière fois sa femme et sa fille...

Le train partit, il le regarda s'éloigner, et tout à
coup, très ferme jusque-là, il eut une crise de larmes,

— Oh ! mes amours ! mes amours ! je ne les verrai
peut-être plus jamais !

Il sentit une main s'appuyer sur son épaule.

— Vous pleurez, mon ami ! Vous n'êtes donc pas
heureux d'avoir assuré la guérison de votre femme ?

Il se retourna et balbutia :

— Excusez-moi, monsieur Cornélis, ç'a été plus
fort que moi...

Et essuyant ses yeux ;

— C'est fini... Je suis heureux... et je vous appartiens pour la vie, monsieur Cornélis ; vous pouvez
faire de moi ce que vous voudrez....

— Je ne veux faire que votre bonheur, mon ami,
Allons, rentrons !

La malade supporta assez bien le voyage et, là-
bas, à peine entrée dans le soleil, dans l'air embaumé
de cette terre féerique, elle se sentit renaître.

Clément installa la mère et l'enfant dans un hôtel ; il les y laissa se reposer et partit en course.

Quand il revint, ce fut pour leur annoncer qu'on repartait le lendemain.

— Oh ! nous n'irons pas loin. Je vais vous mettre chez vous... une maison à vous, avec un grand jardin.

Il les conduisit à Sainte-Lucie, un village dans les environs de Cannes.

Il leur avait acheté là une petite villa toute meublée ; une bonne les y attendait.

— Vous voilà chez vous, rien ne vous manquera... Soignez-vous bien, dépensez sans compter...

La malade croyait faire un rêve.

Non, elle ne rêvait pas.

Sa Laurence était là qui riait et chantait et courait déjà après les papillons dans le grand jardin.

Oh ! les bénédictions dont elle chargea Clément pour le bienfaiteur de Paris !

— C'est trop. M. Cornélis est trop bon.

— Mais non, mais non, madame Lazare, protestait Clément, M. Cornélis ne fait pour vous que ce qu'il vous doit.

— Mais il ne doit rien !

— Pardon, il a promis à votre mari que vous guéririez et que vous seriez heureuse !...

En rentrant à Nice, pour régler la note de l'hôtel, avant de reprendre le train de Paris, Clément y trouva une dépêche.

Elle ne contenait qu'un mot : « Rentre », et elle était signée Jean.

Il se fit immédiatement conduire à la gare de Lyon, il acheta un journal et quelqu'un qui l'eût observé au moment où il déplia la feuille eût aperçu une contraction nerveuse sur son visage et découvert une angoisse dans ses yeux.

Tout à coup un titre le fit tressaillir violemment :
La Catastrophe de la rue de Monceau.

Il lut rapidement.

« Une explosion s'est produite cette nuit rue de Monceau, dans le laboratoire de M. Cornélis, le fils du grand chimiste Cornélis, chimiste lui-même et qui promettait une suite à l'œuvre paternelle.

« Depuis la mort de son père, M. Jean Cornélis poursuivait une étude commencée sur la liquéfaction des gaz.

« Il n'avait interrompu ses travaux que pour se

marier, l'an dernier, au mois d'août. Rentré de son voyage de noces, il s'était remis à l'étude.

« C'est vers minuit que l'explosion s'est produite, si violente que tout le quartier en a tressailli.

« Quand on est arrivé sur les lieux, il ne restait plus rien du laboratoire, on a retrouvé le corps du jeune chimiste, à vingt mètres de là, dans le jardin de l'hôtel, et ce corps n'était plus qu'un cadavre.

« Un moment on a pu croire que l'explosion avait fait une autre victime dans la personne de M. Clément, le collaborateur ordinaire de M. Cornélis. A la dernière heure on nous annonce que M. Clément était absent de Paris depuis plusieurs jours.

« M. Cornélis avait aussi comme gardien de son laboratoire un grand terre-neuve qui ne quittait jamais son poste : on n'a pas retrouvé Mourzouk — c'est le nom du terre-neuve. Comme il n'est pas admissible qu'il ait été tué — on aurait retrouvé quelque chose de la pauvre bête — on suppose que Mourzouk, affolé, aura pris la fuite.

« Comme nous l'avons dit plus haut, M. Jean Cornélis était marié depuis quelques mois seulement. La douleur de la jeune veuve est navrante. »

Et, ayant lu cela, Clément murmura :

— Allons, c'est fait.

De la gare de Lyon, il rentra directement à l'hôtel Cornélis.

Il demanda à voir une dernière fois son jeune maître ; on le lui accorda sans difficulté. Quelques minutes, il resta agenouillé devant la dépouille du mort ; puis, se relevant, les yeux secs, étrangement calme, il se fit annoncer à la veuve.

Il dut attendre un peu.

Elle n'était pas seule ; accouru dès la première heure, Robert de Flourac n'avait plus quitté l'hôtel que pour remplir les diverses formalités officielles et commander les obsèques.

Il avait passé le reste du temps auprès de sa cousine.

Fernande avait besoin de le sentir là.

Elle ne s'était pas trompée sur la catastrophe : son mari ne lui avait-il pas annoncé qu'il allait la faire libre !...

Il s'était suicidé, elle n'en pouvait douter, et c'était elle qui l'avait tué !

Et, pendant des heures et des heures, elle avait tremblé de tout son corps, sursautant au moindre bruit, se demandant si Jean Cornélis n'allait pas aussi tenir le complément de sa promesse ; revenir pour le châtiment !

Péniblement, tour à tour tendre et sceptique, lui prodiguant les mots d'amour et se moquant de ses terreurs Robert était parvenu à la remettre, d'aplomb.

Mais quand on lui annonça Clément, elle se reprit à trembler.

— Il sait tout, celui-là.

— Du sang-froid ! du calme ! Je suis là... Après tout, cet homme n'est qu'un domestique que tu pourras congédier demain.

Ce fut lui qui donna l'ordre d'introduire Clément et qui, en réalité, le reçut.

L'ami du mort, le dépositaire de ses intimes pensées, ne parut pas surpris de trouver Robert de Flourac entre lui et la veuve, il en éprouva putôt une satisfaction. Clément parla froidement, posément :

— Madame, je ne viens pas vous offrir mes condoléances ; je ne vous ferai pas moi qui sais pourquoi mon maître est mort, l'injure de m'apitoyer sur votre douleur. Faut-il vous les dire, ces causes ? Non, vous les connaissez mieux encore que moi...

Flourac voulut intervenir :

— Pardon ! Je ne peux pas vous permettre..

— Clément le toisa :

— Je ne vous demande aucune permission, monsieur ! Le mort m'a légué une mission, je la remplirai, au besoin, malgré vous ! Aussi bien, ce n'est pas vous qui pouvez vous en plaindre.

Et il continua :

— Je viens vous rappeler, Madame, la volonté que mon pauvre maître vous a exprimée à vous-même, c'est que vous épousiez, votre deuil expiré, M. le comte Robert de Flourac.

Robert s'effara. Fernande répondit d'une voix faible :

— C'est bien, monsieur Clément... je réfléchirai. Est-ce tout ce que vous avez à me dire ?

— Je n'ai qu'un mot à ajouter : Mon maître est mort en se jurant de revivre pour surveiller l'exécution de ses volontés dernières, et je crois qu'il revivra !

Et comme un sourire se dessinait sur les lèvres de Flourac.

— Il revivra ! répéta Clément avec une ardente conviction.

Puis, en se retirant :

— Inutile de vous dire, Madame, que je quitte l'hô
tel Cornélis pour n'y plus reparaître...

Flourac goguailla :

— Sans faire régler votre compte ?

— Il est réglé, Monsieur, et le tour du vôtre viendra !... répondit brutalement Clément.

Là-dessus, il s'en alla, l'air calme, le pas ferme,
comme il était venu.

Fernande s'abattit dans les bras de son cousin :

— Tu as entendu ! Il revivra !

— Tu es folle ! gronda Robert. Ne vois-tu pas que
tout ça, c'est de la persécution posthume ! Rassure-
toi, il est bien mort, et quand on est mort, c'est pour
longtemps !

— Va le voir ! souffla-t-elle. Va t'assurer encore.

— Ah ça !

— Va ! Je t'en prie...

Flourac s'exécuta en haussant les épaules.

Il passa dans la chambre du mort.

Cornélis reposait sur son lit mortuaire.

N'eût été la pâleur cadavérique du visage, on eût
pu croire qu'il dormait.

Flourac s'approcha du lit, considéra longuement
sa victime et ne fit qu'une observation : Cornélis lui
parut un peu changé, vieilli ; il ressemblait évidemment au Cornélis de quelques mois auparavant, mais
ce n'était plus ça...

— C'est la mort qui commence son œuvre, murmura-t-il.

Et il revint auprès de Fernande.

— Il est bien mort, répéta-t-il, et il ne sera que
temps de l'enlever demain.

— Il reviendra ! s'obstina la veuve.

Robert eut un geste de colère, mais il songea que
toute sa force résidait dans l'amour de cette malheureuse affolée, et son geste s'acheva en un appel d'a-
mant :

— Voyons, Fernande ! Le passé est le passé. C'est
devant nous qu'il faut regarder, vers cet avenir de
fortune et de jouissances qui nous est assuré désormais. Te voilà mienne, à moi tout seul, dans un an tu
seras ma femme, la comtesse de Flourac, ton premier
rêve de jeune fille...

Elle se laissa aller à son étreinte...

Dans la chambre voisine, le mort dormait toujours ; dehors, l'air toujours calme, Clément s'éloi-

gnait en dépliant un papier cerclé de deuil.

Il avait quitté l'hôtel Cornélis en n'en emportant qu'une lettre de faire part.

De toute cette lettre, il ne lut qu'une ligne, la dernière, tout au bas de la page : l'adresse de l'administration chargée des obsèques.

Il se rendit à cette adresse et demanda à parler au directeur.

Introduit, il exposa :

— Monsieur, je viens pour les funérailles de M. Cornélis.

— On est déjà venu, monsieur, tout est réglé...

— Je le sais...

— Il s'agit d'un changement ?

— Non, mais d'un désir du pauvre mort... d'un désir que je suis sans doute seul à connaître...

— Ah !

— Je suis M. Clément...

— Le collaborateur dont parlent les journaux ?

— Oui, monsieur. J'arrive de voyage... désespéré de m'être absenté.... Si j'avais été là, j'aurais peutêtre empêché la catastrophe ! C'était moi qui, d'ordinaire, manipulais les cornues qui ont fait explosion... M. Cornélis n'y touchait jamais...

— Ah ! monsieur, il est, en effet, bien regrettable...

— Je vous dis que je suis désespéré... et ce qui aggrave mon désespoir, c'est que mon maître semblait pressentir ce qui allait arriver. Il m'avait envoyé par dépêche l'ordre de rentrer... Tenez ! voici cette dépêche...

— Mais je m'en rapporte à vous...

— Voyez ! un seul mot : Rentre ! la dépêche d'un homme qui sait que je comprendrai pourquoi il me rappelle... Les expériences auxquelles nous nous livrions avaient été interrompues par mon départ ; pressé de les terminer, il aura voulu les reprendre et il n'aura pas eu la patience de m'attendre... et c'est de cette impatience qu'il est mort, parce que je n'étais pas là !

— Je comprends votre douleur, monsieur Clément ! D'autant que vous étiez depuis longtemps le collaborateur...

— Celui du père d'abord, celui du fils ensuite. Je l'avais vu naître le fils... Il me traitait comme un vieil ami, il n'avait pas de secret pour moi... Oh ! quand je pense qu'il y a huit jours il me disait, à propos de la mort — je vous assure, monsieur, qu'il

la sentait venir pour lui ! — il me disait : « Je n'ai
pas peur de mourir, mais, depuis que je peux réfléchir, j'ai toujours eu une épouvante, celle d'être
enterré vivant... »

— Oh ! tout le monde l'a, cette épouvante.

— Oui, et malheureusement les cas sont nombreux
qui la justifient. Quand mon pauvre maître en trouvait un dans les journaux, il en était huit jours à se
tranquilliser...

« Enfin, j'arrive à ce qui m'amène, monsieur, à ce
désir du cher mort... Vous l'avez déjà deviné, ce
désir ? plus qu'un désir, je dirais une volonté suprême... inspiré par l'épouvante en question...

— M. Cornélis a peut-être demandé son autopsie...
pour qu'on puisse s'assurer...

— Non, ce n'est pas vous que je viendrais trouver
pour cela.

— C'est juste.

— La volonté de M. Cornélis est beaucoup plus
simple, et je suis convaincu que vous pourrez sans le
moindre inconvénient la satisfaire. Il s'agit de l'ense-
velir de telle façon que, s'il était enterré vivant, il ne
fût pas exposé à mourir d'asphyxie.

— On ne peut pourtant pas laisser le cercueil ouvert.

— Non, mais l'on peut ménager des jours par les-
quels l'air s'infiltrera et sceller le couvercle si légèrement qu'il cède au premier effort. Oh ! je vous en prie,
monsieur, ne me refusez pas ça, c'est le mort qui
vous parle par ma bouche !

L'entrepreneur réfléchit :

— Avez-vous fait part de la question à la famille ?

— Non, monsieur. Mon maître m'avait expressément défendu de parler de son épouvante... sa veuve
n'aurait eu qu'à la partager, la pauvre femme en
eût été par trop tourmentée. Vous comprenez bien ce
sentiment de mon maître.

— Parfaitement. Alors il me faudrait faire ce que
vous demandez sans en prévenir la famille !

— Oui, je paierai pour cela ce que vous voudrez !

— Oh ! c'est peu de chose.

— C'est capital pour moi. C'est l'exécution d'une
volonté dont je suis le dépositaire. Je tiens à reconnaître votre complaisance.

Ce disant, Clément tirait son portefeuille et glis-
sait sur le bureau trois billets de cent francs.

L'entrepreneur les repoussa.

4

— Inutile, monsieur Clément.

— Vous me refuserez !...

— Je refuse l'argent... Il suffit d'une gratification pour l'ouvrier... moi, je n'accepte rien... Je vais faire appeler cet ouvrier ; vous lui donnerez vous-même vos instructions, et vous vous arrangerez avec lui pour le supplément de travail...

« Moi, voyez-vous, je dois ignorer la chose ; je suis tenu de livrer la commande telle qu'elle m'a été faite. Tranquillisez-vous d'ailleurs : ce que vous m'avez confié restera entre nous ; vous n'aurez qu'à vous assurer de la discrétion de l'ouvrier.

Il sonna, envoya chercher l'ouvrier et, le laissant en tête à tête avec Clément :

— Tâchez de faire pour Monsieur ce qu'il va vous demander.

L'ouvrier, un gros père que son métier de tailleur pour morts ne semblait pas autrement affecter, salua Clément :

— Tout à votre service, monsieur ! Vous n'avez qu'à parler... à moins que la chose ne soit impossible.

— Oh ! je la crois très possible et même facile.

Une demi-heure après, Clément et l'ouvrier se quittaient sur une solide poignée de main.

Clément parti, l'ouvrier regarda dans sa main : le collaborateur de Cornélis y avait laissé les trois billets de cent francs offerts tout d'abord au patron.

— Bigre ! fit le gros père. Faut-il qu'il y tienne pour payer comme ça !

XII

Au lever du jour, sa vieille bonne avait réveillé le docteur Daubray.

— Une visite, monsieur le docteur, et ça presse.

— Quelle visite ! De qui ?

— Un blessé... Il a la tête et la figure enveloppées... Il vient se faire panser.

— Son nom ?

— M. Lazare.

— Connais pas. Enfin, je me lève...

Il s'habilla à la hâte et descendit au salon où la vieille bonne avait introduit le visiteur.

Et d'abord il se heurta à un grand chien qui lui tendait son museau quêteur de caresses.

— Tiens ! Mourzouk, fit-il, le terre-neuve de mon

filleul.

— Et le filleul aussi, murmura la voix du blessé.

— Jean ! c'est toi.., toi blessé... et tu te fais annoncer sous le nom de Lazare !

Cornélis — car s'était lui, le mort qu'on veillait rue de Monceau, mais un mort qui vivait, parlait — Cornélis se débarrassa des foulards dont il s'était masqué le visage.

Il n'avait aucune blessure...

— Que signifie ? Pourquoi cette plaisanterie ? Parle ! Explique-toi ?

Cornélis prit un temps pour laisser tomber :

— Je ne suis pas blessé, mon cher parrain. Je suis mort !

— Hein ?

— C'est un revenant que vous avez devant vous...

— Voyons ! voyons !... Je n'aime pas ces farces-là, surtout chez toi, le grand sentimental.

— Ce n'est pas une farce, mon parrain. Cette nuit, entre onze heures et demie et minuit, une explosion s'est produite dans mon laboratoire... tout a été broyé ; j'ai été, moi, projeté à vingt mètres dans le jardin et l'on m'y a relevé mort....

Le docteur fixa sur son filleul des yeux qui s'égaraient :

— Est-ce toi qui es fou ? Est-ce moi qui le deviens ?

— Nous avons, l'un et l'autre, toute notre raison, mon parrain. Seulement, vous ignorez des choses qu'il faut que je vous apprenne, et c'est pour cela que je suis venu. Veuillez m'écouter.

Et Cornélis raconta l'écroulement de son bonheur, la trahison de l'adorée ; plusieurs fois, en disant le calvaire subi, sa voix trembla, mais elle se raffermit pour proclamer :

— J'ai jugé ces deux êtres, je les ai condamnés et je me suis réservé la volupté d'exécuter moi-même mon arrêt !

Et il dit encore son plan de vengeance : mourir pour laisser le champ libre à ses deux condamnés et revivre pour les frapper.

— Et je suis mort, pour eux comme pour tout le monde, et vous me voyez vivant... Vous ne comprenez pas ? C'est un autre qui est mort à ma place.

— Un autre !

— Un homme qui me ressemble tellement qu'on n'aura pas hésité à me reconnaître dans son cadavre. Cet homme, je l'ai gagné à ma cause, il s'est donné à moi...

Le docteur s'était levé, livide, affolé.

— Un crime ! Tu as commis...

Cornélis secoua la tête et, tranquille sur son prétendu crime :

— Non, mon parrain, je n'ai tué personne.. L'homme n'est pas mort.. Il dort...

— Il dort !...

— Oui, oui, il dort et il se réveillera à l'heure que j'ai fixée... Souvenez-vous !... Cette découverte préparée par mon père, réalisée par mon vieux Clément et moi : le sommeil et l'insensibilité à volonté avec toutes les apparences de la mort et presque la réalité, je répète vos propres paroles. Ce sont elles qui, en me revenant, m'ont donné l'idée de ce que j'ai osé : « Pour quelqu'un qui voudrait se faire passer pour mort, ce serait merveilleux. Je défie un médecin lui-même de ne pas s'y tromper ! »

Le docteur Daubray ne se rassurait pas :

— Je vois... mais j'hésite à croire ! C'est épouvantable ce que tu as fait là !

— Il le fallait, mon parrain ! Et, je le répète, l'homme n'est qu'endormi, et je suis sûr qu'il se réveillera ! Avant de le soumettre à cette épreuve, terrible, je le reconnais, je l'ai faite sur moi-même. J'ai dormi deux jours et une nuit, et je me suis réveillé à l'heure exacte...

— Alors, je me demande pourquoi, sûr de toi, tu as mis à ta place cet homme qui peut succomber, lui ! Pourquoi ? Réponds. Je t'accuse, défends-toi !

Et comme Cornélis ne répondait pas assez vite :

— Dis la vérité. Tu as eu peur d'y rester ! L'épreuve a réussi chez toi : elle peut, dans le cercueil, se terminer par une catastrophe... Tu as eu peur, te dis-je ! et cette peur t'a fait commettre un acte qui peut devenir un crime, un véritable assassinat ! Et je te répète que c'est épouvantable !

— Oui, c'est épouvantable, balbutia Cornélis, mais c'est fait...

Et se remettant aussitôt, car la rude attaque de son parrain l'avait troublé :

— C'est fait, et je reconnais que vous avez bien vu : j'ai eu peur d'y rester. Je n'ai pas voulu m'exposer à mourir. Je veux vivre pour me venger !

— Et tu as disposé de la vie d'un autre !

— De son plein consentement !

— Un fou !

— Non, un homme de cœur, qui jusqu'ici n'avait vécu que pour sa femme et pour sa fille ; j'ai assuré pour toujours le bien-être de ces deux êtres adorées, il s'est donné à moi, et je suis sûr qu'il ne me trahira jamais !

Cette explication fournie, Cornélis coupa court aux reproches que pouvait lui valoir encore son acte insensé :

— J'aurai ma vengeance ! Tout ce que vous pourrez me dire, je me le suis dit moi-même. Quand on arrive à faire ce que j'ai fait, à jouer avec la mort, à se retrancher moralement du nombre des vivants, à accepter de passer pour mort à tout jamais, c'est qu'on est décidé, n'est-ce pas ? à ne reculer devant rien ! Et rien ne m'arrêtera désormais. J'aurai ma vengeance ! Ces deux misérables m'ont volé ma vie : j'aurai la leur !

— Tu pouvais les surprendre et les tuer !

Cornélis eut la réponse qu'il avait déjà faite à Clément :

— Ils n'auraient pas souffert... et c'étaient mes malheurs conjugaux livrés au public, le nom de mon père en cour d'assises... Non ! non !... Je ferai justice comme je l'ai décidé, la souffrance des coupables durera toute leur vie et le nom de mon père n'en sera pas atteint !

Le pauvre docteur se souvint tout à coup de ce que lui avait dit Clément du père Jean, de la vengeance implacable dont le grand chimiste avait poursuivi l'industriel qui l'avait trompé.

— Allons ! jugea-t-il. Clément avait raison. Le fils a bien l'âme de son père, c'est une autre affaire Lauraguais, et il n'y a pas à discuter : le mal est fait et, Cornélis y consentirait-il, on ne peut plus rien empêcher.

Restait la situation que le malheureux s'était créée.

— As-tu, du moins, réfléchi aux conséquences qu'aurait pour toi ton acte, s'il était découvert ?

— Des conséquences, je n'en vois pas d'inquiétantes...

— Comment ! tu fais déclarer ta mort à l'état civil.

— Et puis ? Je trompe l'état civil, je commets peut-être un faux... c'est cela que vous voulez dire, n'est-ce pas ? Ma réponse est bien simple : A qui ce faux porte-t-il tort ? A personne. Bien mieux, il fait entrer

ma femme en possession de la fortune que je lui
laisse et tomber dans les caisses de l'Etat un joli
chiffre de droits de succession.

« Et enfin, il ne sera pas découvert, mon faux !...
Oui, je vous entends, on peut me rencontrer, me
reconnaître... On ne me rencontrera pas : je vais
disparaître, passer en Amérique.

— Et ta vengeance ?

— Je reviendrai quand elle sera mûre, je ne reparaîtrai que pour la cueillir...

Daubray leva les yeux au ciel :

— Ah ! fou, pauvre fou ! Tu sacrifies toute ta
vie...

— Oh ! pour ce qu'elle vaut désormais ! Je vous
répète que ces deux misérables m'ont tué...

Le docteur essaya de faire vibrer une autre
corde :

— Et l'œuvre de ton père à continuer ?

Il touchait juste.

Cornélis tressaillit.

— C'est elle, autant que ma vengeance, qui me
garde vivant. Je vais la continuer ailleurs, là-bas,
en Amérique. Ne faut-il pas, d'ailleurs, que je refasse
ma fortune ? Je laisse tout aux mains de mes ennemis...

— Tout ?

— Sauf quelques centaines de mille francs que
j'avais chez mon banquier et que j'ai retirés depuis
huit jours. Mais je ne regrette rien ; j'aurais pu
révoquer mon testament, je ne l'ai pas voulu. Aussi
bien, ne vous préoccupez pas de cette question : ce
que mon père fit à Paris, je le referai en Amérique,
deux fois, trois fois, dix fois, car je veux une fortune
qui me permette de lutter contre n'importe quelle
puissance et d'atteindre le but que je me suis assigné.

« Et ce but, je l'atteindrai ! Flourac et celle qui
fut ma femme seront riches désormais : je les rédui-
rai à la misère, je les ferai plus pauvres qu'ils
n'étaient avant de me connaître et je les verrai, de
la misère, rouler à l'infamie, agoniser dans la boue,
finir ignominieusement...

Daubray eut un sourire amer :

— Et c'est pour cette satisfaction à recueillir que
tu sacrifies ta vie... ta vie qui aurait dû être si belle !
Et tu as cru que je serais ton complice, moi, que je
m'associerais à cette folie !

— Mon parrain, je ne vous demande que de ne pas

trahir le secret que je suis venu vous confier !

Des pas résonnèrent dans le couloir. Quelqu'un venait.

Qu'allait faire le parrain ?

Instinctivement Cornélis s'était voilé la face, et ses yeux imploraient Daubray.

Ce dernier lui montra une porte.

— Passe dans mon cabinet...

— Oh ! mon parrain...

— Chut ! c'est toi qui vas te trahir...

Et il le poussa dans l'autre pièce.

La vieille bonne entra :

— Je viens voir si vous n'avez besoin de rien, monsieur le docteur ?

Elle cherchait des yeux l'étranger qui était venu se faire panser et qu'elle n'avait pas vu s'en retourner.

— Préparez une tasse de chocolat pour mon blessé, répondit le docteur. Je le garderai probablement jusqu'à demain.

— Ah ! c'est donc grave ?

— Non, mais il faut des soins que je peux seul donner... Allez !

A son tour, il passa dans son cabinet.

Cornélis se jeta dans ses bras :

— Pardonnez-moi, mon parrain. Un instant j'ai craint que vous ne me livriez, j'ai douté de votre cœur !

— Ah ! le cœur, soupira Daubray, le grand ennemi de la raison.

Puis, froidement :

— Assieds-toi ; je vais te panser, j'entends te masquer.

Et il lui banda la tête et le visage.

— Là, maintenant, personne ne te reconnaîtra. Quand pars-tu ?

— Demain soir, après mes obsèques.

— Pourquoi attends-tu ?

— J'ai quelque chose à faire à Paris... il faut que je sois là quand celui qu'on va enterrer à ma place se réveillera.

— Quand doit-il se réveiller ?

— Demain soir, à neuf heures.

— Bien. C'est moi qui assisterai à son réveil.

— Mon parrain !

— C'est moi, te dis-je. Laisse-moi me mettre en règle avec ma conscience, puisqu'il me faut accepter de tel. La femme aura sans doute besoin de soins, je suis médecin. Quant à toi, tu resteras là; tu n'en sortiras que pour te rendre au Havre.

Cornélis secoua la tête:

— J'aurai le regret de vous désobéir, mon parrain; j'irai à Paris demain.

— Malheureux! tu iras te montrer...

— A une seule personne, mais il faut que celle-là me revoie vivant, je le lui ai promis.

— Ta femme?

— Oui, celle qui fut ma femme.

Le docteur posa sa main sur l'épaule de Cornélis et la regardant anxieusement:

— Jean, tu aimes encore cette femme, tu vas faire la suprême folie, te livrer à elle.

Le mari de Fernande eut un sourire d'homme fort, sûr de soi-même.

— Non, vous pouvez être tranquille.

Mais, se rendant compte qu'il fallait plus que des mots pour rassurer son parrain, il parut se résigner à ne pas donner suite à son dessein.

— Aussi bien, puisque cela vous épouvante, je renonce. Je me constitue votre prisonnier, et je ne ferai que ce que vous m'aurez permis.

Dans la journée, laissant là son prétendu blessé, Daubray se rendit à Paris, s'informa.

La mort de Jean Cornélis avait été déclarée à l'état civil, le médecin avait donné le permis d'inhumer.

Il fit une visite à l'hôtel Cornélis, rendit ses devoirs au mort, offrit ses condoléances à la veuve.

A ce moment, Fernande était seule; Fleurat, l'ayant réconfortée, avait pu s'absenter.

Elle reçut le docteur en tremblant, le nom seul du visiteur avait suffi à la rejeter en ses terreurs.

D'un coup d'œil, Daubray constata l'effet qu'il produisait.

— Elle se doute que je connais sa trahison, se dit-il, et elle a peur de mes reproches.

Il ne lui en fit aucun, il s'appliqua à être strictement correct et à ne laisser rien voir de ce qu'il était.

Ses condoléances exprimées, il demanda ce qu'était devenu Clément.

Fernande répondit qu'il était venu la voir..., mais elle passa rapidement à autre chose.

Daubray en savait assez: le bon Clément était bien là pour exécuter les ordres de son maître.

Il se retira en renouvelant ses condoléances.

Et cette attitude correcte de Daubray bouleversa plus la veuve que ne l'auraient fait de sanglants reproches.

Elle y lut une entente entre le mort et son parrain.

En rentrant à Longjumeau, Daubray déclara à Cornélis :

— Tout s'est passé comme tu l'avais prévu. Tu es bien mort et c'est demain qu'on t'enterre.

— Et Clément ?

— Il a fait une visite à ta veuve.

— Alors, je suis tout à fait tranquille.

Une heure après, Clément arriva. Il raconta sa mission accomplie à Cannes et à Paris, les bénédictions de Jeanne Lazare et de sa fille, l'attitude de Fleurac et les terreurs de Fernande qui ne lui avaient pas échappé, et enfin sa démarche auprès de l'entrepreneur des pompes funèbres.

Cornélis dormit toute la nuit.

Au matin sa surexcitation était tombée, mais sa volonté n'avait pas faibli.

À midi, l'heure même où la dépouille mortelle du prétendu Cornélis quittait l'hôtel de la rue de Monceau, le docteur et ses deux hôtes se mirent à table pour déjeuner.

Daubray et Clément s'étaient interdit d'assister aux obsèques, ils avaient craint de faiblir au spectacle de la lugubre comédie dont ils se faisaient les complices.

Comme ils déjeunaient, le facteur passa qui apportait son journal au docteur.

Daubray ouvrit son journal :

— Voyons ce qu'on dit de tes obsèques...

— Oh ! j'imagine qu'on se borne à les annoncer, comme on les annonce.

Daubray mit le doigt sur un article :

— On te consacre au moins trente lignes encore.

Mais tout à coup il eut un haut-le-corps, son visage se contracta.

— Malheureux !... C'est le crime... le crime !

— Quoi ? Quoi donc ?...

— Regarde... là !... cette clause qu'on rappelle de testament... Tu as demandé à être incinéré comme ton père.

— Incinéré !

Cornélis resta étranglé.

C'était vrai. Il n'avait oublié que cela dans le ré

glement du drame, et sa volonté allait être obéie,
Lazare livré à l'incinération.

— Malheureux !... quand je te le disais que c'était
un crime ! rugit Daubray, les yeux hors de la tête.
C'est toi qui auras tué cet homme, fait une veuve
et une orpheline...

Cornélis eut une minute d'accablement.

— Oh ! cet assassinat ! cet homme incinéré vivant !

— Je pars, dit le docteur, je pars ! je peux encore
arriver à temps pour empêcher le crime ! Je dirai la
vérité, je la hurlerai, et il faudra bien qu'on m'en-
tende !

Clément était devenu livide ; mais prompt à recouvrer son sang-froid, il arrêta le docteur.

— Je vous accompagne, mais d'abord nous avons
quelque chose à faire ici.

Et poussant Cornélis vers le secrétaire du docteur :

— Asseyez-vous, monsieur Jean, et écrivez...

XCII

Fernande et Floure [illegible] surpris que la veille
au soir, de la bouche [illegible] Cornélis, la clause
de l'incinération, e [illegible] aussitôt fait le
nécessaire pour que le [illegible] fut obéi.

Et seul avec Fernande, il s'était écrié :

— Eh bien, que di [illegible] maintenant ?
Le mort a pris soin [illegible] rassurer : demain, il ne restera [illegible] qu'un peu de
cendres !

Et cela avait, en [illegible] Fernande.

Le lendemain, quand [illegible] entrebâillement
des tentures d'une [illegible], le cortège qui
accompagnait celui [illegible], elle se sentit
tout à fait soulagée.

Il était parti et il [illegible] ! Dans quelques heures, ce serait [illegible] cendres dans
une urne.

C'était le comte R [illegible] qui conduisait
le deuil.

— En l'absence de [illegible] chez elle par son
immense douleur, je [illegible] l'unique parent
du défunt, disait-il [illegible] comte...

Le cortège était [illegible] ce que Paris
compte de notabilité [illegible] des sciences,
assistait aux obsèques [illegible] martyr des re-

cherches scientifiques.

Fernande vit tout cela et elle n'en eut qu'une impression :

Le mort était parti, il ne reviendrait plus.

Elle était restée seule dans l'hôtel, toute la domesticité assistait aux obsèques — seule et elle n'avait plus peur.

D'abord elle chercha à se distraire du souvenir obsédant du mort. Elle prit un livre et se mit à lire, avec la résolution de n'être qu'à sa lecture et aux personnages du roman.

Elle y parvint. Arrivée à moitié du livre, elle avait oublié le mort.

Tout à coup — elle lisait depuis plus d'une grande heure — elle tressaillit.

On avait marché dans la chambre voisine, celle où Cornélis avait dormi sa dernière nuit.

Elle tendit l'oreille : le même bruit lui parvint ; il y avait quelqu'un dans la chambre mortuaire.

Elle se leva, toute pâle, déjà reprise d'épouvante, d'autant plus bouleversée qu'elle venait de vivre un temps d'oubli et de tranquillité. Une réflexion la soulagea :

— La cérémonie doit être terminée ; c'est un de nos gens.

Elle sonna

La sonnerie électrique résonna dans le silence de l'hôtel, personne ne vint et rien ne bougea dans la chambre du mort.

Elle sonna de nouveau.

Toujours rien ni personne.

Elle se dit qu'elle avait mal entendu, pris pour un bruit de pas dans la chambre, un autre bruit qui montait de la rue, et elle se remit à sa lecture.

Comme elle s'y replongeait, le bruit reprit ; cette fois, elle se rendit compte qu'on sortait de la chambre voisine et qu'on venait à la sienne et, avant qu'elle eût pu faire un mouvement, la porte s'ouvrit et un homme se dressa sur le seuil.

Elle avait fermé les yeux, refusant de voir, sentant que c'était lui, le mort, qui tenait sa promesse : « Je reviendrai, je serai là ! »

Elle le sentait si bien, elle en était si sûre que ses mains se joignirent convulsivement pour demander grâce.

Dans ce mouvement, ses yeux se rouvrirent, et, malgré elle, elle regarda, elle vit.

Elle vit, et un cri de suprême terreur s'étrangla dans sa gorge, et, debout pour s'enfuir, elle s'écroula sur le parquet...

En ce moment, le cortège funèbre entrait au Père-Lachaise.

L'heure suprême approchait. Le mort allait être livré aux employés du four crématoire.

Charles Barilet avait assisté aux obsèques, accompagné le cercueil de l'hôtel Cornélis au Père-Lachaise.

Ses yeux étaient restés secs, brillants, d'une flamme étrange.

Il savait la vérité, il avait fait des préparatifs du drame ; c'était lui qui, à la dernière minute, avait réconforté Lazare...

Ah ! il avait compris, lui, le besoin de vengeance qui menait Cornélis ; le mari de Fernande avait eu tout de suite en lui un associé de corps et d'âme, prêt à donner sa vie pour aider à l'écrasement des coupables, de Fourac surtout.

Et quelque chose avait encore ajouté à l'emballement de Charles : le côté romanesque, mystérieux du drame, qui eût suffi à le conquérir.

Cependant, arrivé au Père-Lachaise, une angoisse le prit tout à coup à la gorge. Il avait entendu murmurer autour de lui :

— On va incinérer...

Et, en effet, voici qu'on portait le cercueil au four crématoire.

Il faillit crier :

— Non ! Arrêtez ! C'est un vivant que vous allez brûler, c'est mon beau-frère !

A ce moment, deux personnes passèrent devant lui en courant, se dirigeant vers le four crématoire.

Il respira.

Il avait reconnu Clément dans l'une de ces personnes et il avait deviné l'autre, le parrain de M. Cornélis.

Elles disparurent dans l'édifice funéraire.

Un quart d'heure s'écoula, long et lourd, pendant lequel Charles ne vécut plus.

Mais la porte de l'édifice se rouvrit et il vit qu'on remportait le cercueil sans y avoir touché !

Le docteur et Clément étaient arrivés à temps.

Soudain, dans le silence tombal du four crématoire, une voix s'était élevée :

— Arrêtez ! je m'oppose à l'incinération.

Fourac avait tressailli.

— De quel droit, monsieur ?

— Je suis le docteur Daubray, le parrain de M. Jean Cornélis et son exécuteur testamentaire.

— Pardon, docteur. C'est justement en exécution des dernières volontés de M. Cornélis que nous faisons procéder...

— Vous vous trompez, monsieur. Vous ne connaissez pas les dernières volontés de mon filleul. Voici, daté de la veille de sa mort, son dernier testament.

Il le mettait sous les yeux de Flourac.

— Veuillez lire, monsieur.

Flourac lut.

Le testament, d'écriture toute récente, était bien de la main de Cornélis.

Il s'inclina sans hésiter, de la meilleure grâce du monde, en remerciant même le docteur de son intervention : les premières lignes du testament l'avaient rassuré, Cornélis y confirmait toutes les volontés consignées dans son testament antérieur, toutes, sauf une, celle d'être incinéré, qu'il révoquait formellement.

— Daté de la veille de sa mort, avait dit le docteur. Écrit aujourd'hui même, aurait-il dû ajouter pour l'absolue vérité.

C'était pour cela, pour ne partir que munis de cette révocation de la clause homicide, que Clément avait retenu le docteur et demandé à son maître d'écrire...

Maintenant le parrain et le collaborateur de Cornélis reconduisaient le cercueil au caveau de famille et ils pleuraient de soulagement après l'atroce angoisse qu'ils venaient de subir.

Et si Flourac eût eu le moindre soupçon de la vérité, ce soupçon se fût évanoui devant ces larmes des deux amis du mort !

La cérémonie terminée, Robert de Flourac remercia encore une fois le docteur et, quittant le cimetière, se fit ramener rue de Monceau.

Il y arriva avant les domestiques.

Fernande était revenue de son évanouissement, mais elle en avait gardé un tremblement convulsif.

En entendant les pas de Flourac, elle faillit s'évanouir de nouveau...

Elle reconnut Robert et le salua d'un cri :

— Ah ! toi.. c'est toi !... je suis sauvée !...

Il s'effara :

— Sauvée... de quoi ? Qu'as-tu ?..

Le mort ! souffla-t-elle à voix basse.

— Le mort, je l'ai laissé là-haut... Ne recommence

pas, je t'en prie, ta scène de terreur...

Elle se cramponna à lui :

— Il est revenu, je l'ai vu.

— Hein ? Ah çà ?...

— Je te dis que je l'ai vu, là... J'étais seule, il a ouvert la porte, il est entré...

Il la regarda, se demandant si elle ne devenait pas folle.

— C'est une hallucination. Je suis sûr moi, qu'il n'a pas pu revenir ; je viens de l'enterrer !

Il était si convaincu, il parlait avec tant d'autorité qu'elle en vint à douter d'avoir vu et à croire, elle aussi, à une hallucination.

Pour achever de la rassurer, il la prit par le bras et la conduisit dans la chambre où elle avait cru entendre marcher le mort.

— Regarde !

Il lui montrait le lit vide, la chambre dans le même état que le matin, quand le mort était encore là.

— Crois-tu donc que, s'il était revenu, il ne t'aurait pas laissé une preuve de son retour ? Voyons ! pas d'enfantillage ! pas de folie !

Il la ramena dans l'autre chambre et lui raconta la cérémonie.

— J'ai vu le docteur et Clément ; ils pleuraient...

Et cela, aussi, aida à la rassurer ; les amis du mort, ses confidents intimes n'auraient pas pleuré un vivant...

De l'incident du testament, de l'incinération empêchée, Flourac ne dit pas un mot : Fernande aurait sans doute trouvé là de quoi s'épouvanter encore.

Il valait mieux lui laisser croire que Cornélis n'était plus qu'un petit tas de cendres.

Elle s'abîma dans les bras de Robert.

— Ne me quitte jamais ! Jamais !

Au Père-Lachaise, le vide s'était fait autour du tombeau des Cornélis.

Seuls, trois hommes étaient restés : le docteur Daubray, Clément et un jeune homme qui, après le départ du comte de Flourac, était venu se joindre à eux.

Clément l'avait présenté au docteur :

— Charles Barilet, le beau-frère de notre ami Lazare.

Et il avait ajuté, répondant à un mouvement de Daubray :

— Il sait tout. Il est là pour vous aider, au besoin.

Votre filleul lui avait annoncé toute sa confiance.

Alors, le docteur avait posé la main sur l'épaule de Charles et laissé tomber avec un accent qui avait fait frissonner ce dernier :

— Jeune homme, nous nous sommes faits ou plutôt nous sommes devenus, malgré nous, les complices d'un acte affroyable ! Il ne faut jamais jouer avec la mort.

Et comme Clément ouvrait la bouche pour répondre :

— Est-ce qu'il ne vous suffit pas que l'endormi ait failli être incinéré ? Nous avons pu l'en sauver, et vous voilà tranquilles... Eh bien ! moi, je ne le suis pas ; je tremble que l'endormi ne se réveille pas ! Ah ! mon brave Clément, il eût mieux valu que vous ne fissiez jamais cette découverte...

Puis, regardant autour de lui :

— Allons ! nous sommes seuls... Restez là et veillez !

Lui poussa la porte du tombeau et entra dans la chapelle.

La bière y reposait sur des tréteaux ; il s'en approcha et, sans grand travail, enleva le couvercle ; l'ouvrier des pompes funèbres avait bien suivi les instructions de Clément.

Le couvercle enlevé, il écarta le linceul qui enveloppait le mort et ce dernier lui apparut.

Un moment il le considéra, puis se pencha, tâtant et auscultant, cherchant avidement la vie sous cette enveloppe glacée et rigide.

Dehors, sentinelles immobiles, que d'ailleurs l'angoisse paralysait, Clément et Charles se regardaient.

Oh ! ils avaient confiance, ils étaient convaincus que l'endormi allait se réveiller sous la main du docteur ; sans cela ils ne se seraient faits les complices de la funèbre aventure !

Et pourtant, ils respiraient péniblement ; une sueur glacée mouillait leur front...

C'est que, aussi bien, les minutes s'écoulaient longues comme des siècles, et le docteur ne les appelait pas et nul bruit ne s'élevait du tombeau...

Et voici que l'épouvante finit par les gagner et que sur leurs lèvres blanches des mots coururent :

— Et... s'il était... mort !

Tout à coup, un cri les redressa, remit de la raison dans leurs yeux qui s'égaraient :

— Il vit ! il vit !

Ils se précipitèrent dans l'intérieur du tombeau, et ils faillirent crier aussi.

Lazare se réveillait, il ressuscitai plutôt.

Il avait ouvert les yeux, il se soulevait et regardait...

Oh ! ce regard de l'homme qui s'est endormi en pleine santé et qui se réveille dans un cercueil !... Le regard qui ne se souvient plus et cherche vainement à comprendre !

Le docteur se pencha vers Charles :

— Parlez-lui.

Charles s'avança et, doucement, comme on parle à un malade

— C'est moi le parrain de Laurence... Vous me re-

— C'est moi, le parrain de Laurence... Vous me reconnaissez, n'est-ce pas ? Vous vous souvenez ?

— Laurence... balbutia le ressuscité, Laurence... où suis-je donc ?... que signifie ?...

Soudain ses yeux flambèrent, son visage livide s'empourpra dans une poussée violente de sang au cerveau.

D'un sursaut, il fut presque debout, ses mains à sa gorge.

— Ah !... ah !... ah !... la mort !... la mort !... la...

Et il retomba la face violette, les yeux exorbités.

— Lazare ! Lazare ! s'écria Charles.

Le docteur l'écarta, se pencha sur le ressuscité :

— Mon ami ! mon ami !

Lazare ne répondait plus, il ne bougeait plus.

— Non ! non ! ce n'est pas possible ! Lazare ! mon ami !

Si c'était possible. Le réveil de la vie avait été trop brusque, le sang avait afflué trop vite au cerveau, la terreur du cadre avait dû aussi l'écraser, ce pauvre cerveau trop faible.

Lazare s'était rendormi pour toujours.

Un long moment, le docteur essaya encore de le ramener à la vie ; et, enfin, forcé de se rendre, il se redressa et cria, un peu égaré :

— Je vous le disais bien que c'était un crime ! Il est mort.

Et les deux autres refusant de croire, se révoltant :

— Il est mort, vous dis-je. Ah ! mais vous ne le voyez donc pas qu'il est mort !

Sa voix s'étranglait, son cri s'achevait en un sanglot...

Clément et Charles tombèrent à genoux.

Là-bas, vers Cannes, au bord de la grande bleue, la petite mère et Laurence bénissaient le bienfaiteur et préparaient leurs baisers pour le père qui allait venir les rejoindre...

Pauvre père ! Elles ne devaient plus le revoir ; le bienfaiteur l'avait tué.

DEUXIEME PARTIE

I

En habit, l'orchidée à la boutonnière, le vicomte Gaston de Champigny regardait, du balcon du cercle, la façade illuminée de l'Opéra.

Dix heures... Où irait-il ce soir ?

Il y avait bal masqué à l'Opéra, mais il ne s'y sentait pas invinciblement attiré. — La Mi-Carême... Le bal des blanchisseuses... la mienne peut-être qui m'y fera des grâces.

Non, ça ne lui disait rien. D'ailleurs, il n'était que dix heures.

D'ici là, que faire ?

Le vicomte Gaston de Champigny ne commençait de vivre réellement qu'à partir de l'heure où le boulevard s'allume ; il s'éteignait avec les becs de gaz, mais toute la nuit, sans perdre une minute, il avait vécu.

Ce soir, il avait mal commencé sa nuit, dîné au cercle, parmi des pontes qui se racontaient leur guigne.

Pas sa faute. Un rendez-vous pris la veille avec son ami Gaëtan de Montargis, puis, à la dernière minute, un coup de téléphone : Gaëtan ne pouvait pas venir (Retenu dans sa famille... un dîner chez son oncle... l'oncle à héritage).

Et tout le programme de la nuit en avait été chambardé.

— Voyons ! qu'est-ce que je vais faire de ma nuit ! Où aller ?

On lui frappa sur l'épaule ; il se retourna, c'était Livarol, le commissaire du cercle, l'homme le mieux renseigné et la plus mauvaise langue de Paris, celui-là même, qui, certain soir, parlait d'offrir à Flourac une casquette à huit galons.

— Est-ce que vous seriez malade, mon cher vicomte ?

— Moi, jamais !...

— Amoureux, alors ?

— Encore moins...

— Vous ne vous ressemblez plus ce soir... tout seul, sur ce balcon, à rêver... Je me suis demandé si c'était bien vous... Quelque déception, hein !

— Cet animal de Montargis qui m'a fait faux bond... Il cultive son oncle, ce soir.

— Son oncle ?...

— Il me l'a téléphoné... et je sais qu'il a besoin d'argent.

— Possible, on a toujours besoin d'argent... ; mais il vous a trompé, Montargis.

— Hein ?

— L'oncle de ce soir est une des jolies femmes de Paris... une des plus jolies, sinon la plus jolie...

— Qui donc !

— La comtesse Fernande.

— Il est chez Flourac !

— Il y a dîné, avec son cousin Lauraguais. Vous connaissez Lauraguais...

— Oui, oui, un bonhomme qui est dans les ministères... Je ne sais quoi...

— Chef de bureau au ministère de la guerre. Il se dérange, Lauraguais.

— Qu'entendez-vous par là ?

— J'entends qu'il se dérange... On est comme ça, on a travaillé dix ans pour se créer une position, on a été sage, rangé, modèle... pas de vices, pas même de défaut, un homme en bois... Un beau jour on voit passer une femme... Crac ! ça y est... on s'allume.

— Concluez, Livarel ! Concluez.

— C'est tout conclu. Lauraguais a vu passer la comtesse Fernande... Il a demandé à Montargis de le présenter. Il est allumé, quoi ! Mais on dirait que ça vous chiffonne ?

— Moi ?

Gaston de Champigny éclata de rire :

— J'ai eu mon petit coup de foudre, comme les autres, c'est vrai. Ça m'a duré huit jours... le temps de me convaincre qu'il n'y avait rien à faire. J'ai passé la main à Montargis.

— Vraiment ? Rien à faire ?

— Rien. La comtesse Fernande est un modèle de fidélité...

— Heu... heu... Enfin, puisque vous le dites...

— Tous ces amoureux vous en diront autant.

— Lucrèce, quoi !

— Parfaitement... avec un peu plus de mérite. Son mari l'a trompée dans les grands prix... Vous le connaissez, Flourac ?

— Nous l'avons assez longtemps nourri pour ça. Une fripe de premier ordre, le Flourac ! Enfin, il a réussi. Je l'avais toujours prédit, moi... Connaissez-vous l'histoire de son mariage ?

— Il a épousé sa cousine, je crois ? Elle était très riche.

— Oui, mais comment l'était-elle ? C'est lui qui l'avait fait riche. Il n'avait plus le sou, il vivait aux crochets du cercle, je vous dis ; mais il avait cette cousine, Mlle Fernande de Nivernay, une créature superbe, qui promettait bien ce qu'elle tient aujourd'hui. Elle était, d'ailleurs, aussi pauvre que lui.

« L'épouser comme ça ? Pas si bête. Il commença par lui dénicher et lui faire épouser un douillard, un brave naïf affligé d'une demi-douzaine de millions. Six mois après, le mari mourait... une imprudence... il cultivait la chimie.

— Un empoisonnement ?

— Non, une explosion... Je me suis toujours demandé si Flourac n'y était pour rien.

— Oh !

— Un an après jour pour jour, il épousait la veuve et ses millions, comme par hasard. Et depuis, c'est la grande vie...

— Il a dû entamer la fortune...

— Plus qu'entamer. Il en est à utiliser les adorateurs de sa femme pour tripoter à la Bourse et ailleurs. Elle a, en ce moment, dans sa cour, un certain baron de Rühden...

— Rühden ? qu'est-ce que c'est que ça.

— Je l'ignore ! Un nom bien français, hein ! Je ne connais de lui qu'une opération, mais elle compte ; il a fait fonder par Flourac la Société anonyme des voyages aériens, dont il a avancé les premiers fonds.

— Vous dites ? La Société... !

— Des voyages aériens... Ça n'existe pas encore, ces voyages-là ; mais, un jour ou l'autre, ça pourra exister... Le baron a pris les devants, voilà tout, et pourvu que le parquet ne s'en mêle pas...

— Vous êtes terrible, Livarol.

— Pas du tout, je suis sincère, tout simplement.

voulez-vous que je le sais tout à fait ? Ce n'est pas
pour des prunes que Flourac a introduit ce Rühden
chez lui ; il doit avoir un sérieux besoin d'argent.

— Déjà !

— Dame ! voilà six à sept ans que ça dure, avec
pour maîtresse cette petite sangsue de Violette Gau-
delys...

— Alors vous supposez... ce Rühden ?

Un valet de pied vint appeler Livarol pour régler
une contestation qui s'était produite à la salle du
baccara.

Gaston de Champigny resta un instant songeur ;
puis, se décidant :

— Je vais chez Flourac. Je veux savoir si ce joli
père de Livarol s'est offert ma tête...

Le comte et la comtesse de Flourac habitaient toujours l'hôtel de la rue Monceau, ils s'étaient bor-
nés à la transformer intérieurement pour le mettre
au goût du jour, au leur d'abord.

Le confortable cossu, mais d'abord le luxe, avec
partout la recherche du voluptueux bien être et du
décor éblouissant.

Le grand Cornélis ressuscité s'y fut voilé la face ;
le fils lui-même eût protesté.

Ce soir, comme l'avait annoncé Livarol, la comtesse avait reçu à dîner.

On était au salon, quand Gaston de Champigny se
fit annoncer. A demi couchée en un grand fauteuil
qui était presque un trône, la belle Fernande recevait
l'encens d'une douzaine d'adorateurs.

La comtesse de Flourac allait avoir trente ans.

Elle était dans le plein épanouissement de sa
beauté.

A l'approche de Gaston de Champigny, elle inclina
légèrement la tête et tendait la main, avec toujours
son air distrait et son voile d'amertume.

Champigny s'inclina sur cette main blanche et la
baisa dévotieusement, mais sans conviction.

Le vicomte n'était pas précisément un petit jeune
homme naïf ; voilà si longtemps qu'il vivait à Paris, il
y avait été roulé et tondu bien des fois, et, comme
au fond c'était plutôt un garçon d'esprit, il y avait
gagné une couche de scepticisme qu'on appréciait
beaucoup dans son monde.

En se redressant, son regard alla chercher son ami
Montargis.

Ce fut sur Lauraguais que ce regard tomba...

Un homme de trente-cinq ans, à l'air commun, inélégant, chez qui tout sentait le parvenu sans travail.

Point laid, plutôt beau, avec son front large sous lequel flambaient deux yeux de passion.

En ce moment surtout, ils flambaient, les yeux ! et Champigny n'eut pas de peine à reconnaître que, sur ce point du moins, Livarol ne lui avait pas menti. Lauraguais, l'homme en bois, avait pris feu.

— Pauvre bonhomme ! soupira intérieurement Champigny.

Et il alla secouer Montargis qui se faisait tout petit :

— Mes compliments, mon cher ! On est mieux que chez ton oncle, ici...

— M'en veuille pas, mon vieux !... C'est Lauraguais... Il ne me lâchait plus depuis huit jours... Il est absolument pincé... J'ai dû céder...

— C'est un joli coup que tu as fait là !

— Comment ? tu me reproches ?... Tu sais bien qu'il n'arrivera jamais.

— Ce n'est pas ce que je veux dire...

— Alors, quoi ? Que me reproches-tu ?

— Rien...

Champigny s'était repris à examiner le cousin, et le même soupir lui remontait :

— Pauvre bonhomme ! C'était bien la peine de travailler comme il l'a fait et d'avoir une jeunesse sans plaisirs pour venir un beau jour se brûler là !

Et tout haut :

— Non, je ne te reproches rien... Seulement, si tu tiens à ton cousin, tu feras bien de ne plus le ramener ici...

A ce moment, toutes les têtes se tournèrent vers l'entrée du salon.

Le comte Robert, qui avait disparu à la fin du dîner, rentrait avec quelqu'un qu'il annonçait lui-même à sa femme et à ses invités :

— Le baron de Rühden !

— Rühden...

Champigny regarda de tous ses yeux celui que Livarol lui avait donné pour le futur propriétaire de la belle comtesse.

Le baron de Rühden devait avoir quarante ans.

Il s'avança vers la comtesse : il prit la main qu'elle lui tendait comme elle l'avait fait pour Gaston de Champigny, mais lui se contenta de la serrer.

Il s'assit dans le fauteuil que la comtesse lui désignait auprès d'elle, et il causa très à l'aise, sans rien de l'homme épris avec plutôt un petit air d'homme qui ne tient pas à conquérir

Gaston de Champigny vit tout cela et se dit :

— Ou le baron veut réussir là où les autres ont échoué, et il prend le contre-pied de ce qu'ils ont fait ; ou il s'en fiche réellement, et alors pourquoi vient-il ? Pourquoi s'est-il attaché Flourac en lui faisant faire des affaires ?

Il questionna Montargis, qui ne demandait qu'à répondre.

— Qu'est-ce que c'est, ce baron de Rühden !

— Tu ne connais pas Rühden !

— Si, un peu... de nom... Je sais même qu'il lance des affaires,.. qu'il a fait fonder par Flourac une Société des **Voyages aériens**. Mais, au fond, qu'est-ce que c'est ? D'où vient-il ?

— D'où il vient ? De partout... On ne sait pas au juste. Il se dit Polonais. Il est à Paris depuis deux ans et il lance, en effet, des affaires.

— Ah ! ah ! il t'intéresse, le monsieur... Tu vois l'ennemi, toi aussi ?

— Quel ennemi ?...

— Celui qui va nous couper l'herbe sous le pied à tous... le vainqueur de demain...

D'un petit signe de tête, Montargis guignait la belle comtesse qui continuait à causer avec le baron.

Champigny sourit :

— Je t'ai cédé la place, mon cher ; ce n'est pas pour la disputer au Rühden...

— Oh ! tu dis cela, et tout à l'heure, à propos de Lauraguais...

Champigny haussa les épaules.

— Chut ! Flourac...

Le comte Robert venait à eux ; Champigny fit quelques pas au devant de lui.

— Mon cher comte.

— Bonsoir..., ravi... Voilà quelque temps que vous nous délaissez, il me semble. Vous avez voyagé peut-être ? Fait un tour à Monte-Carlo ? Heureux homme ! Je ne peux plus me permettre ça, moi. Ah, mon cher vicomte, ne vous mettez jamais dans les affaires... surtout avec ce diable de baron... pas moyen de respirer une minute ; toujours marcher, toujours plus loin, plus haut...

« Nous allons créer une nouvelle société... Je vous en parlerai. Une opération superbe..., sur un terrain

tout neuf, à Madagascar. Avez-vous cent mille francs
à placer ? Une affaire de tout repos... et fructueuse,
Le million en deux ans...

Il parlait tout seul, sans attendre qu'on lui ré-
pondît, comme pour le besoin de parler, et, tout en
enfilant des mots, il surveillait du coin de l'œil sa
femme et le baron de Rühden.

Sa préoccupation était évidemment là, dans l'attitude des deux causeurs.

Sur un signe de la comtesse, il quitta brusquement
les deux jeunes gens.

— Vous avez besoin de moi, chère amie ?

— Le baron m'entretient d'une affaire qu'il vous
a proposée et que vous auriez déjà acceptée...

— Sans hésiter, chère amie ! Rien à risquer —
cet excellent baron se charge de tout — et des millions à cueillir...

— C'est trop beau, mon ami... et je ne vous dissi-
mule pas que j'hésite, moi

Le baron sourit :

— Votre femme se méfie de moi, mon cher comte...

— Oh ! chère...

— Elle se figure peut-être que je veux vous perdre !... pour vous punir d'être trop heureux.

Fernande ne souriait pas, elle :

— Ne plaisantez pas, baron. Je vous ai dit le véritable motif de mon hésitation... Nous avons fait
quelques folies, mon mari et moi, fortement entamé
notre fortune...

— Et je vous offre de la refaire, sans rien risquer
de ce qui vous reste.

Il parlait posément, tranquillement, avec un accent
de parfaite conviction.

— Enfin, vous réfléchirez, comtesse. Je ne veux pas
être plus royaliste que le roi.

— Je la déciderai, fit le comte... Mais oui, chère
amie, vous vous rendrez à l'évidence ; vous accepte-
rez de refaire notre fortune.

Puis, sûr d'avoir le dernier mot :

— Permettez-vous, chère, que nous cartonnions un
peu ? Le baron veut bien nous rendre ce qu'il nous
a enlevé l'autre soir.

— Je rends toujours, acquiesça le baron...

— Ah ! le jeu ! le jeu ! soupira la comtesse Fernande.

Flourac avait déjà appelé un valet de pied. Il donnait ses ordres.

En un clin d'œil, la table de jeu fut dressée ; le jeu était dans les habitudes de la maison.

Flourac racolait ses invités :

— Un petit bac, messieurs ! Le baron nous offre notre revanche. Il met cent louis en banque.

Lauraguais s'était rapproché de Fernande :

— Je n'ai jamais joué, comtesse, et j'espère bien que vous ne jouez pas, vous...

— Si !... J'abhorre le jeu, mais je n'ai rien à refuser à mes invités.

Et, s'appuyant sur le bras de Lauraguais :

— Conduisez-moi, nous jouerons ensemble...

Le chef de bureau s'empressa, aux anges. Il se sentait déjà joueur.

Fernande le présenta à Rühden :

— Un débutant, baron : M. Félix Lauraguais, chef de bureau au ministère de la guerre.

Le baron salua, puis fixant sur Lauraguais ses yeux d'acier où semblait s'être allumé quelque chose qu'ils n'avaient pas d'habitude :

— Un débutant... Je suis sûr de mon affaire.

Il tailla.

Les cent louis disparurent en deux coups.

Il renouvela sa mise, arrosa sa banque, comme disent les croupiers : les deux tableaux abattirent et les cent louis furent raflés du coup.

— Qu'est-ce que je vous disais ? s'écria-t-il, s'adressant à Lauraguais, qui, guidé par Fernande, avait gagné quelques centaines de francs... Ces débutants, c'est la mort des banquiers.

Il brûla le reste de la banque :

— Il ne faut pas s'obstiner dans la perte, cher monsieur... Oh ! soyez tranquille, j'essaye d'une autre banque, je ne veux pas que vous en restiez là de votre chance...

Et, tout en battant ses cartes, il continuait à regarder Lauraguais et à faire de l'esprit pour lui ; on eût dit qu'il ne jouait plus que pour le débutant, et qu'il s'appliquait à le conquérir.

— Allons, les morceaux doubles, cher monsieur ! Je mets deux cents louis, cette fois !...

Un valet de pied s'approcha du comte de Flourac et lui dit un mot tout bas.

Flourac eut un mouvement d'homme qu'on importune : il avait joué, lui aussi, le tableau de Lauraguais, et il gagnait.

— C'est très pressant... monsieur le comte, insista

le valet. M. Barilet s'excuse de vous déranger, mais il ne peut pas s'en dispenser... C'est un malheur qui lui arrive...

— Qu'est-ce qu'il veut que ça me fasse, à moi ? répondit aigrement le comte.

Mais il se rendit à la prière qu'on lui transmettait.

— Où est-il ?

— Dans le cabinet de M. le comte.

Flourac passa dans son cabinet.

— Quoi ? Qu'est-ce qu'il y a ? Qu'est-ce qui t'arrive, mon pauvre Bibi !... On me parle d'un malheur...

Charles Barilet s'était levé à l'entrée du patron.

Encore que Flourac le tutoyât et l'appelât par ce sobriquet de Bibi, Charles était maintenant un homme, et il n'appartenait plus à la domesticité ; Flourac l'avait, en se mariant, élevé au grade de secrétaire.

— Oui, monsieur le comte, un malheur, répondit-il. Mon frère est mourant.

— Ton frère... Je ne savais pas que tu eusses un frère.

— Je me suis toujours interdit de vous importuner de mes propres affaires.

— J'ai assez des miennes, n'est-ce pas ! et tu dis qu'il va mourir, ton frère ?

— J'ai reçu une dépêche qui m'appelle auprès de lui.

— Et tu tiens à t'y rendre !... Eh bien ! vas-y, Je ne te retiens pas.

— Je partirai demain matin, et je dois vous prévenir que je serai absent plusieurs jours. Mon frère est dans le midi.

— Ah ! Alors, c'est un congé en règle que tu veux ! Prends-le. Et avec ça ? Des fonds peut-être ? Ton mois ?

— Il est échu, monsieur le comte, mais je ne me serais pas permis, sans cette circonstance...

— Bah ! est-ce que tu craindrais de me gêner ?

Il alignait le mois de son secrétaire.

Charles Barilet empocha ses appointements.

— Merci, monsieur le comte. Je reviendrai...

— Le plus tôt possible... J'entre dans une nouvelle affaire... Ce sacré baron ne me laissera pas une minute de repos qu'elle ne soit faite...

Bibi-Boucan cligna de l'œil : il la connaissait l'affaire :

— C'est un homme précieux pour Monsieur le

comte, opina-t-il gravement. Monsieur le comte n'a
qu'à le laisser faire...

— C'est bien ce que je fais, jeta Flourac en courant
reprendre sa place à la table de bac.

— Il te mènera loin, où tu dois aller ! compléta le
secrétaire resté seul...

Le baron taillait toujours et perdait tout ce qu'il
voulait...

Devant Lauraguais, comme devant les autres pontes, le velours s'accumulait...

— Ah ! mon cher comte, s'écria-t-il, en voyant
revenir Flourac, je demande à souffler ! A vous d'en
tailler une... je reprendrai tout à l'heure...

— Vous allez ponter, au moins ?

— Non, je vous dis que j'ai besoin de souffler.

Il se dirigea vers la cheminée et s'assit devant le
feu, tournant le dos à la table de jeu.

Fernande se leva sur un regard de Flourac, lui rappelant ses devoirs de maîtresse de maison. Elle alla
retrouver Rühden :

— Quoi donc, baron ? de l'humeur ?

— Moi... Et pourquoi, comtesse ?

— Cette guigne persistante... Vous avez perdu
beaucoup ?

— Ça ne compte pas, une vingtaine de mille, une
plaisanterie. Mais, vous savez, c'est votre faute...

— Ma faute !

— C'est vous qui avez apporté la veine à ce M.
Lauraguais. Il a joué d'abord pour vous faire plaisir, vous l'en avez remercié en vous occupant de lui,
vos attentions l'ont grisé, il n'a plus connu d'obstacles, il m'aurait gagné une fortune... Ah ! comtesse,
quelle charmeuse vous êtes !

Elle s'étonna, c'était la première fois que Rühden
lui faisait un compliment ressemblant à une cour.

— Vous trouvez ? sourit-elle.

— Vous avez conquis cet homme. Vous le tenez
dans votre petite main, vous ferez de lui ce que vous
voudrez...

Et, rêvant, ses yeux d'acier dardés devant lui,
regardant quelque chose qu'il était seul à voir :

— Ah ! oui, quelle charmeuse !... Et le beau rôle
que vous pourriez jouer, si vous vouliez...

— Quel rôle ? Dites un peu, que je sache...

Il la regarda au fond des yeux, et souffla, brutal,
dévoilant d'un coup le fond de son être :

— Je vous dirai cela le jour où vous serez mien-

Elle se rejeta en arrière, rouge de colère.

Il reprit aussitôt, effaçant son coup :

— Et comme vous ne le serez jamais, je ne vous le dirai pas !

Mais le coup avait porté ; il eut beau sourire, Fernande resta glacée.

Blessé, il se vengea en attaquant sur un autre point :

— Ainsi vous répugnez à laisser votre mari s'engager dans cette nouvelle affaire ?

Elle n'hésita pas :

— Oui, j'ai peur de la ruine !

Il la regarda drôlement, et lâcha :

— Vous ne paraissez pas vous douter que vous y êtes.

Elle eut un haut-le-corps.

— Baron !...

— Vous y êtes presque..., vous y courez ! Je sais exactement mieux que vous, votre situation. De toute votre fortune, il ne vous reste que cet hôtel.

— Oh !

— Je vous dis la vérité... Vous êtes assez forte pour l'entendre. Cet hôtel... et il sera hypothéqué demain, vendu dans six mois.

— Mais je ne veux pas ! Je...,

— Vous adorez votre mari, malgré ses vices ; vous ne savez rien lui refuser. Vous permettrez l'hypothèque, vous permettrez la vente.

— Jamais ! non ! non ! Je veux rester chez moi !

— Il n'y a pas à vouloir contre les créanciers, ils ne demandent pas la permission de faire vendre, eux.

Pâle de honte, les larmes aux yeux, Fernande balbutia :

— C'est bien la vérité que vous me dites ?

— Interrogez votre mari, je la tiens de lui... Ce soir même, il m'a demandé deux cent mille francs sur l'hôtel.

— Et vous avez consenti ?

— A une condition, c'est qu'il mettrait ces deux cent mille francs dans l'affaire en question. Et cette condition, je la maintiendrai : il a mangé votre fortune, je veux qu'il la refasse.

Et froidement, brutalement, il acheva :

— J'ai dit, comtesse ! votre sort est dans vos mains.

Là-dessus, il se leva :

— Retournons jouer, voulez-vous ?

Il la ramena à la table de jeu.

Flourac taillait et gagnait ; le velours des pontes
était presque tout entier passé devant lui.

— Qu'est-ce que je vous disais ? murmura Rühden
pour la comtesse. Vous n'êtes plus là, votre chef de
bureau se dérava.

Et tout haut :

— Comte, je fais le solde de chaque tableau.

Flourac eut une courte hésitation ; il avait près de
vingt mille francs devant lui ; mais Rühden avait
déjà jeté son portefeuille sur la table.

— Tenu ! répondit-il, la voix légèrement altérée.

Il donna les cartes, consulta son jeu.

— J'offre !

Les deux tableaux abattirent neuf.

— Et voilà comment on se refait d'un coup ! ricana Rühden. Je vous remplace, comte !

Flourac se levait, cédant le fauteuil au banquier.
Le baron l'y remplaça.

— Je laisse le tout. Banque ouverte, messieurs !

Fernande attira son mari et, l'entraînant à l'écart :

— Je te prie de ne pas jouer davantage.

— Mais je n'ai rien perdu... Je gagnais...

— Tu vas perdre maintenant.

Et dans un mouvement d'effroi :

— J'ai peur de cet homme.

— Quel homme ? Le baron ? Ah ! bah !

— Il veut te perdre ! Je te jure qu'il ne cherche
que ça...

Flourac haussa les épaules :

— Tu es folle !

Ce fut une révolte.

— C'est toi qui est fou... et, comme je vois clair, je
pose mes conditions : tu vas rompre avec le baron.

— Hein ?

— Tu vas rompre. Tu ne feras plus rien avec lui
ni l'affaire où il veut t'engager, ni une autre, ni
rien ! rien !

Flourac la regarda d'un air ahuri, et, retournant
à la table de jeu, répéta :

— Tu es folle !

Rühden avait reperdu tout ce qu'il avait rattrapé
sur Flourac, et il continuait à tailler de très-bonne
humeur et faisant de l'esprit pour Lauraguais, qui
lui gagnait des sommes folles.

Il ne s'arrêta de tailler qu'à deux heures du matin et parce que les pontes, gavés, faisaient charlemagne.

Gaston de Champigny avait, le premier, renoncé : Montargis l'avait imité et Lauraguais imité Montargis.

— J'en ai assez, disait Champigny ; je tiens à rester sur la victoire.

— Tu as gagné beaucoup ?

— Cinq à six mille... Mais j'en aurais gagné dix fois autant à un autre banquier que je ne serais pas aussi content.

— Pourquoi donc ? Tu l'as dans le nez, le Rühden ?

— Je me suis figuré que ce Polonais devait être un Allemand et que je rentrais dans un morceau des cinq milliards.

II

Charles Barilet n'avait menti qu'à moitié à son patron. Ce n'était pas son frère qui allait mourir, il n'avait pas de frère : c'était sa sœur, Jeanne Lazare.

En sortant de l'hôtel Flourac, il prit un fiacre et se fit porter au Grand-Hôtel.

Il pénétra dans l'hôtel, alla droit à l'ascenseur et, consultant un petit bleu qu'il avait reçu, se fit arrêter au troisième étage.

Là, il sonna à une porte qui s'ouvrit presque aussitôt ; on l'attendait.

Il se jeta littéralement au cou de celui qui l'introduisait :

— Ah ! M. Clément !... Enfin !

— Chut ! Pas de bruit. Votre beau-frère dort.

— Mon beau-frère... répéta Charles avec un sourire mélancolique.

— Oui, votre beau-frère, il dort, fatigué, brisé, et nous repartons demain matin par le premier rapide... Pourvu que nous arrivions à temps ! Avez-vous des nouvelles ? Nous sommes partis de New-York sur une dépêche nous annonçant que l'état de la malade était désespéré.

— J'en ai reçu une ce soir : ma pauvre sœur est mourante... Je pars avec vous... à moins que vous n'en décidiez autrement...

— Non, vous venez, nous aurons besoin de vous... Asseyez-vous, que nous nous causions un peu...

—Et, s'asseyant lui-même, papa Clément confessa :

— Je me sens fatigué, moi aussi... J'ai cinquante-neuf ans sonnés !...

— Vous vous portez comme un charme...

— Je n'ai pas trop vieilli là-bas... Je n'avais pas le temps de vieillir, on a beaucoup travaillé, bien réussi, d'ailleurs. Vous verrez ça... D'abord, causons. Nous avons à nous entendre pour notre arrivée là-bas. Vous comprenez bien, mon brave Charles, que ça ne va pas aller tout seul.

Sans compter que votre beau-frère tremble à l'idée de paraître devant votre sœur et votre filleule.

Il a éloigné, autant qu'il a pu, ce moment terrible ; il l'a trop éloigné, hélas !

Il sent que cette longue absence a contribué à aggraver l'état de votre sœur, et ce n'est pas cela qui peut lui donner le courage d'affronter l'épreuve qu'il redoute.

Et Clément compléta douloureusement :

— C'était déjà trop d'avoir à porter le remords de l'accident que vous savez ; voilà qu'il s'accuse maintenant d'avoir précipité la mort de votre sœur...

— Et malheureusement, il y a de ça, murmura Charles Barilet. Ma pauvre sœur meurt de...

Il n'acheva pas.

La porte de la chambre s'était ouverte, livrant passage à celui que Clément croyait endormi.

Charles se leva d'un bond :

— Monsieur Cornélis !

Cornélis entrait : un Cornélis douloureux, courbé sous le remords dont avait parlé Clément tout à l'heure.

Les sept ans passés à New-York et la double blessure qu'il portait au cœur avaient changé le mari de Fernande. Jeune encore — à peine trente-cinq ans — il avait un air grave qui le vieillissait. Il s'était fait, d'ailleurs, une autre tête, il portait toute sa barbe, et cela ajoutait encore à son air vieux.

Il mit un doigt sur ses lèvres :

— Chut ! Cornélis est mort. C'est lui qui repose au Père-Lachaise. Dites M. Lazare, dites Lazare tout court, et parlez-moi comme jadis au malheureux dont j'ai pris le nom et que, depuis sept ans, je m'efforce de remplacer pour sa veuve et sa fille, sans oser, hélas ! paraître devant elles.

Et, dans un soupir déchirant :

— Oh ! cette pauvre femme que j'aurai tuée, elle

aussi !

— Ne dites pas ça ! protesta Charles.

— Si ! vous alliez le dire vous-même, quand je suis entré. Je vous ai entendu répondre à Clément. Et c'est la vérité, mon ami. Mme Lazare meurt de cette séparation prolongée qu'elle n'a jamais pu s'expliquer. Je vous répète que c'est moi qui la fais mourir !

— Monsieur Cornélis, je vous en prie !

— Dites Lazare ! Je ne peux plus être que Lazare... Mais j'oublie de vous remercier, mon ami !

Il avait pris les mains de Charles et les serrait dans les siennes.

— Vous m'avez servi avec un dévouement que je saurai reconnaître. Grâce à vous, votre pauvre sœur et sa fille ont accepté l'effroyable mensonge : Lazare s'exilant en Amérique, sans prendre le temps de les revoir, pour accomplir la tâche que lui avait léguée le mort.

« Grâce à vous, tandis que je l'accomplissais moi-même cette tâche, que je refaisais cette fortune abandonnée aux deux misérables que vous savez, ma vengeance commençait ici.

Et brusquement, d'une voix tranchante, le vengeur se réveillant :

— Est-ce bien vrai que le comte et sa femme soient ruinés ?

— Il ne leur reste que l'hôtel, répondit Charles, et encore parce que la comtesse s'est refusée à l'engager.

— Connaît-elle la situation ?

— Elle ne la croit pas si basse.

— Mais elle sait comment son mari a dévoré la fortune !

— Elle serait seule à l'ignorer. C'est ouvertement que le comte l'a trompée avec cette maîtresse qui l'a ruiné. Vous n'avez qu'à relire mes lettres...

— Et elle aime toujours son mari ?

— Elle seule pourrait vous répondre ; ce que je peux vous dire, ce qu'elle est très malheureuse, qu'elle a des moments de tristesse noire.

— Mais elle donne des fêtes... elle a sa cour ?

— Je crois qu'elle s'en passerait volontiers, qu'elle donnerait tout pour la tranquillité qu'elle n'a plus.

— La tranquillité !

Cornélis répéta le mot dans un sourire cruel qui le dispensait de rien ajouter là-dessus.

Il reprit, interrogeant toujours :

— Le comte vous envoie-t-il chez le baron de Rühden ?

— J'y suis allé deux ou trois fois.

— Connaissez-vous son entourage ?

— Très peu. Je n'ai vu de près qu'un certain M. Jordaëns, son secrétaire particulier.

— C'est déjà quelque chose. Comment êtes-vous avec ce M. Jordaëns ?

— Ni bien ni mal. Je me suis aperçu qu'il cherchait à me faire parler. Il a des allures de mouchard, ce monsieur-là.

— Il faudra vous mettre bien avec lui, au prix de n'importe quel sacrifice : je veux savoir exactement ce qu'est ce baron de Rühden et le but qu'il poursuit. Vous l'apprendrez par son secrétaire.

— Ce sera difficile. M. Jordaëns n'est pas un homme à se laisser aller.

— Tous les hommes se laissent aller, quand on connaît leur faible et qu'on y frappe. Ce secrétaire a le sien comme tout le monde : commencez par le découvrir et n'oubliez pas que nous avons la clé qui ouvre toutes les portes, l'argument qui délie toutes les langues : l'or !

Et Cornélis termina :

— Je le répète, je veux tout savoir du baron de Rühden : son origine, sa vie, ses qualités et ses défauts. Selon ce que j'apprendrai, il sera ou notre ennemi ou notre allié, et nous le traiterons en conséquence.

Puis, revenant à la question du moment :

— Nous partons demain pour Sainte-Lucie, et vous venez avec nous. J'ai besoin de vous. Il vous faudra arriver le premier, une heure avant nous, pour préparer celles qui m'attendent.

— Je ferai ce qu'il vous plaira...

— Dites-vous bien qu'il faut absolument que l'illusion persiste, que je reste Pierre Lazare. Je ne vous fais aucune autre recommandation : je suis sûr que vous vous emploierez de toutes vos forces à me bien servir.

Il sortit son portefeuille, tendit des billets bleus :

— Tenez ! voici pour vos frais de voyage. Prenez ! prenez !

— Oh ! une pareille somme...

— Je suis si riche, mon ami !

Et, avec une satisfaction évidente

— Oui... je sais, mon ami. J'ai accom-
pli le premier but que je m'étais proposé. Je
pourrai maintenant atteindre le second : le châtiment de ceux qui m'ont fait du mal.

Puis, sur une réflexion :

— Mais je ne dois pas me borner à punir... j'aurai
aussi à récompenser... à faire des heureux... Quel
âge avez-vous, Charles ?

— Trente ans sonnés.

— Et votre filleule ?

— Bientôt dix-huit.

— Merci.

Il n'en dit pas plus long, et sur une poignée de
main :

— A bientôt !... Ne manquez pas le train !

Il rentra dans sa chambre.

— Pourquoi m'a-t-il demandé mon âge ? demanda
Charles à Clément. Mon âge et celui de ma filleule...

— Il veut peut-être vous marier ensemble.

— Oh ! exclama Charles.

Et souriant à son tour :

— Ma filleule mérite mieux que moi. Si vous
vouliez...

— Elle est bien ?

— Un modèle de jeune fille. Bonne et douce et
jolie ! Elle, Mme Bibi-Boucan !... non, vous ne voudriez pas !

Au sortir du Grand-Hôtel, il se fit ramener rue de
Monceau, gagna sa chambre et se coucha.

A six heures, il se réveilla en sursaut.

On frappait à sa porte.

Il ouvrit.

C'était le comte.

— Ah ! tu n'es pas encore parti ! Tant mieux.

Il craignait que Flourac n'eût décidé de le retenir.

— Mais je pars, monsieur le comte ! Je pars tout à
l'heure.

— C'est entendu, je te l'ai accordé, tu es libre.
Le petit service que je viens te demander ne retar-
dera pas ton départ... Dis donc, tu dois avoir des
économies ?

D'abord, il crut que Flourac voulait lui faire mettre son argent dans l'affaire nouvelle...

— Heu !... si peu, monsieur le comte... pas de quoi
faire un actionnaire... et je le regrette, d'ailleurs.

Il se trompait ; c'était pour soi-même que le patron
venait le relancer.

— Il ne s'agit pas d'être actionnaire, mais de me rendre service, à moi... Nous avons joué toute la nuit. J'ai perdu jusqu'à mon dernier sou... et il me faut au moins quarante-huit heures pour faire de l'argent. Alors, tes économies jusqu'à ton retour... Oh ! sois tranquille, mon petit Bibi, tu n'auras même pas besoin de me rappeler la chose.

Charles ne refusa pas.

— Un instant, monsieur le comte, je m'habille et je descends vous apporter ça dans votre cabinet.

— Merci, mon petit Bibi.

— Oh ! monsieur le comte, je vous dois bien ça !

Charles regarda s'éloigner son maître.

— Allons ! murmura-t-il, c'est la purée...

Un quart d'heure après, il était descendu et il remettait à Flourac trois billets de mille francs distraits de ce qu'il avait reçu de M. Cornélis.

Comme il allait sortir du cabinet, la porte s'ouvrit sans qu'il y eût touché, et la comtesse parut sur le seuil.

Elle attendit que le secrétaire de son mari eût disparu, et, seule avec ce dernier, elle laissa tomber :

— Donc, vous en êtes à emprunter les économies de ces gens... Ne niez pas ! J'ai entendu...

Et elle éclata en larmes de douleur et de honte...

Elle s'était retirée dans sa chambre, avant la fin de la partie ; elle avait laissé son mari en tête-à-tête avec Rühden...

Elle n'avait pas pu dormir : sa scène avec le baron, cette idée qu'il la voulait sienne, et que pour y arriver il poursuivait la perte de Robert, ne la quittait plus, l'affolait.

A cinq heures et demie du matin, elle avait entendu partir Rühden... Elle avait attendu que Robert vînt la rejoindre...

Comme il tardait, elle s'était levée, elle était allée au cabinet de Flourac : il n'y était pas.

En regagnant sa chambre, elle l'avait entendu descendre de l'étage des domestiques.

Puis, elle avait entendu descendre le secrétaire ; elle avait voulu savoir..

Elle était retournée au cabinet de Robert, et, sans entrer, elle avait entendu...

Maintenant, elle pleurait.

Elle succombait à ce dernier coup ; la ruine, l'épouvante de la misère et de ses conséquences.

Elle pleurait sans cacher ses larmes.

Flourac les vit bien, ces larmes qu'il ne connaissait pas encore aux beaux yeux de Fernande, et il s'en sentit plus fort : la femme qui pleure est vaincue. Il discuta :

— Qu'as-tu entendu ?

— Ton secrétaire... Il t'a apporté ses économies...

— C'est vrai, pour que je les lui garde pendant son absence : il part en voyage.

— S'il en était ainsi, tu n'aurais pas eu besoin de remonter les lui demander ! J'ai entendu cela aussi.

Flourac était pris. Il se cabra :

— Tu me surveille donc ?

— Trop tard ! Si je t'avais surveillé, nous n'en serions pas là ! à la ruine ! La ruine ! oh, la misère ! les humiliations ! les hontes ! Cet homme qui n'attend que ce moment pour m'acheter !

Flourac tressaillit imperceptiblement, mais il ne dit rien.

Fernande poursuivait, d'une autre voix basse, sombre, tragique :

— Le mort me l'avait bien dit que tu le vengerais ! C'est fait ! Et il avait raison aussi de m'annoncer qu'il serait là. Il y est ! Désormais, je vais le voir sans cesse, l'entendre me vouer au châtiment !

Elle ne pleurait plus ; dans ses yeux brusquement séchés, les terreurs de jadis s'étaient réveillées.

Flourac, souffleté, bondit sur elle et lui étreignant les poignets :

— Assez ! je te défends !...

— C'est cela ! Torture-moi !

Il la lâcha et, dans un mouvement de pitié dédaigneuse :

— Tu es folle ! Tu l'as toujours été...

— Oui, depuis le jour où je t'ai aimé.

Elle lui tenait tête et tous ses mots portaient, et il se rendait bien compte qu'elle tirait toute cette force du mort qui venait de passer entre elle et lui.

De nouveau, il marcha sur elle :

— Assez ! te dis-je... Tu n'as pas honte de me faire cette scène, quand je m'ingénie à refaire notre fortune, quand j'ai trouvé de quoi la refaire !

— Oui, le baron... Je ne veux pas, j'exige que tu rompes avec lui.

— Ah ça...

— Je ne veux pas ! S'il revient, c'est moi qui le chasserai !

— Tu le...

— Sans hésiter. C'est lui qui t'a achevé ; cette nuit même, resté seul à jouer avec toi, il a dû te porter le dernier coup, te vider à fond. Maintenant, il te tient ; tu ne peux plus refuser ce qu'il t'offre. Eh bien ! si, tu refuseras ! C'est moi qui lui signifierai que tu ne peux plus rien faire avec lui...

Flourac resta une seconde sans répondre ; puis, dans un salut cérémonieux :

— Serviteur, madame ! Nous reprendrons cette conversation quand vous aurez recouvré la raison...

La réponse ne se fit pas attendre :

— Vous n'aurez pas à la reprendre, elle est close sur ce dernier mot : Moi ou Rühden !

— Tu dis ?

— J'ai dit : Si Rühden revient ici, j'en sors.

Là-dessus, elle regagna sa chambre et s'y enferma.

Flourac eut un moment de rage froide mais il finit par sourire, sûr de son pouvoir :

— Ah ! oui... Eh bien ! nous allons voir :

Il sortit vers dix heures en donnant cet ordre à son valet de chambre :

— Vous pouvez prévenir ma femme que le baron de Rühden déjeune avec nous.

Il revint à midi, avec le baron.

Ils durent déjeuner seuls : Fernande ne parut pas.

Flourac s'obstina. En sortant avec Rühden, il fit encore dire à sa femme :

— Je ne rentrerai pas dîner... Je dîne chez le baron.

Et il s'en alla, ravi de la nouvelle épreuve qu'il infligeait à Fernande.

Il rentra de bonne heure, préoccupé au fond de savoir ce qui se passait chez lui ; on lui remit une lettre de la comtesse.

Il lut :

« Je pars, j'attendrai pour rentrer que tu aies rompu avec l'homme que tu sais. Inutile de me faire rechercher ».

Il courut à la chambre de sa femme.

La chambre était vide ; Fernande était partie.

Un moment, il resta stupide, désorienté, éteint...

Puis il redressa la tête, du rire dans les yeux :

— Heureusement que Violette me reste !

Et il se fit conduire chez sa maîtresse.

— A la bonne heure ! Et nous commençons aujourd'hui, sans plus tarder.

Là-dessus, il avait pris dans son secrétaire une liasse de billets de banque :

— Tu vas passer rue de la Paix, chez Montano, le bijoutier.

— Je vois ça d'ici.

— Tu lui verseras les trente mille francs que voici.

— Bigre ! Une commande royale !

— Un collier de perles fines, qu'il te remettra et que tu iras offrir de ma part...

— A Sarah la Môme.

— Sarah... Jamais de la vie. C'est fini, Sarah.

— Vrai ? Ah ! ça, c'est pas bien, monsieur le comte. Elle qui a été si gentille pour vous.

Cette Sarah la Môme était une demi-mondaine qui s'était toujours montrée très tendre au comte Robert et tendre pour le plaisir ; elle en était encore à connaître les générosités de Flourac.

— Franchement, monsieur le comte, ce n'est pas gentil de la plaquer le jour où vous pouvez être généreux.

Flourac haussa les épaules.

— Tu m'embêtes, Bibi. J'en ai assez de Sarah ! Si je fais quelque chose pour elle, elle me cramponnera, et j'ai besoin de tous mes moyens.

— Un béguin ?

— Formidable. Une fille exquise. C'est à elle que tu vas porter le collier.

— Elle l'attend ?

— Pas précisément, mais je sais qu'elle le désire.

— Et vous lui faites la surprise, c'est très fort. Voulez-vous me donner le nom et l'adresse ?

— Violette Cœurdelys, 72, rue Marbeuf.

— Quartier chic... J'y vole !

— Attends... que je te fasse la leçon. Elle a été déjà ma maîtresse, à ses débuts.

— Eh bien, il doit vous être facile de renouer.

— Pas tant que ça, on dirait qu'elle m'en veut.

— J'arrangerai ça. Vous vous en apercevrez à la première rencontre.

— Ce soir, alors. Obtiens qu'elle accepte de souper avec moi.

— Très bien... Mais, pardon !... madame la comtesse ?...

— T'occupe pas de ça, Bibi ; comme nous le disions tout à l'heure, le mauvais temps est passé ; il faut rire !...

— Vous avez toujours raison, patron. Je vais faire la course ; vous m'en direz des nouvelles demain !

Charles Barilet partit.

— Allons ! se dit-il en sortant du cabinet, ça ne traînera pas au moins !

Il passa rue de la Paix, solda et se fit livrer le collier, et de là gagna la rue Marbeuf.

— Mademoiselle Violette Cœurdelys, s'il vous plaît ?

— A l'entresol.

Il sonna à l'entresol ; une femme de chambre vint lui ouvrir.

— Je désirerais parler à Mlle Cœurdelys, de la part de M. le comte de Flourac.

La femme de chambre secoua la tête :

— Madame n'est jamais visible avant midi.

— Même quand il s'agit de recevoir ça !...

L'ancien Bibi-Boucan avait ouvert l'écrin qu'il apportait.

La fille loucha sur les perles fines.

— Oh ! attendez, je vais prévenir madame. Entrez donc vous asseoir.

Elle introduisait Charles au salon.

— Un instant. Je reviens !

Elle ne revint pas ; ce fut la maîtresse qui se montra, dans le charmant désordre d'une toilette du matin faite à la hâte.

Elle entra, et deux cris jaillirent :

— Charlot !

— Riri !

Riri ! c'était sa Riri, et son cri parti avant que ses rancunes eussent pu se réveiller, il avait jeté le nom d'autrefois, des temps d'amour.

Ils se regardèrent un moment, sans rien ajouter.

Riri, la première, recouvra son aplomb :

— Tu es donc resté au service du comte ?

— Mais oui, répondit-il... Et c'est donc toi, Violette Cœurdelys ?

— Oui, c'est moi. Comme tu vois, mon petit Charlot, j'ai fait mon chemin.

Et, nerveuse, une colère froide dans les yeux :

— Tu sais ? Je n'ai rien oublié. Te souviens-tu, toi, de ce matin où ton Flourac me planta là, sans un sou !

— Oui, je me souviens.

— Eh bien ! si tu tiens à lui, remporte le collier, car tu as déjà compris, n'est-ce pas ? Je te l'avais prédit à la porte du cercle, sur le trottoir ; ce fut mon dernier mot : C'est moi qui te vengerai, Charlot ! Je te dis que je n'ai pas oublié, moi !... Tu es fixé, tu peux remporter le collier et prévenir celui qui me l'envoie...

Charles tendit l'écrin :

— Prends.. Je t'aiderai.

— Tu lui en veux toujours !

— Toujours, et c'est moi qui te demande de te venger, et je bénis le hasard qui veut que ce soit toi...

— Le hasard !

Elle sourit d'un sourire qui mordait.

— Allons donc ! Voilà des mois que je le guette, ton Flourac ! que je manœuvre pour lui mettre la main dessus, sûre de réussir, d'ailleurs.

« La petite Marie ne comptait pas, on pouvait se moquer d'elle : Violette Cœurdelys compte ; c'est la fille à la mode qu'on se dispute à coups de fortunes offertes à ses caprices. Je n'ai pas eu besoin de lui faire signe deux fois, à ton Flourac. Il est arrivé à la course, et je le tiens, je le fais marcher à ma guise, et tu seras vengé, mon petit Charlot, et moi aussi !

Et, rieuse, découvrant ses jolies dents blanches prêtes à dévorer :

— Nous sommes d'accord. Allons-y ! Bouffons le Flourac ! Ah ! la volupté de le mettre sur la paille, de le laisser aussi misérable que je l'étais le matin où il m'abandonna !

Elle demanda :

— Sa femme... est-ce qu'elle est intéressante ?

— C'est pour elle qu'il te planta là, le matin dont tu parles.

— Il l'aimait ?

— Je ne sais pas.

Et Charlot raconta le drame où Cornélis avait disparu dans la mort.

Violette Cœurdelys retrouva son rire cruel :

— Ah ! ah ! le joli couple ! J'aime mieux ça, mon petit Charlot : ça me chiffonnait un peu de torturer cette femme qui ne m'avait rien fait...

— Et maintenant ?

— Je marcherai sans remords, en m'amusant, et

le mort, lui aussi, sera bien vengé !

— Je vais le lui annoncer ! lâcha étourdiment Charlot.

Mais, sur un mouvement de l'ancienne Riri, il se reprit aussitôt :

— Oui, je vais aller au Père-Lachaise, et si les morts peuvent encore nous entendre, il saura que tu te charges de le venger.

Et, s'en allant :

— Au revoir, Riri ! Je crois bien que maintenant je ne t'en voudrai plus.

Elle le retint :

— Attends ! j'ai encore quelque chose à te dire.

— Dis !

Un long moment, elle resta à chercher ce qu'elle avait à dire, puis, brusquement :

— Ecoute, mon petit Charlot. Tu m'as dit tout l'heure que tu ne m'en voulais plus ; mais au fond, je sais bien que tu me méprises... Si ! C'est ton droit. Mais il y a une chose que je veux que tu saches, c'est que je t'ai bien aimé, Charlot, que je n'ai jamais aimé que toi...

Il eut une seconde d'hésitation, les anciennes tendresses qui pleuraient dans la voix de Riri trouvaient encore un écho dans son cœur.

— Ne parlons pas de ça, Riri. Le passé est e passé...

Elle lui tendit la main :

— Tu as raison... mais répète-moi que je te ferai plaisir en ruinant ton Flourac !...

— Tu réaliseras mon vœu le plus cher.

— C'est bien... Au revoir, Charlot ! Reviens quand tu voudras chez moi... tu seras toujours chez toi, et je ferai ce que tu voudras... Au revoir !... Dis-moi au revoir...

Il serra la main qu'elle lui tendait :

— Au revoir, et merci.

Et, en sortant de là, il télégraphia à New-York : « Justice en marche ».

Et Violette avait tenu parole.

Or, ce soir-là, elle était chez elle seule.

Dans la journée, une lettre lui était arrivée qui l'avait tout attristée :

« Je quitte Paris et je serai absent quelques jours ; je me rends à Sainte-Lucia, auprès de ma sœur qui va mourir, que je trouverai morte peut-être. Dès mon retour, j'irai te voir, car j'aurai à te parler ;

Je crois que nous allons assister à l'écrasement du misérable que tu sais. Je voudrais bien apprendre en rentrant que tu l'as chassé, et c'est l'heure ; il est presque aussi pauvre que tu l'étais il y a sept ans, quand il t'abandonna.

« Je ne t'en dis pas davantage. Je suis bien affligé ; la mort de ma pauvre sœur me gâte tout... »

— Pauvre Charlot ! avait-elle soupiré en lisant cette lettre, car elle savait combien il aimait sa sœur et de quel cœur il aimait.

Et elle s'était dit aussi que, de quelques jours, elle n'allait pas recevoir la visite habituelle de Charlot — Charlot, redevenu bon camarade d'autrefois, un camarade qui ne parlait jamais du passé et la traitait plutôt en garçon, mais si gentil tout de même, avec de si bons mouvements d'affection !

Tout à coup, dans sa rêverie solitaire, on lui annonça le comte.

Il entra sur les pas de la femme de chambre :

— Tu es seule... tu m'attendais, n'est-ce pas ?

Elle ne bougea pas et le regardant froidement, comme un étranger :

— Non, je ne vous attendais pas... Je dirai mieux : vous auriez tout aussi bien fait de ne pas venir.

D'abord interloqué, mais se remettant vite, il essaya de jouer :

— Princesse, vous choisissez mal votre heure pour m'accabler : je suis veuf, ma femme m'a plaqué !

Elle le regarda dans les yeux pour s'assurer qu'il ne mentait pas.

— Mais oui, plaqué ! répéta-t-il. Partie sans laisser d'adresse...

Violette se leva :

— Ah ! ce que je la comprends ! Ce que j'aurais fait ça depuis longtemps, à sa place !

Sous ces soufflets répétés, Flourac avait blêmi.

— Voyons, voyons, bégaya-t-il, est-ce que tu deviens folle ? Qu'est-ce que tu as contre moi, ce soir ?

— Ce que j'ai ?

Elle éclata de rire :

— J'ai que tu es vidé, que tu n'as plus le sou, que ta femme t'a plaqué et que je fais comme elle.

— Violette !

Je te plaque aussi, moi ! Seulement je ne m'en vais pas : je suis chez moi, j'y reste, et c'est toi qui t'en vas.

Elle montrait la porte.

Il se secoua, essaya de rire :

— Non, ce n'est pas sérieux..., c'est une plaisanterie...

— Ah ! tu trouves... Eh bien, non, ce n'est pas une plaisanterie, c'est ma revanche que je m'offre. Souviens-toi...

Et, d'un jet, dans une bouffée de vengeance satisfaite, elle lui rappela ce matin où il l'avait abandonnée.

— C'est ma revanche, te dis-je. A ton tour, te voilà misérable, et je te chasse, moi ! Je te chasse ! Allons, débarrasse !

Ce disant, elle sonna nerveusement.

La femme de chambre accourut :

— Recondisez monsieur et notez que je n'y serai plus jamais pour lui.

Ayant jeté cela, elle souleva une portière et disparut dans une autre pièce.

Une minute, Flourac resta là, écroulé, cherchant encore à n'y pas croire.

La voix de la femme de chambre lui imposa la vérité :

— Si monsieur le comte veut bien se donner la peine de se retirer...

Alors, une colère éclata dans ses yeux, des injures lui montèrent aux lèvres, il les cracha très haut.

La femme de chambre se dirigea vers la porte, se bornant à répéter :

— Si monsieur le comte veut bien...

Il saisit une chaise et la brandit, menaçant tout ce qui l'entourait. Un besoin lui venait d'anéantir ce nid luxueux qu'il avait payé.

— Ah ! non ! Ah ! non ! cria la femme de chambre. Pas de dégâts ou j'appelle à l'aide et je vous fais enlever.

Flourac laissa retomber la chaise sur le parquet.

— Toi aussi ! constata-t-il, un pli d'amertume à la bouche. C'est juste, ta maîtresse t'aura appris que je suis à sec.

Et, haussant les épaules, il s'en alla.

Arrivé dans la rue, il s'arrêta un instant, hésitant sur le chemin à prendre complètement désorienté.

— Me voilà propre, moi ! Qu'est-ce que je vais faire ?...

Un nom lui vint aux lèvres :

— Rühden !

Et il fut tout de suite décidé :

— Il n'y a que cet homme pour me refaire ! Je me charge de faire entendre raison à ma femme.

IV

Couchée plutôt qu'assise dans un grand fauteuil, devant la fenêtre ouverte, la fenêtre par laquelle on apercevait la nature fleurie et, tout au fond, la ligne bleue de la mer, Jeanne Lazare achevait de mourir.

Voilà des semaines qu'elle agonisait.

L'hiver qui suivit son installation à Sainte-Lucie, elle n'eut pas à garder un seul jour la chambre. Elle ne le connut pas, l'hiver ; elle toussa à peine, puis elle ne toussa plus.

Seulement un autre mal l'avait atteinte, qui la rongeait sourdement.

Depuis sept ans que son Pierre était parti là-bas, en Amérique, il n'était jamais revenu, il n'avait pas trouvé le temps de faire un seul voyage en France !

Et, peu à peu, et quoi que fît Jeanne pour accepter cette séparation, la blessure morale avait pris la place du mal physique.

Elle s'interdisait de se plaindre.

Et justement parce qu'elle n'osait pas protester, parce qu'elle étouffait sa souffrance, la blessure s'élargissait.

Un jour, l'autre mal reparut. Elle le bénit presque : Pierre, apprenant la rechute, allait revenir. Il ne revint pas.

Elle écrivit : « J'ai peur de mourir sans t'avoir revu ».

Il ne revint pas ; mais il annonça que l'absence touchait à sa fin, et il envoya son portrait.

Ah ! ce portrait ! En le recevant, elle faillit mourir du coup qu'il lui donna au cœur.

Ce n'était plus son Pierre qu'elle avait devant ses yeux : il était changé, il portait la barbe maintenant, et il avait l'air élégant de quelqu'un qui eût toujours connu le luxe.

Laurence parvint à lui faire comprendre que ce changement était la conséquence rationnelle de la nouvelle situation du père ; elle se rendit et, quelques jours, elle se sentit mieux, mais ce mieux ne tint pas.

Elle était trop sérieusement atteinte ; le mal, cette

fois, devait rester le maître.

Ce matin, elle se mourait.

Le médecin avait tout épuisé ; il n'était revenu que pour essayer de consoler la jeune fille qui pleurait derrière le fauteuil de la mourante.

La petite Laurence était maintenant une très jolie personne de dix-huit ans, d'éducation parfaite, chez qui le cœur commandait, comme chez son père et sa mère.

Tout à coup, le sable de l'allée cria.

Laurence regarda par la fenêtre :

Un homme traversait le jardin, à pas pressés.

— Mon parrain !

Elle s'agenouilla devant la mourante, et lui pressant les mains :

— Maman, voici Charles qui arrive.

Jeanne Lazare tressaillit, balbutia :

— Charles... mon frère...

Mais elle retomba dans sa torpeur : c'était un autre que Charles qu'elle attendait.

Le frère entra. Ce n'était pas la première fois qu'il venait à Sainte-Lucie ; depuis que sa sœur et sa nièce y étaient installées, il leur avait chaque année consacré ses vacances.

Il entra, il entendit Laurence qui parlait à sa mère.

— Tout n'était pas fini ; il arrivait à temps pour voir sa sœur vivante encore.

Laurence s'était levée, elle se jeta dans ses bras, étouffant un sanglot :

— Ma pauvre maman !

Il vint à sa sœur, essaya de lui parler.

Elle entr'ouvrit ses pauvres yeux qui n'avaient plus la force de voir, eut un navrant sourire, et ce fut tout...

Mais Charles dit :

— Lazare arrive...

Comme galvanisée, la mourante s'agita, parla :

— Mon mari... Mon Pierre !

— Chut ! sois sage... ne te donne pas la fièvre. C'est pour te préparer à ce grand bonheur que je suis venu le premier, envoyé par Lazare.

— Alors, tu l'as revu ?

— Nous sommes venus ensemble !

— Va le chercher ! Va ! Dis-lui... dis-lui...

Elle étouffait, elle ne pouvait plus parler.

— Là ! fit Charles, tu vois bien que tu te donnes

ta fièvre... Allons ! remets-toi. Je vais chercher ton père.

Et il la voyait si bas qu'il jugea inutile de la préparer davantage à reconnaître son Lazare dans celui qui allait venir.

Il sortit en s'essuyant les yeux, reconduit par Laurence qui lui soufflait à voix basse, à travers ses larmes :

— Vite ! vite ! mon parrain, maman va mourir.

C'était bien l'impression de Charles, et il partit en courant.

Cornélis et Clément l'attendaient à quelques cents mètres de la villa.

En le voyant revenir, ils marchèrent au-devant de lui.

— Vivante ? demanda Cornélis.

— Venez !... C'est à peine si elle pourra vous voir ; mais elle s'endormira dans cette satisfaction d'avoir senti son Lazare auprès d'elle.

Cornélis courba la tête, déchiré, puis, la relevant :

— Allons !

Il suivit Charles en le questionnant :

— Elle est... très bas ?

— Elle ne parlait plus : l'annonce de votre arrivée lui a rendu la parole... Mais peut-être sera-t-elle finie quand nous arriverons.

Il doubla le pas :

— Et Laurence... ma fille ?

— Elle pleure...

— Que dit-elle de son père ?

— Elle l'attend...

— L'avez-vous prévenue qu'elle me trouverait peut-être un peu changé ? que j'avais pris là-bas d'autres manières, une autre façon de parler, une autre voix ?

— Non, je n'ai pas eu le temps ; mais ne vous tourmentez pas de cela.

A la villa, la mourante n'avait pas recouvré la parole.

Soudain, ses yeux se rouvrirent tout grands : ils regardaient devant eux quelque chose, quelqu'un, le père qui arrivait sans doute...

Des pas résonnèrent, un murmure de voix entra par la fenêtre.

Laurence se leva, regarda.

C'était Charles qui revenait et ramenait le père.

elle le reconnut sur-le-champ, non pas au souvenir qu'elle avait gardé de lui, mais au portrait venu d'Amérique.

Aucun travail ne se fit dans son cerveau ; son cœur seul frémit. Elle retourna s'agenouiller devant sa mère :

— Mon père... voici mon père !...

Jeanne Lazare garda son immobilité, ses yeux ouverts devant elle.

Cornélis entra et, presque sans hésiter, proféra le mensonge :

— Jeanne, c'est moi, ton Pierre !

Et il s'agenouilla devant la malade, il lui prit les mains !

— C'est moi... pardon de t'avoir fait attendre... mais je suis là, je ne te quitterai plus.

Il porta les mains à ses lèvres, les baisa.

Brusquement, il les laissa retomber ; elles étaient glacées, et dans les yeux ouverts que fouillait son regard suppliant, plus rien ne vivait.

Jeanne était morte en entendant revenir son Pierre.

Et de la gorge sèche de Cornélis, cette constatation s'échappa :

— Morte ! Elle est morte !

Deux bras se nouèrent autour de son cou, des larmes qui ne venaient pas de ses yeux mouillèrent ses joues :

— Mon père !

C'était Laurence qui lui demandait de la consoler.

— Mon enfant ! ma Laurence ! balbutia-t-il, après une légère hésitation.

Il s'éloigna avec elle, l'entraînant hors de cette chambre qui appartenait à la mort.

— Venez, mon enfant... votre mère a fini de souffrir...

Elle tressaillit d'abord ;

Elle le regarda.

— Mon père... tu me tutoyais dans tes lettres.

Il comprit et répara vivement :

— Pardonne-moi, ma Laurence... c'est une habitude de là-bas où je ne tutoyais personne.

Maintenant il mentait sans effort, il éprouvait un indicible bien d'être le père et de consoler sa grande fille, et il se découvrait des tendresses.

Il resta auprès d'elle toute la journée, s'appliquant à se faire pardonner sa longue absence :

— Il le fallait, vois-tu. J'avais juré à M. Cornélis

de ne rentrer que sa volonté accomplie, sa volonté
si généreuse pour nous, qui nous a faits riches...,
car je te rapporte une fortune, ma Laurence, des
millions... Hélas ! tu préférerais que je fusse rentré
plus tôt, n'est-ce pas ! et moins riche, et même pauvre : ta pauvre mère vivrait encore...

Elle baissait la tête, approuvant sans oser le dire,
par peur de contrarier son père. Dans la soirée,
il exigea de Laurence qu'elle sortît avec lui, au jardin.

Il la promena sous les arbres, parmi les parfums
de cette terre bénie, sous la clarté des cieux que la
nuit voile à peine.

Et lui parlant doucement, tendrement, il s'efforça
d'atténuer la douleur présente par l'image de l'avenir.

— La Fortune m'a gâté, mon enfant ! Je peux tout,
sauf te rendre ta mère... ; mais nous lui ferons une
tombe bien douce, toute fleurie, et nous y reviendrons
aussi souvent que tu voudras... ; et toi, tu auras la
vie que tu mérites, celle que tu te choisiras.

— Vivre avec toi, ne plus nous quitter, mon bon
père !

Elle s'appuyait à son bras, confiante et émue.

Elle s'était habituée à sa voix.

Et elle ne dissimulait pas qu'elle ne l'avait pas vu,
pendant la longue attente, tel qu'il était là :

— Je gardais en mon cœur l'image de l'employé de
banque, l'uniforme aux boutons de métal... et tu es
comme un personnage maintenant.

— Je te dis que la Fortune m'a gâté !

— Et il me semble aussi que tu parles autrement
qu'il ne parlait.

— J'ai vécu dans un autre monde, dont j'ai pris
sans m'en apercevoir, les habitudes, les manières, le
langage plus relevés.

Il s'enhardit jusqu'à poser lui-même cette question :

— Et mon visage ? mes traits ? les retrouves-tu ?

Elle répondit :

— Je ne les revois que vaguement... Il y a sept
ans... j'étais enfant encore...

Et d'un mouvement brusque, se serrant plus fort
contre lui et un tremblement dans la voix.

— Écoute, il faut que je te dise quelque chose que
je n'ai pas osé t'écrire, au sujet de ce portrait que
tu nous envoyas le mois dernier.

Cornélis frissonna.

— Quoi donc ? fit-il.

— Ma pauvre mère hésita à te reconnaître.

— Ah !... Sa lettre pourtant...

— Elle avait fini par se rendre, mais pendant quelques jours elle n'avait plus eu qu'une idée : son Lazare avait dû mourir là-bas, depuis longtemps en recommandant à quelque ami de continuer à nous écrire pour lui, pour que nous le croyions toujours vivant.

— Oh !... mais ce portrait !

— Ce portrait... ma pauvre mère se l'expliquait ainsi : l'ami l'avait fait faire justement pour nous donner l'illusion complète. Il ressemblait peut-être à mon père, et il était arrivé, en s'appliquant, à avoir presque tout à fait sa tête...

— Alors, cet ami... ce serait moi, puisque tu as pu le constater, c'est bien mon portrait à moi que je vous ai envoyé...

— Oui... sans doute... Oh ! mais ce n'était pas moi qui avais cette idée, c'était ma pauvre mère... Moi, je ne croyais pas du tout comme elle... Non ! cet ami qui se serait ainsi dévoué pendant des années, qui nous gâtait, qui nous comblait... l'homme qui aurait fait cela serait plus qu'un homme. Il n'y avait qu'un père pour être si bon et si tendre, et c'était bien toi...

— Oh ! Laurence !...

— Mon père !

C'était l'absolution de son mensonge que Cornélis venait d'entendre tomber des lèvres de Laurence : plus qu'un homme... un père !... Et il en avait été tellement remué qu'il avait failli se trahir.

Tout à coup, il tressaillit : sur la route qui bordait le jardin, une voiture passait au pas, très lente, promenant une femme dans la fraîcheur de la nuit tombante.

— Qu'as-tu père ? Je t'ai senti tressaillir ?

Cornélis regardait s'éloigner la voiture.

— C'est cette femme, murmura-t-il, cette promeneuse... Il m'a semblé la reconnaître. L'as-tu regardée ?

— Non... pourquoi me demandes-tu cela ?

— Parce que tu aurais pu me dire si tu l'avais déjà vue ici.

— Elle t'intéresse donc ?

— Oui, si c'est elle que j'ai cru reconnaître...

— Une Américaine, sans doute ? Il en vient beaucoup...

— Non, une Française... que j'ai connue autrefois à Paris.

Et, très bas, la voix altérée, il compléta :

— Cette femme, c'est l'ancienne Mme Cornélis... aujourd'hui la comtesse de Flourac.

— Oh ! cette malheureuse femme !

Laurence avait eu un sursaut. Son père la regarda :

— Tu sais donc ?

— Oui, par mon parrain. C'est cette femme qui a tué M. Cornélis, en le faisant souffrir au-dessus de ses forces... Il se suicida, M. Cornélis..

Et avec un accent pénétrant :

— Pauvre M. Cornélis !... Si bon, si généreux !...

— Tu l'aimais aussi, toi !

— De tout mon cœur !

Cornélis prit la main de Laurence et la porta à ses lèvres...

C'était bien la comtesse Fernande qui venait de passer sur la route.

Elle était arrivée le jour même à Cannes ; et, ce soir, un besoin lui était venu d'errer dans la campagne, d'y promener sa solitude et sa douleur.

Elle avait senti que son mari lui échappait tout à fait, et elle voyait revenir les temps de misère et, avec eux, le châtiment annoncé par Cornélis...

Cornélis... C'est à lui qu'elle pensait en passant devant la villa.

Elle l'entendait toujours lui dire :

— Je n'y serai plus, mais j'y serai encore. J'assisterai à votre châtiment !

A Cannes, elle était descendue à l'hôtel...

Elle n'avait eu qu'à paraître en sa royale beauté : les hommes n'avaient plus regardé qu'elle.

Elle n'avait pas voulu s'en apercevoir. Ce soir, au lieu de triompher sur la terrasse de l'hôtel, dans un cercle d'adoration, elle s'était fait conduire dans un village, à Sainte-Lucie.

Le surlendemain, dans l'après-midi, elle y retourna.

Du vieux clocher, un glas s'envolait, pleurait sur la campagne, lugubre et poignant en ce pays où il semble qu'on ne devrait pas mourir...

Cette plainte de la cloche lui alla droit au cœur, à son cœur qui se plaignait aussi...

Elle se fit descendre devant l'église.

Elle y entra.

Il y avait un enterrement.

Elle s'agenouilla, et, la tête dans ses mains, assista à toute la cérémonie sans en rien voir...

Les chants se turent, un mouvement se fit dans l'église.

La cérémonie était terminée ; on emportait le mort ou la morte au cimetière.

Soudain, elle se rejeta en arrière, ses deux mains à sa gorge où quelque chose l'avait serrée, suivant d'un œil qui s'égarait un homme qui marchait derrière le cercueil.

Elle avait assisté aux obsèques de Jeanne Lazare et dans cet homme elle avait cru revoir son mari, Jean Cornélis.

Le cortège sortit de l'église : elle resta là, suivant toujours des yeux la vision terrifiante, continuant à voir Cornélis, alors qu'il avait déjà disparu.

Son sang-froid recouvré, elle alla droit à une vieille femme qui priait.

— Pardon, ma bonne , voulez-vous me permettre de vous demander ?...

La vieille femme inclina silencieusement la tête.

— Pourriez-vous me dire le nom de la personne que l'on conduit au cimetière ?

— C'est Mme Lazare.

— Lazare !

Ce nom du ressuscité de l'Evangile fit frissonner Fernande.

Elle demanda :

— Vous la connaissiez, la morte ?

— Très peu... Elle était ici depuis bientôt huit ans, mais elle ne sortait presque jamais.

Fernande n'avait remarqué qu'un homme derrièr le cercueil.

— Et ce monsieur que j'ai vu, qui semblait conduire le deuil ?

— Je ne le connais pas... pas du tout. C'est la première fois qu'il vient ici.

Fernande n'osa pas en demander davantage ; elle eut peur de trahir ses terreurs.

Elle sortit de l'église, remonta dans sa voiture et se fit ramener à Cannes.

Le lendemain matin on vint la prévenir qu'un M. Charles Barilet demandait à lui parler

Elle chercha un instant et se souvint. — Charles

Barilet, le secrétaire de mon mari... C'est lui, c'est Robert qui m'envoie chercher.

Elle ne réfléchit pas qu'elle était partie sans dire où elle allait.

Elle descendit au salon de l'hôtel.

Charles Barilet l'y attendait, et elle le reconnut tout de suite.

— Ah ! c'est vous... Vous venez sans doute de la part du comte ?

Il secoua la tête :

— Non, madame la comtesse. Je suis ici en congé... J'ai eu l'honneur de vous voir hier dans les environs de Cannes, à Sainte-Lucie.

— Ah ! vous étiez... Que faisiez-vous donc par là ?

— Comme j'ai eu l'honneur de le dire à M. le comte, j'y suis venu pour assister aux derniers moments de mon pauvre frère. Il est mort, et nous l'avons enterré hier.

— Ah !... Vous aimiez beaucoup votre frère

— Beaucoup...

— Un deuil cruel. Je vous plains...

Elle revint à sa préoccupation :

— C'est peut-être à l'église que vous m'avez vue ? J'y étais entrée, en passant. Je m'y suis trouvée au moment où l'on célébrait le service des morts. Mais c'était une femme qu'on enterrait.

Charles, balbutia, faisant l'ignorant.

— Je ne sais pas, madame la comtesse, c'est dans votre voiture que j'ai eu l'honneur de vous voir... Vous passiez... et vous alliez, en effet, du côté de l'Eglise...

Elle eut une courte hésitation, puis demanda, la voix mal assurée :

— Avez-vous vu passez l'autre cortège, celui de cette femme ?...

— Non, madame la comtesse.

— Ah ! fit-elle déçue...

Elle se disait que Charles avait connu Cornélis, et elle eût voulu qu'il eût vu l'homme qui conduisait le deuil et n'en eût pas été frappé.

Depuis la veille, elle cherchait à se persuader qu'elle avait été le jouet d'une illusion.

Mais elle n'alla pas plus loin sur ce sujet.

— C'est bien à vous d'être venu me voir, reprit-elle sur un autre ton. Vous avez sans doute quelque chose à me demander ?

— Eh bien ! madame la comtesse, je vais rentrer à

Paris, et j'ai cru devoir venir prendre vos commissions pour M. le comte.

— Mes commissions !... Je n'en ai pas. Je vous prierai même de ne pas lui dire que vous m'avez vue.

Charles Barilet s'effara :

— Monsieur le comte ne sait donc pas...

— Je ne veux pas qu'il sache ! Vous entendez ? Je ne le veux pas !

Puis, pressante, presque suppliante :

— Voulez-vous faire une bonne action, voulez-vous m'être utile ?

— Je n'ai rien à vous refuser, madame la comtesse. Je suis à vos ordres.

— Ne parlez pas d'ordres ; c'est de mon mari que vous êtes le secrétaire ; ce sont ses ordres que vous exécutez. Dites-moi que vous serez heureux de me servir... même si je vous demandais de déplaire au comte.

— C'est ma place que je risque, observa Charles Barilet.

— Vous ne risquez rien, je serai seule à savoir ce que vous ferez pour moi. Il faut me céder ! Il le faut.

L'ancien Bibi-Boucan s'inclina :

— Je suis prêt. Veuillez me donner vos instructions.

— Sincèrement ?

— Je m'en voudrais d'hésiter entre vous et M. le comte.

— Vous lui êtes pourtant tout dévoué, à lui ?

— J'espère qu'il ne s'agit pas de lui nuire.

— Non, au contraire. Ce sont ses vrais intérêts que je vous demande de servir.

— Veuillez me dire ce que j'ai à faire.

— Dès votre retour à Paris, vous vous occuperez de savoir ce qu'il fait avec le baron de Rühden et vous m'en aviserez aussitôt.

— Bien, madame la comtesse.

— Je vous enverrai mes autres instructions... ou je rentrerai peut-être....

— Bien, madame la comtesse.

— Je compte sur vous !

— Vous n'aurez pas à le regretter, madame la comtesse !

— Merci !

Charles Barilet sortit. C'était Cornélis qui l'avait envoyé : il avait revu la comtesse Fernande à l'enterrement et cette fois il l'avait bien reconnue.

En rentrant à Sainte-Lucie, Charles se jeta dans les

bras de son faux beau-frère.

— Elle a marché. Je saurai tout ce que vous voudrez. Je sais déjà...

Et il rapporta :

— Le comte ignore qu'elle est à Cannes, et elle ne veut pas qu'il l'apprenne.

— Ah !... M'avait-elle vu à l'enterrement ?

— Sûrement.

— Très-bien. Merci.

Et le faux Lazare prononça :

— Nous partons pour Paris. Dès votre arrivée, vous aurez à vous occuper de savoir ce qu'est exactement ce baron de Rüdhen.

— Ce sera fait, affirma Charles.

— En travaillant pour ma vengeance, vous travaillez pour la vôtre et vous avancez l'heure des récompenses.

Et d'une autre voix, Cornélis murmura, comme réfléchissant tout haut :

— A propos de récompenses, il me faudra marier votre filleule.

Le petit Parisien s'agita. Ce que lui avait dit Clément des intentions de M. Cornélis lui revint.

— Oh ! vous avez le temps de la marier...

— Je n'y songe pas pour tout de suite.

Et brusquement :

— Cela vous sourirait-il d'être le mari de votre filleule ?

Charles Barilet avait vu venir la question.

Il secoua la tête et fit la même réponse qu'à Clément :

— Vous n'y pensez pas ! Laurence mérite mieux que moi.

— Elle ne rencontrera jamais de meilleur cœur que vous, mon brave Charles !

— Elle rencontrera celui qu'elle doit aimer, et ce n'est pas moi...

— Nous verrons.

— Oh ! c'est tout vu.

— On dirait vraiment que vous êtes fixé ?

— Je le suis. J'ai causé avec Laurence, ce matin. J'ai cherché à regarder dans son cœur... et ce que j'y ai vu m'a un peu troublé.

— Quoi donc ?

— Rien... Je ne peux pas vous dire... C'est surtout une idée que je me suis faite moi-même.

— Mais encore... cette idée ?

— Je vous la dirai plus tard...

Des pas résonnèrent dans le couloir.

— Puis-je entrer, père ? demanda Laurence en entr'ouvrant la porte.

Cornélis regarda la jolie tête de cette enfant qui allait l'aimer, qui l'aimait déjà par dessus tout, et ce ne fut pas sans un léger trouble qu'il répondit :

— Tu peux toujours entrer, Laurence, et disposer de ton père. Tu sais bien qu'il t'appartient désormais et qu'il n'a plus que toi au monde...

V

— Soyez heureux, monsieur Crapeaux ; nous nous quittons demain !

Le concierge resta bouche bée et sa femme roula des yeux stupéfaits : ce locataire qui déménageait le lendemain n'avait ni reçu, ni donné congé ; un locataire qui, d'ailleurs, acquittait recta ses termes et n'avait jamais affaire aux huissiers. Il n'avait qu'un tort : il déplaisait aux Crapeaux, qui le lui avaient souvent fait sentir, et c'était pour cela qu'il disait au mari :

— Soyez heureux.

Et ce brusque déménagement leur paraissait d'autant plus extraordinaire que ce locataire occupait à lui seul tout l'immeuble : un hôtel particulier dans l'avenue de Villiers.

Car les Crapeaux avaient fait leur chemin. Le comte de Flourac ne leur avait pas offert la petite maison rêvée à Auteuil, mais, en plus de cadeaux d'importance, il leur avait obtenu la loge de cet hôtel particulier, presque une sinécure, à côté de l'occupation que leur donnait celle de la rue de Verneuil, et une grasse sinécure.

Ils étaient là depuis sept ans et ils n'avaient fait que deux locataires ; mais le dernier s'en allait au bout de six mois.

Au fond, ils en étaient ravis : ils ne pouvaient pas le sentir, un poseur qui jamais ne se serait arrêté pour causer des courses, qui passait sans saluer la loge et traitait ses concierges comme de vulgaires domestiques.

Des domestiques, eux, les Crapeaux !

Le locataire ayant tourné les talons, ils se regardèrent ; leur ravissement n'allait pas sans quelque anxiété :

— Il s'en va... il s'en va... Pourquoi s'en va-t-il ? Et d'abord nous n'avons rien reçu du propriétaire...

Un valet de chambre entra dans la loge :

— Je viens vous prévenir de la part de monsieur que votre locataire videra l'hôtel demain matin

C'était le valet de chambre du propriétaire.

Les Crapeaux, qui le connaissaient fort bien, lui sautèrent littéralement dessus :

— Ah ! vous allez nous expliquer...

— Quoi donc ?

— Ce déménagement... Qui est-ce qui a donné congé ?

— C'est monsieur...

— Ah ! très bien...

— Un congé à l'amiable, d'ailleurs...

— Comment ! à l'amiable...

— Eh ! oui, pas besoin de papier timbré, le locataire était forcé de s'incliner. Il y avait une clause dans le bail.

— Ah ! ah !

— Une clause qui autorisait monsieur à renvoyer son locataire dans le cas où l'hôtel serait vendu.

— Alors, il est vendu, l'hôtel !

— Depuis ce matin.

— Ah ! mais... et nous ! firent ensemble les Crapeaux.

— Il n'y a rien de changé pour vous, vous restez...

Les Crapeaux respirèrent et, le valet de chambre ayant annoncé que l'acquéreur était une demoiselle, ils s'épanouirent.

Une demoiselle... Ils avaient compris : une cocotte.

Et ils se pourléchaient déjà à la perspective du commerce à faire et des profits à en tirer.

— Donne donc les cerises à l'eau-de-vie, jeta Crapeaux à sa femme, que nous arrosions le locataire qui s'en va et l'amour qui vient...

Le valet de chambre ne refusa pas d'être de l'arrosage, et l'on trinqua ferme. Presque tout le joli bocal y passa.

A six heures du matin, les déménageurs envahirent l'hôtel.

A midi, tout était enlevé.

A ce moment, une compagnie de tapissiers succéda aux déménageurs :

Derrière les tapissiers, un homme se présenta, porteur d'un mot de l'ancien propriétaire qui lui donnait la libre disposition de l'hôtel.

Les Crapeaux s'inclinèrent jusqu'à terre, firent des grâces, jurèrent d'être dévoués jusqu'à la mort.

L'homme les regardait, les écoutait sans rien dire. En entrant, il avait eu un léger sursaut.

— Comment vous appelez-vous ? demanda-t-il enfin au mari.

— Eugène Crapeaux, pour vous servir, Monsieur.

— Crapeaux... ah ! oui, Crapeaux...

L'homme semblait se dire :

— C'est bien ça...

Il demanda encore :

— Vous avez fait une autre loge que celle-ci ?

— Oui, monsieur, rue de Verneuil...

— Rue de Verneuil, très bien.

Il ne demanda plus rien, mais il signifia froidement :

— Les nouveaux concierges seront là demain matin. Préparez-vous à leur céder la place...

— Monsieur !...

Les Crapeaux, suffoqués, n'en purent dire davantage.

L'homme était déjà sorti de la loge ; il s'engageait dans l'hôtel avec les tapissiers.

— Ah ! par exemple ! éclata Crapeaux en recouvrant la voix ; elle est raide, celle-là !

— Je dis comme toi, bégaya sa femme. Et ce qu'il y a de pis, c'est que nous n'avons qu'à nous incliner. Il me semble bien qu'il y avait cette clause dans notre engagement.

Crapeaux courut à l'armoire et y prit l'engagement en question.

La clause y était bel et bien inscrite :

« Dans le cas où l'hôtel serait vendu, les époux Crapeaux pourront être congédiés sur l'heure, moyennant une indemnité de trois mois de gages à leur payer par le propriétaire actuel soussigné. »

— Ah ! par exemple ! répéta Crapeaux.

Et faisant appel à son vocabulaire sportif :

— C'est ce qui s'appelle claquer au poteau !

Sa femme grinçait, se répandait en injures à l'adresse de la nouvelle propriétaire.

— Une cocotte ! quelque fille de rien ! il fallait nous attendre à ça...

Mais Crapeaux fit cette observation :

— Pardon ! ce n'est sans doute qu'une grue, mais ce n'est pas sa faute, ce qui nous arrive ; c'est celle de ce bonhomme qui la représente... En arrivant, ce vieux saligaud-là avait l'air très bien ; il n'a changé qu'après avoir demandé mon nom... Il nous aura connus rue de Verneuil ; il nous en veut peut-être depuis ce temps-là... L'as-tu bien regardé ?

— Je n'ai pas trop osé.

— Tu es idiote ; il fallait le regarder... Tu saurais maintenant si nous l'avons vu rue de Verneuil.

— Mais tu dois le savoir, toi qui l'as regardé.

— Moi... je... je...

Tout à coup, Crapeaux se frappa le front :

— J'y suis ! Il me revient, le vieux !

— Nous l'avons connu ?

— Pas beaucoup, mais nous l'avons connu tout de même. Il n'est venu que deux ou trois fois rue de Verneuil.

— Chez qui venait-il ?

— Chez personne... il venait nous apporter des ordres pour un appartement vide.

La mère Crapeaux sauta :

— L'appartement du baron de Nivernay... J'y suis aussi !... L'envoyé de M. Cornélis !

— Tu y es... et tu commences à comprendre, hein ? Il s'est souvenu, le bonhomme... il doit avoir encore sur le cœur le mariage de la veuve avec le comte. Qui sait ? la veuve le chassa peut-être.

— Et il se revanche sur notre dos : il nous chasse, nous !

— Chut ! Je crois que le voici...

C'était bien l'homme qui sortait de l'hôtel et passait devant la loge sans la regarder. Les Crapeaux eurent le même cri :

C'est lui !

Et toujours ensemble :

— Comme il passe ! comme il tient à ce que nous sachions bien qu'il nous fait du mal pour le plaisir...

Le mari réfléchit :

— N'empêche que nous voilà sur le pavé. J'irai dès ce soir chez le comte : d'abord pour lui demander de nous procurer une autre loge ; ensuite pour lui parler de ce bonhomme. Il sentira que c'est à cause de lui que nous perdons notre place et qu'il faut nous en trouver une autre...

En sortant de là, Clément avait pris un fiacre et s'était fait porter au Grand-Hôtel.

Car les concierges ne se trompaient pas, c'était bien l'ancien collaborateur de Cornélis qu'ils venaient de revoir.

On l'attendait au Grand-Hôtel : un homme à l'air plus grave que son âge et une jeune fille, en deuil tous les deux, Lazare et Laurence.

Il annonça :

— Les tapissiers sont à l'œuvre : vous pouvez prendre possession de l'hôtel dès demain..., votre hôtel, mademoiselle, ajouta-t-il, en s'adressant à Laurence, car, suivant le désir de votre père, il a été acheté à votre nom.

Laurence s'effara :

— Oh ! pourquoi à mon nom ? Mon père n'est-il pas là !

Ce fut le père qui répondit :

— Ma chère enfant, j'ai pris en Amérique des façons de faire très pratiques.

Elle s'inclina et demanda à aller visiter l'hôtel.

Cornélis allait déférer à son désir ; mais, sur un regard de Clément, il s'arrêta :

— Impossible aujourd'hui, mademoiselle, observa le vieux secrétaire de Cornélis. L'hôtel appartient aux tapissiers, qui n'aiment pas qu'on les dérange dans leurs travaux... Soyez tranquille, d'ailleurs, l'hôtel vous plaira.

— Et tu pourras y apporter tous les changements que tu voudras, compléta le père.

A la première minute de tête à tête qu'il pût avoir avec Clément, il demanda :

— Pourquoi n'avoir pas voulu que ma fille aille visiter l'hôtel aujourd'hui ?

— Parce qu'il vous aurait fallu l'y accompagner, répondit Clément, et que vous y auriez trouvé des concierges qui vous ont déjà fait assez de mal.

— Ah ! quels concierges ?

— Les Crapeaux de la rue de Verneuil.

— Ils sont concierges de l'hôtel ?

— Jusqu'à demain matin : je les ai congédiés. C'est le commencement de la justice.

Un éclair s'était allumé dans les yeux de Cornélis :

— Oui, c'est le commencement... et je me charge de la suite, moi !

Puis :

— Et le reste ? Charles Barilet a-t-il envoyé la dépêche à la comtesse ?

— En voici la copie.

Cornélius lut :

« Présence indispensable : catastrophe immi-
nente. »

— Bien, fit-il après avoir lu. Elle va rentrer, et il
faut qu'en rentrant elle se trouve en face d'une catastrophe réelle ; il faut qu'elle retrouve son mari
dans une situation telle qu'elle ne puisse plus refuser
d'engager l'hôtel pour le sauver, car je veux que tout
y passe !

— Quel est exactement le cercle que fréquente
Flourac ?

— Charles m'a dit qu'il retourne rue du Quatre-
Septembre...

— Les Arts-Nationaux... Merci.

Ce soir-là, Laurence retirée dans sa chambre,
Cornélis se rendit aux Arts-Nationaux.

Il fit appeler le commissaire et se présenta ainsi,
en se donnant un accent américain bien marqué :

— Monsieur, je suis un passionné du baccara. Ma
fortune, d'ailleurs, me permet de bien nourrir ma
passion. Voulez-vous m'accorder l'entrée de la salle
de jeu ?

Le commissaire — c'était Livarol — fit pour la
forme cette observation :

— Vous savez, monsieur, qu'une présentation régulière est de rigueur...

Pour la forme seulement, car, flairant une aubaine
d'importance, il céda à la première insistance du
postulant.

La présentation put être faite immédiatement.

— Je vais vous fournir les parrains. Un instant,
s'il vous plaît.

Il alla les chercher dans la salle de jeu.

Cornélis le regarda s'éloigner :

— Il ne m'a pas reconnu. Au fait, je ne dépassais
jamais le salon de lecture, autrefois.

Livarol revint ; il ramenait les parrains, deux
pontes à sec qui comptaient bien se faire payer, au
cours de la séance, le petit service qu'on leur demandait.

Livarol remplit la feuille de présentation.

— Vos noms, prénoms ?

— Pierre Lazare.

— Merci, monsieur. Veuillez signer.

Et Lazare ayant signé :

— Messieurs les parrains, veuillez vous inscrire
vous-mêmes et signer.

Lazare remercia Livarol, serra la main à ses parrains en se déclarant leur grand obligé :

Livarol avait pris les devants pour annoncer aux habitués de la salle de jeu :

— Préparez-vous, mes enfants ! Un banquier milliardaire... un Américain !

— Vraiment ? fit une voix.

— Vous allez en juger, mon cher comte.

La voix était celle de Flourac ; elle geignit :

— C'est bien ma veine ! Je me suis décavé sur des banques poitrinaires.

— Voyez la caisse, mon cher comte ; voyez...

Flourac ne bougea pas, il était fixé sur les dispositions de la caisse. Il y avait, depuis une douzaine d'années, une petite ardoise de quelques milliers de francs qu'il avait totalement oubliée à l'heure où la fortune lui avait souri, et tout à l'heure il s'était aperçu que le caissier n'avait pas oublié, lui.

Comme en lui demandant la monnaie, en plaques et jetons, de son dernier billet de mille, il émettait l'observation banale :

— Tâchez de me porter bonheur !

Le caissier avait répondu :

— Monsieur le comte n'a pas besoin de ça... Monsieur le comte a tant de bonheur qu'il en oublie de régler le temps où il en avait moins.

Flourac résista au conseil de Livarol ; il n'alla pas à la caisse, mais il resta là, curieux de voir la partie...

La banque était mise aux enchères.

Des chiffres se croisaient dans l'air, que le croupier répétait en écho enregistreur.

— Vingt louis !

— Vingt-cinq !

— Quarante louis !

— Cinquante.

— Soixante-quinze !

— Cent louis !

Les enchères semblaient devoir s'arrêter là. Cent louis, c'était le chiffre ordinaire de la maison.

Le croupier clama :

— Cent louis !... Personne ne met au-dessus ? Une fois, deux fois...

Deux mots éclatèrent :

— Banque ouverte !

Tous les yeux cherchèrent celui qui les avait lancés : il entrait dans la salle, flanqué de ses deux parrains.

— C'est l'Américain... murmura-t-on.

Et l'on commença à savourer une belle séance.

En apercevant le nouveau banquier, Flourac avait eu le mouvement de l'homme qui vient de recevoir un coup dans l'estomac.

Ses yeux avaient rencontré ceux du banquier, et il les avait reconnus pour des yeux déjà vus, déjà étudiés, inoubliables.

— Cornélis ! Mais non, c'est impossible, je suis fou !...

Il courut à Livarol, se renseigna.

— M. Lazare, un des gros industriels de New-York, descendu au Grand-Hôtel. Vous pouvez marcher, mon cher comte, ce n'est pas un matelas, c'est toute un literie. Regardez plutôt.

Le nouveau banquier s'était assis au fauteuil ; il tirait de sa poche et disposait sur le tapis une énorme liasse de billets de mille.

Ce n'était pas cela que regardait Flourac, c'était le banquier lui-même.

Et, peu à peu, l'impression première s'en allait : le banquier avait bien les yeux de Cornélis et quelque chose de ses traits, mais la ressemblance s'arrêtait là, ce n'était pas, ce ne pouvait pas être lui.

— Le mort... allons donc !

Le banquier tailla correctement, sans la moindre habileté d'ailleurs, commettant par-ci par-là des fautes de tirage, jouant pour jouer, plus passionné qu'expert.

Comme ses fautes se retournaient contre lui et qu'il perdait, les pontes furent unanimes à le trouver exquis ; il fut tout de suite sympathique.

Sa première banque lui coûta une vingtaine de mille francs.

Il demanda ingénûment, avec son accent américain, qui fut jugé adorable :

— Est-ce que je puis continuer, monsieur le croupier ?

Ce ne fut qu'un cri :

— Comment donc !

Il remercia d'un sourire enchanté, tailla une seconde banque et doubla sa perte.

Flourac se rongeait les poings. Il avait perdu de vue la ressemblance qui l'avait frappé ; il ne voyait plus que ce supplice : un banquier perdant des sommes folles et auquel il ne pouvait rien prendre.

un festin pantagruélique dont il n'aurait pas sa part.

Insensiblement, il s'était rapproché du banquier, de la mine qui semblait inépuisable.

L'Américain avait sorti une nouvelle masse de billets ; il semblait en avoir un pardessus.

Derrière lui, ses deux parrains souriaient ; tout à l'heure, il leur avait dit :

— Vous ne jouez pas, messieurs ? Si ! Si ! Il faut jouer... pour me porter bonheur... Je suis très superstitieux...

Et il leur avait mis dans la main des plaques de cent francs qu'ils avaient bien été forcés d'accepter.

— Pour ne pas vous contrarier, cher monsieur !

Flourac avait vu cela, et, malgré lui, il se rapprochait, sans s'apercevoir que du coin de l'œil le banquier surveillait son manège.. Il vint jusqu'à l'un des parrains, lui mit la main sur l'épaule :

— Il va bien, votre banquier !

— C'est désolant, il perd tout ce qu'il veut, répondit le parrain. Vous devez gagner beacoup, nou cher comte ?

— Je n'ai pas joué contre lui ; je me suis décavé avant son arrivée... C'est ma guigne, à moi ! Je suis le roi des guignards !

Cela dit assez haut pour que le banquier pût entendre...

Il entendit, et, se tournant vers Flourac :

— Le roi des guignards ! Non ! non, c'est moi, monsieur, et je tiens absolument à mon titre... Ne me le disputez pas... ou faites la preuve...

— Impossible, sourit Flourac. Je suis déjà décavé.

— Ah !... qu'à cela ne tienne ! Voulez-vous permettre !

Il allongeait la main vers ses billets de mille, et il insistait en Américain têtu :

— Si ! si ! Je veux la preuve... je veux voir ça, quelqu'un qui serait plus guignard que moi...

Flourac accepta le prêt, deux billets de mille, en prenant toute la salle à témoin qu'on lui faisait violence.

Et enfin, il put jouer.

Un quart d'heure après, il avait doublé sa mise. Il la tripla, la quintupla.

Le banquier le couvait de l'œil, et toujours bon enfant :

— Eh bien ! qu'est-ce que je vous disais ? Est-ce

vous ou moi, le roi des guignards ?

Comme il riait, toute la salle rit avec lui. et des murmures ravis coururent :

Livarol regardait, écoutait, faisait ses observations.

— Non, cet Américain est plus naïf que nature ; il doit y avoir quelque chose là-dessous !

Enfin, le banquier se leva, demandant la permission de se reposer un peu...

La banque fut mise aux enchères.

Flourac répondit le premier :

— Cinquante louis !

Mais l'Américain lui sauta dessus :

— Ah ! non, pas vous ! vous, vous m'appartenez.

Flourac comprit mal, il crut qu'on lui réclamait le remboursement du prêt ; il l'offrit.

— J'allais m'acquitter, cher monsieur.

L'Américain le détrompa :

— Non, pas ça ; ça m'est égal ça ! En voulez-vous encore ? C'est pour la preuve que je parle.

— Elle est faite, cher monsieur. Je reconnais que vous êtes plus guignard que moi.

— Oui, mais moi je ne reconnais pas. Le baccara ne prouve rien, vous avez pu profiter de la veine de vos voisins de tableau. Ce que je voudrais maintenant, c'est la partie en tête à tête... Guigne contre guigne...

Flourac se jeta sur la provocation.

— Je suis à vos ordres, cher monsieur !

Il se voyait déjà à la tête de bénéfices fantastiques : ce serait pour lui un amusement que de plumer cet ingénu.

— Quelle est votre partie préférée ?

— L'écarté, répondit l'Américain ; ça va plus vite...

En réalité, c'était le seul jeu que Lazare possédât à fond pour l'avoir sérieusement étudié, sérieusement et à dessein, en vue d'un but précis.

Ce n'était pas de ce jour qu'il avait pensé à se rencontrer sûrement qu'au cercle et devant une table de jeu.

— Va pour l'écarté ; accepta Flourac avec empressement.

Ils passèrent dans une autre salle.

Livarol n'avait pas perdu un mot de la provocation de l'Américain ni un tressaillement de sa face.

Il arrêta un jeune homme qui arrivait :

— Dites donc, Montargis, savez-vous si la comtesse de Flourac a parmi ses adorateurs un Américain du nom de Lazare ?

— C'est la première fois que j'entends prononcer ce nom-là, répondit le jeune homme sans s'arrêter...

Mais revenant aussitôt sur ses pas :

— A propos, elle a filé, la comtesse...

— Filé !... Comment, filé ?

— Elle est partie, elle a planté là son mari...

— Ah ! ça ne m'étonne plus qu'il ait gagné... Il paraît que ça porte bonheur... Et sait-on avec qui elle a filé ! Avec le baron de Rühden, hein ?

— Non, c'est même à cause de lui qu'elle est partie, parce que son mari s'obstinait à le recevoir malgré elle...

— Oui, la petite comédie...

— Pas du tout. Rühden est à Paris, je l'ai vu aujourd'hui même, et Flourac ne sait pas où est sa femme...

— Vrai ?

— A moins qu'il n'ait des raisons pour ne pas le dire. Cependant, c'est par lui que j'ai appris l'incident Rühden. Il m'a d'ailleurs prié de n'en point parler.

— Et vous lui tenez parole ?

— Oh ! j'espère bien que cela restera entre nous

— Soyez tranquille, mon petit Montargis, je serai aussi discret que vous.

Un quart d'heure après, tout le cercle savait que la comtesse Fernande était partie sans prévenir son mari, et la réflexion qu'avait faite Livarol courait sur toutes les lèvres :

— Ce n'est pas étonnant qu'il gagne !...

Dans la salle voisine, la partie d'écarté était engagée.

Au début, les chances s'étaient balancées : Flourac avait gagné la première et Lazare la seconde.

La troisième fut encore pour ce dernier, la quatrième également, et l'enjeu était de cinquante louis.

A la cinquième, son adversaire ayant débuté par le roi et le point, Flourac commença à s'irriter et à jouer des nerfs.

Cornélis conservait son superbe sang-froid et sa bonne humeur et jouait d'autant plus serré qu'il voyait Flourac se troubler.

Il gagna encore la cinquième, puis la sixième, soit quatre mille francs de perte pour le comte.

Flourac devint rageur ; il proposa de doubler l'enjeu ; son adversaire lui répondit en lui offrant de le décupler.

Robert n'avait plus de quoi faire cet enjeu, mais il n'eut pas la force de résister à l'appât : un coup de gain le faisait rentrer plus de deux fois dans sa perte, et, pour peu que la chance lui revînt, il pouvait gagner une fortune...

Il perdit encore.

—Ah ! non, décidément, vous êtes plus guignard que moi ! proclama l'Américain. Voyons, continuons...

— En doublant l'enjeu !

— Comme il vous plaira. Il est impossible que vous n'arriviez pas à gagner une partie, et vous vous rattraperez d'un coup et je serai même votre débiteur !

C'était bien ce qu'escomptait Flourac.

Il escomptait à faux : son adversaire passa encore trois fois, et comme, après chaque partie, l'enjeu avait été doublé, la perte du battu atteignait le chiffre énorme de deux cent mille francs.

— Tiens! Je suis refait du baccara constata l'Américain.

— Continuons! jeta Flourac en battant nerveusement les cartes.

Mais, à sa profonde stupéfaction, son adversaire se leva :

— Impossible, cher monsieur ! ce soir, du moins. Il faut que je rentre... Je devrais même être déjà rentré, je me suis un peu oublié.

Et tendant sa carte.

— Voici mon adresse, monsieur, pour le cas où, en galant homme que vous êtes, vous désireriez me faire tenir demain la petite somme que j'ai eu le regret de vous gagner.

Cela dit, il salua et s'en alla sans repasser par la salle de baccara.

Ce dénouement n'avait pas duré plus d'une minute, et l'Américain avait parlé seul. Flourac, effondré, avait perdu l'usage de la parole.

Il le recouvra en s'entendant dire :

— Toutes mes condoléances, mon cher comte... J'ai rarement vu une guigne pareille...

Il balbutia :

— Effroyable, c'est effroyable, mon cher Livarol !

— Vous perdez beaucoup ?

— Deux cent mille francs !

— Oh !... et sur parole, naturellement.

— Sur parole, comme vous dites, et l'Américain m'a parfaitement fait entendre qu'il comptait être payé demain...

— C'est la règle, mon cher comte.

Flourac se redressa dans un mouvement d'orgueil froissé.

— Je sais ce que j'ai à faire.

Et, chipotant tout de même :

— Je pourrais discuter... la façon dont mon adversaire m'a allumé, entraîné, étranglé. Tout cela me revient maintenant, et je me rends parfaitement compte qu'il m'avait choisi pour sa victime... Mais je me dois à moi-même de payer, et je paierai !... Vous entendez, messieurs ! je paierai !

En ce moment, il avait vingt personnes autour de lui. La nouvelle de sa mésaventure avait, en un clin d'œil, couru tout le cercle.

Quelqu'un lui tendit la main :

— Bravo, mon cher comte ! Au-dessus du sort : c'est notre devise, à nous, les gentilshommes.

C'était Gaëtan de Montargis qui parlait.

Flourac passa son bras sous celui du gentilhomme :

— Allons souper, cher ami ! Un peu de fête et il n'y paraîtra plus !

— Vous en avez vu d'autres, hein ?

— Et de plus raides !

A la vérité, il ne savait absolument pas comment faire face à celle-là !

Deux cent mille francs à payer dans les vingt-quatre heures, et il était vidé, et il fallait payer, sous peine de se voir interdire l'entrée des cercles et de rester partout disqualifié.

Le lendemain, tout le boulevard connaîtrait la nouvelle, et il fallait qu'on pût dire :

— Flourac a payé.

Là dessus, pas de discussion possible, et il n'essayait pas de discuter. Seulement cette question le tenait à la gorge :

— Où prendre cette somme ! Rühden seul pouvait la lui procurer. Oui, Rühden... mais... baron exigeait l'autorisation de Fernande.

Comme il descendait l'escalier du cercle, il vit son secrétaire qui le montait.

— Charles !... qu'est-ce qu'il y a donc !

— Une dépêche arrivée à l'hôtel depuis cinq heures du soir... J'ai pensé qu'elle était de Mme la comtesse, et comme vous ne rentriez pas...

Flourac ouvrit la dépêche : elle était bien de Fernande.

« Serai Paris demain midi. »

Son visage s'épanouit, ses yeux reprirent leur éclat insolent.

Fernande rentrée, il pouvait faire face à tout.

Et, songeant aux moyens d'obtenir d'elle le nécessaire, il tressaillit soudain et faillit rire tout haut. Il avait trouvé un moyen sûr et plutôt amusant :

Cette ressemblance qui, tout d'abord, l'avait troublé lui-même, cet Américain qui semblait être une réincarnation de Cornélis...

Ce serait un jeu de réveiller les terreurs de Fernande et elle ne saurait plus se refuser à rien.

— Allons souper, mon cher Montargis, et vive la joie !

— Une bonne nouvelle ?

— Mon veuvage finit demain : l'oiseau rentre au nid.

Charles Barilet avait entendu ; il ne put pas réprimer un « Ah ! » de satisfaction en apprenant que sa propre dépêche avait porté.

Flourac se tourna vers lui, et rigolant :

— Tiens ! Elle te manquait, à toi aussi :

— Oh ! monsieur le comte, c'est pour vous que je suis content...

Ce disant, Charles s'inclinait et s'éloignait.

Il traversa l'avenue de l'Opéra et gagna le Grand-Hôtel.

Il monta à la chambre de Clément ; le vieux serviteur n'était pas couché et Cornélis était là. Le maître rentrait du cercle.

— C'est fait. J'ai réussi. Je tiens le Flourac et sa femme signera.

Et il racontait sa soirée.

— Oh ! une chance extraordinaire ! à croire qu'il y a quelque chose là-haut qui jouait avec moi ! quelque chose qui veut que je réussisse !

— Ça s'appelle la justice, dit Clément. Mais j'aurais voulu voir la tête du comte à votre entrée... Il a dû certainement être frappé...

— Il a eu un mouvement de recul, et un moment j'ai craint pour ce que j'allais tenter. Il se tenait à l'écart de la table de jeu. La vérité, c'est qu'il n'avait pas d'argent. Je lui en ai offert, il a accepté.

— Et pas un mot du visage que vous lui rappelez ?

— Rien. Ce n'avait été chez lui qu'une impression désagréable, et elle n'avait pas tenu cinq minutes. Je l'avais totalement aveuglé.

— Mais il va réfléchir maintenant... revoir cette ressemblance.

— Il ne peut pas de lui-même soupçonner la vérité, et rien ne peut le mettre sur la voie. Tout ce qu'il peut découvrir, c'est que ce Lazare a connu autrefois M. Cornélis et qu'il le venge aujourd'hui. Eh bien ! ce n'est pas pour me déplaire !

« Aussi bien, j'ai pris mon parti de tout cela, je ne vois que mon but, j'y vais tout droit, et je suis sûr de l'atteindre !

C'est à ce moment que le parrain de Laurence se présenta.

— Excusez-moi de vous déranger... à cette heure... mais j'ai des nouvelles... Ma dépêche a fait son effet.

— Demain, midi.

— La femme rentre !

Cornélis se tourne vers Clément :

— Tu vois bien que je dois l'atteindre, mon but ! Allons ! Allons ! la bataille est engagée ! Il faut la gagner !

VI

Comme elle l'avait annoncé par sa dépêche, Fernande de Flourac arriva à Paris par le rapide de midi.

Son mari l'attendait à la gare.

Il était grave, avec quelque chose d'une inquiétude.

Et cette gravité n'était pas feinte et cette inquiétude le tenait réellement.

Ce matin, comme, au sortir d'un souper prolongé jusqu'à l'aube, il rentrait à l'hôtel en ruminant la scène à jouer à sa femme, il avait trouvé sur la table de nuit une lettre apportée la veille et qu'on n'avait mise là que parce qu'elle était pressante.

Il avait ouvert la lettre et, allant à la signature, haussé les épaules.

— Crapeaux ! Qu'est-ce qu'il veut, celui-là ?

Il avait lu la lettre et, soudain, il avait pâli.

— C'est M. Clément, l'ancien homme de confiance de M. Cornélis, qui nous a renvoyés, c'est lui qui a acheté l'hôtel pour le compte d'une autre personne.

Tout de suite, en son esprit, une relation s'était établie entre son accident du cercle et celui des Crapeaux, entre l'arrivée de cet Américain, qui ressemblait à Cornélis, et la réapparition de cet homme de confiance de Cornélis, un homme qui, pour premier geste, chassait les Crapeaux.

Et voici qu'à son tour, entendant encore la voix de Clément : Il reviendra ! et revoyant cette ressemblance qui l'avait tout troublé au cercle, il se sentait frissonner.

— Et si c'était Cornélis !

Et maintenant cet incident lui revenait : le docteur Daubray s'opposant à l'incinération, et aussi cette découverte que lui avait annoncée Cornélis : la mort à volonté, le matin où il était allé chercher les cinquante mille francs.

— Ah ça ! est-ce que ce serait lui ?

Il s'était couché, mais il n'avait pas dormi.

A dix heures du matin, il était chez Rübden et lui racontait tout, lui imposant ses confidences pour arriver plus facilement à lui arracher le prêt nécessaire — nécessaire, car il tenait à payer, sentant bien qu'il était fini s'il ne payait pas.

A midi, il descendait de voiture à la gare de Lyon.

Il ne fit pas de scène à Fernande, tout au plus quelques reproches.

Elle l'écouta sans rien dire, cherchant à dévoiler dans ses doléances la révélation du danger que lui avait signalé la dépêche du secrétaire.

Elle ne pouvait pas interroger ouvertement : c'eût été trahir celui qui s'était engagé à la servir, même contre son maître.

Mais elle n'eut pas à interroger. La voiture qui les emportait n'était pas à cent mètres de la gare que Flourac entamait son assaut :

— Tu rentres à l'heure, ma chère amie. Un jour de plus et j'étais perdu.

Elle frissonna, encore qu'elle s'attendît au coup.

— Perdu !...

— Affiché, exécuté, rayé du tableau des galants hommes.

— Qu'as-tu donc fait ?

— Cette nuit... au cercle...

— Tu as joué ?

— J'avais besoin de m'étourdir... ta fuite qui me torturait... J'ai été fou pendant une heure. On en a profité, j'ai perdu.

— Beaucoup ?

— Deux cent mille francs à payer aujourd'hui, dans les vingt-quatre heures... dette sacrée...

Elle accusa tout de suite Rühden :

— C'est le baron qui t'a gagné cela ?

— Non... il ne va pas à ce cercle...

Il en profita pour glisser :

— Tu as tort à son endroit... d'autant plus tort que je ne vois que lui pour me tirer de là... en me fournissant sur l'heure les deux cent mille francs.

— Tu les lui as demandés ?

— Oui... et il a consenti.

— Alors, pourquoi dire que tu étais perdu et je n'étais pas rentrée ?

— Parce que le baron veut bien fournir les deux cent mille francs, mais c'est à toi qu'il se réserve de les verser.

— Ah !... c'est à moi...

— A toi seule !...

— A moi seule...

La voix de Fernande s'étrangla, son sang s'était glacé.

Elle avait vu ce qui semblait échapper à son mari, car elle ne le croyait pas assez infâme pour se prêter aux projets de Rühden.

Elle avait vu le marché que le baron allait lui imposer ; elle l'entendait encore lui dire :

— Le jour où vous m'appartiendrez...

Elle se ressaisit et, nerveuse, agitée, une rougeur de honte à la joue :

— Si ce n'est pas le baron qui t'a gagné cette somme, c'est un des siens, un complice.

— Bon, encore tes soupçons ! Je te dis que tu as tort... Rühden ne connaît pas mon créancier... un Américain de New-York, un certain Lazare...

— Lazare...

Comme à Sainte-Lucie, ce nom la fit tressaillir.

— Comment est-il, ce Lazare ?

Flourac ne se fit pas prier, il arrivait à la grande scène :

— Il est... effrayant !

— Effrayant... en quoi ?

— En tout... Je ne t'en avais rien dit, mais puisque tu m'interroges...

— Parle !

— Il ressemble à Cornélis... un revenant... J'ai cru que c'était lui... ressuscité ou réincarné...

— C'est celui que j'ai vu moi-même... souffla Fernande, et tu as raison : il est effrayant ! Moi aussi, j'ai cru revoir Cornélis.

— Où l'as-tu vu ?

— A Sainte-Lucie, dans les environs de Cannes, d'où je viens.

Elle raconta les circonstances, l'enterrement de Jeanne Lazare, l'homme qui conduisait le deuil, et elle termina :

— J'ai eu là quelques minutes d'une épouvante à devenir folle... une épouvante que tu réveilles...

Flourac avait frissonné.

— Ah ! ça, fit-il, est-ce que ce serait lui ?...

— Ah ! tu crois, toi aussi !...

— Depuis ce matin, je me surprends à me répéter malgré moi la menace de Cornélis : « Je serais mort, mais je vivrai. J'assisterai à votre châtiment ! ».

Fernande se serra contre lui. Il continua :

— Oh ! je sais bien que c'est fou de se faire des idées pareilles ; mais cet homme s'est acharné sur moi et, visiblement, il savourait la volupté de m'écraser...

Fernande s'était pris la tête à deux mains :

— N'insiste pas !... supplia-t-elle. N'insiste pas !...

Mais, en se débattant, elle essayait encore de raisonner :

— Lazare !... Cette femme qu'on enterrait était une dame Lazare... Il conduisait le deuil... Pourquoi ?... Que lui était cette femme ? Il y avait aussi une jeune fille...

Flourac ne l'écoutait pas, partagé entre son propre effroi et la nécessité de payer sa dette.

Brusquement, il jeta :

— Ah ! je ne veux pas savoir. Je sais trop. Je l'ai vu et j'ai peur.

— Robert !...

— J'ai peur ! Il y a là un effroyable mystère que je ne parviens pas à pénétrer.

— Robert ! Robert !

— Non ! c'est de la folie... Je m'égare, moi aussi...

Il tremblait de tous ses membres, il avait l'air réellement terrifié...

Fernande lui ferma la bouche :

— Tais-toi ! Tu paieras ! J'irai chez Renden, s'il

[début]

Ils arrivaient à l'hôtel.

La première personne qu'ils virent, ce fut Charles qui venait les saluer à leur descente de voiture.

Un soupçon souleva la comtesse.

— Charles était à Sainte-Lucie en même temps que M. Lazare... Et cette dépêche qu'elle avait reçue de Charles, cette dépêche qui lui annonçait la catastrophe avant qu'elle se fût produite.

Elle serra le bras de son mari, et tout bas :

— Laisse-moi seule avec ton secrétaire, j'ai à lui parler.

Flamant ne comprit pas, mais il obéit.

Répondant d'un signe de tête au salut de Charles, il pénétra rapidement dans l'hôtel.

Fernande trouva la force de sourire au secrétaire.

— Vous voyez !... J'ai suivi votre conseil... Complétai vite votre dépêche... Qu'est-ce que cette catastrophe ?

Charles regarda autour de lui, s'assurant que seule la comtesse pouvait l'entendre, et balbutia :

— Excusez-moi, madame la comtesse, mais j'en tremble encore.

— De quoi tremblez-vous ?

— Je n'ose pas vous le dire. Vous allez croire que je suis fou.

— Dites toujours !

— J'ai... J'ai revu M. Cornélis !

Fernande resta la bouche ouverte.

— Je l'ai revu hier, ici même, devant l'hôtel. Il regardait avec un air terrible. Alors, j'ai perdu la tête, je vous ai télégraphié.

Elle recouvra la voix :

— Vous connaissiez donc M. Cornélis ?

— Oh ! oui, je l'avais vu souvent avec M. le comte.

— Et vous avez cru que c'était lui ?

— Oui, madame la comtesse.

Fernande n'interrogea plus ; elle congédia Charles d'un signe de main et alla rejoindre son mari.

— Qu'avait-il ton secrétaire ? lui demanda-t-elle.

— Comme tu es malentine... Pourquoi cette question ?

— Il a vu un homme, hier même, ici même devant l'hôtel, et il a cru reconnaître... le mort. Allons, tu as raison, il faut que j'aille chez Rühlen. J'y vais.

— Ah ! tu veux...

— Il le faut ! Il faut payer la dette... et ce n'est

pas seulement pour cela que je consens d'aller chez le baron. Dans l'état où nous sommes, nous avons besoin de quelqu'un qui nous défende contre... Ce que tu sais : c'est le baron qui nous défendra !

Elle se rendit chez Rühden.

Le baron l'attendait ; la somme était prête depuis la visite de Floutac ; l'obligation à signer aussi, gagée sur la propriété de l'hôtel.

Contrairement à ce qu'elle redoutait, il n'abusa en rien de la situation et se contenta de rappeler :

— Je vous ai parlé dernièrement d'un beau rôle à jouer. Vous y viendrez : prenez garde qu'il ne soit trop tard !

Peut-être espérait-il qu'elle allait lui demander encore de s'expliquer.

Elle n'en fit rien. Au lieu de répondre, elle interrogea :

— Mon mari vous a-t-il parlé de l'homme qui lui a gagné cette somme au cercle ?

— Oui, un Américain du nom de Lazare qui, paraît-il, ressemble terriblement à votre premier mari.

— C'est cela. Eh bien ! je veux savoir ce que c'est que cet homme. Vous m'entendez, baron, je le veux.

— C'est-à-dire que vous me demandez de vous renseigner ? Je vais essayer.

— Et réussir, il le faut !

— Je réussirai, mais pourquoi ce besoin ?

— Pourquoi ? Parce que cet homme n'est là que pour nous perdre, le comte et moi, et que je sens que cet homme, c'est mon premier mari !

Rühden eut un haut-le-corps, mais il laissa partir la comtesse sans pousser plus avant son interrogatoire.

Il en savait assez. Désormais, il tenait la belle comtesse, il était sûr d'arriver à ses fins, et si Lazare faisait son jeu !

— Je la tiens ! se dit-il, je la tiens !

Il appela son secrétaire.

— Karl Jordaens est-il là ?

— Oui, monsieur le baron.

— Envoyez-le moi.

Sa voix s'était faite brève, impérieuse, brutale même.

Karl Jordaens entra.

— Eh bien ! demanda le maître, mes renseignements ?

— Je les ai, monsieur le baron.

— Parle.

— L'homme a débuté, il y a quinze ans, en qualité de commis rédacteur. Il arrivait du régiment où il avait atteint le grade sergent-major. Son premier protecteur fut un M. Cornélis.

— Ah ! bah !

— Le père du premier mari de la comtesse de Flourac.

— Voilà une rencontre bizarre... Enfin, c'est secondaire... Et comment est-il noté, notre homme ? Intelligent ?

— Moins que laborieux... intelligence moyenne, mais travailleur obstiné ; c'est à force de travail qu'il est arrivé au poste qu'il occupe actuellement : chef de bureau, service de l'état-major.

— On a confiance en lui ?

— Une confiance absolue...

— Sa situation de fortune ?

— Pas de fortune ou peu de chose. Il vit médiocrement, d'ailleurs ; très rangé, quoique célibataire, il n'a pas de maîtresse.

— Ses fréquentations ?

— Nulles. De loin en loin, il dîne avec un certain vicomte de Montargis, son cousin, un fêtard, celui-là... qu'il conviendrait peut-être d'étudier... pour ce qu'il peut faire faire à l'homme.

— Inutile. Je suis fixé.

Là-dessus, un geste qui remerciait et congédiait.

Mais comme Karl Jordaëns se retirait, on le rappela :

— J'ai besoin d'être renseigné exactement et à fond sur ce monsieur là.

Le maître tendait à Karl une carte de visite.

— La personne est descendue au Grand Hôtel. Je veux savoir qui elle est, d'où elle vient, où elle va — et cela, d'urgence.

Karl Jordaëns salua, se retira et, cette fois, on ne le rappela pas.

La carte de visite portait ces deux noms : Pierre Lazare. C'était celle que Cornélis avait laissée à Flourac en quittant la table de jeu.

VII

— Madame la comtesse prend l'ascenseur ?

— Inutile. Vous m'avez dit au premier, je crois.

Conduisez-moi.

L'inspecteur prit l'escalier, Fernande le suivit.

Il sonna à l'appartement occupé par M. Pierre Lazare ; on vint lui ouvrir, et il entra seul d'abord.

Il revint et annonça :

— M. Lazare est sorti, mais son intendant est là... Si madame la comtesse veut lui parler...

Elle remercia d'un signe de tête et entra.

L'intendant, c'était Clément, et il était réellement seul. Prévenu par Charles de la visite de la comtesse, Cornélis s'était dérobé :

— Ce n'est pas encore l'heure !

Clément s'était levé pour recevoir :

— M. Lazare est sorti avec sa fille... Ils sont allés visiter un hôtel particulier où ils s'installeront demain.

Fernande regardait l'homme qui lui parlait

— Pardon, monsieur, il me semble vous avoir déjà vu quelque part.

— Oui, madame la comtesse, rue de Monceau, à l'hôtel Cornélis.

Elle frissonna.

— J'étais le garçon de laboratoire de M. Cornélis.

— Clément !

— Oui, madame, Clément.

Il roulait un fauteuil, très à l'aise, sans paraître s'apercevoir du trouble de la visiteuse.

— Veuillez bien vous asseoir, madame la comtesse, M. Lazare regrettera de ne pas s'être trouvé là pour vous recevoir lui-même.

Elle s'assit machinalement.

Clément continuait, du même ton dégagé :

— Et il sera aussi un peu étonné. A vrai dire, il comptait bien que M. le comte de Flourac lui enverrait quelqu'un aujourd'hui, mais il ne s'attendait pas à tant d'honneur.

Clément rappelait lui-même l'objet de la visite ; Fernande dut régler d'abord cette question

— Vous savez donc pourquoi je viens ?

— Je suppose, madame la comtesse, que votre visite a trait à la dette de M. le comte... Mais ce n'est sans doute pas pour ce versement que vous vous êtes dérangée...

— Si, c'est pour payer la dette de mon mari que je suis venue... moi-même... et j'aurais désiré verser la somme à M. Lazare en personne.

— Je ne peux que vous répéter ce que j'ai eu l'honje peux vous dire tout de suite: M. Lazare reste...

— Rentrera-t-il bientôt?
— Je l'ignore.
Fernande laissa de côté la question d'argent pour penser à celle qui la tenait toute.
— Vous connaissez beaucoup M. Lazare?
— Je suis son intendant.
— Vous étiez en Amérique avec lui?
— Nous avons quitté Paris ensemble il y a sept ans.
— Sept ans...
— Quelques jours après la catastrophe de la rue de Monceau, j'étais sans place, M. Lazare m'offrit de partir avec lui.
— Vous le connaissiez déjà?
— Oui, madame la comtesse, par M. Cornélis.
— Ah! M. Cornélis le connaissait?
— Beaucoup, il l'estimait et l'aimait. Il y était venu par suite d'une constatation que vous pourrez faire vous-même, quand vous verrez M. Lazare: une ressemblance absolument frappante.
Fernande ne répondit rien, et Clément continua avec complaisance:
— M. Lazare était, à cette époque, employé chez le banquier de M. Cornélis; mon excellent maître le protégeait, l'aidait; il lui avait même, avant de mourir, procuré cette affaire en Amérique. Mon nouveau maître doit tout ce qu'il est à M. Cornélis. Il garde, d'ailleurs pieusement le culte de sa mémoire.
— Tout s'explique! laissa échapper Fernande.
Et se levait.
— M. Lazare se croit tenu de faire la guerre à celui qui a ruiné la veuve de son bienfaiteur, et vous devez être vous-même pour quelque chose dans cette guerre. Vous voulez, vous aussi, que le mort soit vengé!
Clément se permit de sourire.
— Ce mot de vengeance, madame la comtesse est bien gros pour un vulgaire accident de canal.
— Un accident voulu! releva-t-elle.
Clément se contenta de répondre:
— Vous êtes libre de penser ce que vous voudrez. Moi, je ne me souviens que des instructions que j'ai reçues.
— Et vous niez l'esprit de vengeance! s'écria-t-elle.
— Pardon, madame la comtesse, j'ai eu l'honneur...

de vous dire que je ne me souviens que de mes instructions.

La physionomie de Clément avait changé ; agacé, le vieux chien de garde allait mordre.

Il n'attendit pas la réponse de la comtesse :

— Je me souviens comme vous, mieux que vous. Je revois encore mon maître, bon entre tous les bons cœurs et si confiant que ce devait être un crime de le tromper. Ce crime, vous l'avez commis, madame, et il en est mort.

Et, puisqu'il faut tout vous dire, j'ignore si M. Lazare a songé à le venger la nuit dernière, mais votre attitude et vos récriminations me prouvent que le coup a porté.

Et saluant :

— A partir de ce moment, madame, je crois que nous n'avons plus rien à nous dire.

Pâle et nerveuse, Fernande jeta sur la table le paiement qu'elle apportait :

— Voici la somme... Je sais ce que je voulais savoir. Dites à M. Lazare que nous attendons la suite.

Elle se dirigea vers la porte, l'ouvrit et disparut.

Elle regagna son hôtel, où Flourac l'attendait, et résuma ainsi ses impressions :

— C'est la guerre. M. Lazare est l'exécuteur de la vengeance de Cornélis.

Et elle prononça :

— Il faut faire tête ! Je t'impose d'accepter la bataille : nous n'en avons plus les moyens, je les trouverai !

Ce soir-là, pour fêter le retour de la comtesse, il y eut réception à l'hôtel de Flourac, pour les intimes seulement, ceux que le comte, en un appel hâtif, avait pu rassembler.

Merveilleusement belle et parée, Fernande mit à l'envers les cervelles de ses admirateurs. Toute la soirée, elle fut très gaie...

Mais tout à coup, vers minuit, cette gaieté factice tomba...

On venait de lui remettre une lettre apportée par un exprès.

Elle regarda la suscription :

« Madame la comtesse Fernande de Flourac, en son hôtel, rue de Monceau. »

Elle eut un sursaut.

Une terreur l'envahissait, faisait trembler la main qui tenait la lettre, égarait ses yeux.

— C'est lui qui a écrit cela... lui, le mort.

Elle avait retrouvé là l'écriture de Cornélis ; elle la reconnaissait à ne pouvoir en douter.

Oh ! l'écriture de ce nom surtout, Fernande, cette première lettre F, pour laquelle il avait trouvé un dessin inédit — et c'était ce dessin qui flamboyait sur cette enveloppe, ce dessin que nul autre que lui ne connaissait.

D'un regard suppliant, elle appela son mari auprès d'elle et, appuyée à son bras, le pria de la conduire à son cabinet.

Là, elle s'effondra, et, tendant à Flourac la lettre qu'elle venait de recevoir :

— Ouvre... je n'ose pas !

— Que signifie... qu'est-ce que cette lettre ?

— Le mort ! C'est le mort qui m'écrit...

Et il y avait une telle épouvante dans sa voix et ses yeux que Flourac se sentit frissonner.

Il déchira l'enveloppe ; elle ne contenait qu'une carte de visite sur laquelle, au-dessous de ces deux noms : Pierre Lazare, on avait écrit :

« Présente ses hommages à Madame la comtesse Fernande de Flourac et la remercie pour les pauvres de Paris ».

Il lut cela, d'abord pour lui, puis à haute voix et répéta :

— Eh bien, quoi ? Que signifie ?

— C'est tout ?

— C'est déjà trop : ce monsieur aurait pu se dispenser de faire de l'ironie... Mais tu ne réponds pas à ma question : où as-tu vu le mort là-dedans ?

— L'écriture... la sienne... J'en suis sûre ! Vérifie : tu as ici des papiers qui sont restés de lui.

Et, comme Flourac hésitait :

— Vérifie ! Je le veux ! Je t'en prie.

Il ouvrit un meuble où il y avait, en effet, quelques manuscrits des deux Cornélis, du père et du fils, des études scientifiques qui pouvaient avoir du prix.

Il prit un manuscrit du fils, le rapprocha de la carte de visite, et Fernande, qui s'était levée pour vérifier avec lui, poussa ce cri :

— Tu vois ! Tu vois !

Les deux écritures étaient identiques.

Flourac avait froncé le sourcil.

— Et après ? fit-il, colère. Qu'est-ce que cela prouve ? Que ce Lazare s'est appliqué à avoir avoir l'écriture de... l'autre, voilà tout !

Et, déchirant la carte de visite :

— En voilà assez sur cet individu. Nous saurons demain ce qu'il est exactement. Rühden s'est chargé de la chose... Rentrons au salon ; les invités s'inquiètent...

Il n'avait plus besoin des terreurs de sa femme : elle avait signé chez Rühden ; il pouvait afficher son dédain du mort.

Il passa devant et alla droit au baron.

— Vous êtes-vous occupé de la petite enquête sur le sieur Lazare ?

— Elle est commencée.

— Pressez... cet homme devient inquiétant... C'est à son sujet que ma femme nous a brusquement quittés tout à l'heure. Encore un peu, et elle n'en dormirait plus...

— C'est inquiétant, en effet, sourit Rühden.

Mais le sourire était forcé, une inquiétude s'était réellement éveillée en son esprit.

Ce qu'il voyait poindre en cet Américain riche à jeter l'argent par les fenêtres, c'était le rival.

VIII

Ce matin-là, comme il sortait de l'hôtel qu'avait acheté M. Cornélis, avenue de Villiers, Charles Barilet remarqua, en jetant un coup d'œil dans la loge, un homme qui causait avec le concierge.

Il reconnut cet homme !

— Tiens, le chien du baron !

C'était Karl Jordaëns qui faisait son enquête

Charles n'entra pas dans la loge, il attendit sous la voûte la sortie de Jordaëns, et quand ce dernier s'en alla, il le happa au passage.

— Je vous ai vu, je n'ai pas voulu vous déranger... Je parie que nous sommes venus pour le même motif ?

— Possible ! fit Jordaëns.

— Sûr ! nos deux patrons veulent absolument savoir ce qu'est ce M. Lazare, et ils nous envoient aux renseignements.

— Alors, vous êtes venu aux renseignements, vous ?

— J'en descends : mais oui, j'en descends. Nous n'opérons pas de la même façon, vous et moi, vous vous êtes adressé au concierge, moi, je suis allé tout droit à la personne elle-même.

Jordaans joua l'admiration.

— Vous êtes plus fort que moi.

— Non, je suis plus pressé.

— Et le résultat ?

— Ah ! voilà... Dois-je vous le dire ?

— Puisque nous marchons pour la même cause ! Nos deux patrons ne font qu'un là-dessus...

— C'est juste. Eh bien, on va échanger ce qu'on a découvert. Entrons quelque part prendre un verre.

— Comme il vous plaira.

Ils entrèrent dans un café, et Charles commanda. Jordaans n'accepta qu'un verre de lait.

— Je ne prends jamais d'alcool.

Et Charles eut beau insister, l'autre s'en tint à son lait.

— Allons ! se dit l'ancien Bibi-Boucan, ce n'est pas par là que je le prendrai.

Il avait dans l'oreille le conseil de M. Cornélie :

— Découvrez d'abord le faible de l'individu.

On causa, et Charles dit du faux Lazare tout ce qu'il en pouvait dire. Le champ, d'ailleurs, était assez vaste. Il pouvait, sans inconvénients, apprendre à l'envoyé du baron tout ce que la comtesse savait déjà par son entrevue avec Clément ;

— M. Lazare m'a très bien reçu. Je me suis présenté comme journaliste.

Jordaans sourit du moyen qui lui apparaissait évidemment enfantin.

Charles continua :

— M. Lazare m'a permis de l'interviewer.

— Mais il vous a répondu ce qu'il a voulu ou ce qu'il avait intérêt à faire savoir.

— Vous allez en juger. D'abord, il n'est pas américain.

— Ah !

— Il est français, et même parisien. Il est parti pour l'Amérique, il y a sept ans, et il est revenu après fortune faite... une fortune énorme...

— En sept ans ? Il se vante peut-être.

— Je ne crois pas. Il a bien les manières d'un homme très riche. Dans tous les cas, il est très généreux. Il a voulu absolument me payer lui-même mon dérangement et m'a forcé d'accepter ça...

Ce ça, c'était un billet de mille que Charles exhibait.

— Vous pouvez vérifier. Il n'est pas faux.

— Après ? c'est tout ce qu'il vous a appris, M. Lazare ?

— Mais oui ! fit Charles, un peu désappointé par le résultat négatif de cette seconde épreuve : Jordaëns n'avait pas paru tenir plus à l'argent qu'à la boisson.

— Ce n'est pas grand'chose, estima l'homme de Rühden ; il ne s'est pas compromis ! mais, enfin, c'est quelque chose, et je vous remercie.

— A votre tour. Qu'avez-vous appris, vous, par le concierge ?

— Rien du tout. Il n'est là que depuis hier..

Et se levant :

— Pardon, j'ai d'autres courses à faire. Mon patron est l'homme le plus actif de Paris.

En même temps, il jetait sur la table une pièce de vingt sous.

— Tenez, garçon. Payez-vous et gardez le reste.

Non, décidément, Jordaëns n'était pas intéressé.

— Il ne boit pas, il ne tient pas à l'argent. Qu'aime-t-il ? Où est-il, son faible ?

Charles commençait à se demander s'il ne valait pas mieux poser carrément la question à Jordaëns.

— Dites donc, entre nous, qu'est-ce que c'est que votre patron ?

Mais c'était folie d'espérer que l'homme se laisserait faire.

Ils s'en allaient ensemble, à pied, causant de Paris, que Jordaëns semblait très curieux de connaître à fond, et Charles profitant de cela pour tâter le particulier.

A un moment, Jordaëns s'arrêta devant un magasin de parfumerie.

— Tiens ! se dit Charles, c'est peut-être les parfums qu'il aime, ce lourdaud-là.

Il lui demanda :

— Vous êtes pour les odeurs ?

Jordaëns avoua en souriant

— Oui, j'ai un faible pour ça. Mais ce n'est pas tant les odeurs que j'aime...

— Quoi donc, alors ?

— Celles qui les portent.

Et il rit d'un rire gourmand.

Charles avait tressailli :

— Ah ! ah ! ça vous dit, les petites Parisiennes.

Jordaëns le prit par le bras :

— Ça me grise de regarder ces fioles... C'est la femme que je vois dedans que je respire.

— Vous êtes amoureux, quoi ! comme tout le

monde.

— Plus que tout le monde... Je ne me suis jamais
amusé... Autant dire que je ne sais pas ce que c'est...
Ah ! la femme, la Parisienne ! Avec ça, vous savez,
je suis très difficile... C'est le dessus du panier que
je voudrais.

Une lumière avait brillé devant Charles.

— Moi, fit-il d'un petit air qui en disait long, je
connais la plus jolie fille de Paris.

Jordaëns s'arrêta net :

— Allons donc ! vous vous vantez !

— Pas du tout. Demandez plutôt à mon patron qui
a dépensé des millions pour elle.

L'autre était devenu tout rouge.

— Alors, elle vous reçoit ? fit-il, la voix changée.

— Quand je veux, je vous dis.

— Et... qu'est-ce que vous faites... chez elle ?

— Mais... ce que je veux ! sourit Charles d'un petit air suffisant.

L'autre eut un soupir qui semblait à un grogne-
ment.

— Vous ne croyez pas ! fit Charles... Je peux prouver, vous savez ?

— Prouver...

— Je vous présenterai quand vous voudrez, et vous
pourrez juger...

— Elle me recevra, moi aussi ?

— Si je vous présente, certainement. Ah ! mais il
ne faudra pas en parler. Voyez-vous que mon patron
apprenne...

— Soyez tranquille ! Ce n'est pas moi.

— Hum ! On dit ça...

— Mais je vous le jure !

Jordaëns jurait, en effet, la main étendue, la voix
grave, avec une solennité où éclatait sa fièvre de
connaître celle dont lui parlait Charles, la plus jolie fille de Paris.

Charles se rendit.

— Eh bien ! ce sera pour demain... déclara-t-il.

— Demain seulement ?

— Bigre ! vous êtes pressé, vous ! Il faut au moins
me laisser le temps d'obtenir l'autorisation de vous
présenter... Je vais, d'ailleurs, m'en occuper tout de
suite, et je vous donnerai la réponse ce soir.

— Vous viendrez ?

— Non, je vous écrirai, je vous enverrai un petit
bleu.

— Pas chez le baron, alors ?

— Il lit vos lettres ?

— Il lit tout.

— Ah ! il est méfiant ?

— Il est comme ça.

Jordaëns avait lâché cela sèchement, sur un ton à décourager toute velléité d'indiscrétion ; il ajouta aussitôt en riant :

— Oh ! mais c'est un excellent maître tout de même.

— Il n'a qu'un défaut, fit Charles en riant aussi, le plus niaisement qu'il pût : il est curieux. Il y en a beaucoup comme ça... Où faudra-t-il vous adresser la réponse ?

— Chez moi, parbleu !

Et Jordaëns donna l'adresse de l'hôtel où il avait sa chambre, rue Saint-Honoré.

Ils se séparèrent sur une grande poignée de main.

— Ah ! si Riri voulait, songeait Charles en regardant s'éloigner son homme. Voudra-t-elle ?

Il prit un fiacre et se fit, après un détour, reconduire avenue de Villiers, chez Cornélis.

Aussitôt introduit dans le cabinet du premier mari de Fernande, il jeta sans préambule :

— Ça y est ! Je connais le faible de l'individu, et je sais comment l'exploiter, son faible.

Et il raconta tout ce qui venait de se passer entre lui et Jordaëns.

— Nous tenons celui-là, mon cher beau-frère, vous saurez tout ce que vous voulez tenir. Je puis lui lâcher dessus la femme qu'il faut. Elle a déjà fait ses preuves en ruinant M. de Flourac.

— Ah ! la même... En effet, elle a fait ses preuves...

Cornélis réfléchit une seconde, puis :

— Le but à atteindre n'est plus le même...

— Elle atteindra cet autre comme le premier.

— Je ne demande pas mieux que de le croire... Puis-je la voir ? Je voudrais lui parler moi-même.

Et comme Charles semblait hésiter :

— Vous ne craignez rien pour moi, j'espère ? sourit Cornélis. Je suis invulnérable, moi, mon pauvre Charles.

— Oh ! ce n'est pas cela qui m'arrête, répondit vivement l'ancien Bibi-Boucan. Je vous connais trop.

— Alors, quoi ?

— Vous êtes surveillé par l'individu lui-même. S'il vous voit entrer chez Violette...

— Je n'irai pas chez cette dame.

le danger est le même si je la fais venir ici.

Cornélis regarda la pendule.

— Il est onze heures... Mlle Violette est-elle chez elle ?

— C'est l'heure où elle se fait conduire au Bois, tous les matins.

— Téléphonez-lui que vous l'invitez à déjeuner à Armenonville. Elle acceptera peut-être ?

— Je crois qu'elle acceptera.

— Bien. Vous prendrez un cabinet particulier et j'arriverai au dessert, alors que vous aurez préparé votre amie à m'entendre. Téléphonez.

Charles obéit.

Cinq minutes après, le rendez-vous était donné et accepté.

Violette avait répondu :

— Comment, toi... tu m'invites ! Ah ! veine, mon petit Charlot !

Et Cornélis qui tenait l'autre récepteur n'avait pu s'empêcher de sourire à l'éclat joyeux de la voix de Violette.

— Clément m'a appris votre roman, mon brave Charles ; cette fille m'a l'air de vous aimer encore. Elle n'a probablement jamais aimé que vous.

— Ne parlons pas de ça, répondit Charles, brusquement soucieux et attristé. Je ne pourrais plus faire ce que vous me demandez.

IX

Ce matin, le Bois était adorable, et il y avait foule au Pavillon.

Tout à coup, il y eut un mouvement parmi les petits têtards et leurs jolies compagnes : tous les yeux se portèrent sur le même point, regardant s'avancer au pas une victoria de grand luxe, superbement attelée qui venait de quitter l'avenue pour s'engager dans l'étroite allée du restaurant à la mode.

— Tiens ! Violette ! s'exclamèrent à la fois les têtards.

Les femmes avaient froncé le sourcil à l'apparition : c'était une ennemie qui arrivait en cette petite reine de la haute noce.

La victoria s'arrêta devant l'entrée du restaurant. Violette Cœurdelys se leva pour descendre et un moment elle resta debout, regarda autour d'elle.

— Pouah! murmurèrent les femmes. Elle lui fait la montre!

Quelques jeunes gens s'étaient précipités pour offrir la main à Violette; elle ne parut pas s'en apercevoir. Elle saluait d'un joli signe de tête quelqu'un qu'elle venait de découvrir, un jeune homme très simple, assis tout seul dans un coin à l'écart.

Elle descendit vivement, alla tout droit au jeune homme qui s'était levé et, lui tendant les deux mains, elle fit cette chose énorme en ce lieu de l'embrasser sur les deux joues.

— Oh! mon petit Charlot, ce que tu m'as fait plaisir! Nous prenons un cabinet, pas? Oui, c'est pour être tous deux qu'on déjeune ensemble... Viens! J'ai l'habitude.

Et, sous les yeux effarés ou scandalisés des habitués du Pavillon, elle gagna l'escalier qui conduisait aux cabinets particuliers.

Le petit jeune homme très simple suivait.

— C'est son frère, dirent les unes.

— C'est son béguin, glissèrent les autres.

C'était Charles Barillet.

Là-haut, Violette fit le menu, commanda tout ce qu'il y avait de meilleur et de plus cher.

Le garçon apporta le premier service.

Charles attendit qu'il se fut retiré, puis, sans efforts, avec l'aplomb que lui donnait la certitude de réussir:

— Tu as deviné, Riri. Je viens encore te demander un service.

Elle fit la moue, elle allait se révolter.

Il ajouta:

— Tu sais! c'est toujours pour le même motif... Il s'agit encore de Flourac...

— Mais je t'ai tenu parole! Je l'ai ruiné ton Flourac... Il est à la côte...

— Dis qu'il devrait y être; malheureusement, il n'y est pas. Voilà quelques jours, il a pris au cercle une culotte de deux cent mille francs qu'il a partiellement payée...

J'ai appris ça et j'en ai été ravie. J'ai vu tout de suite d'où venait cet argent. Cette fois-ci, me suis-je dit, la vengeance de Charlot est complète: M. Flourac en est réduit à vendre sa femme!

Charles hocha la tête:

— Tu as bien vu, et ce serait bien la vengeance complète, si Flourac pouvait souffrir de la chose...

mais il est enchanté. Tu dois le connaître : il vendrait sa mère.

— Alors, qu'est-ce qu'il te faudrait encore ? Que je ruine aussi celui qui a fourni les deux cent mille francs ? C'est le baron de Rühden, n'est-ce pas ? Ce bellâtre étranger qui tourne depuis un an autour de la comtesse ?

— Oui, c'est celui-là.

— Je ne le connais que de réputation, il ne fait pas la fête.

— Personne ne sait ce qu'il fait, et c'est ce que je veux savoir. Je ne te demande que cela, de me dire ce qu'est au juste ce baron de Rühden : je me charge du reste.

— Ah ! il ne s'agit que de...

— Lever le masque de l'individu... Et d'abord, que je te prévienne : le Rühden, personnellement, est imprenable. Tu perdrais ton temps à essayer de le confesser...

— Peut-être ! fit Violette, en femme sûre de sa force de séduction.

— Non, tu peux m'en croire. Tu as pu en rouler d'autres ; ici, c'est toi qui serais roulée.

— Ah ! c'est humiliant, ce que tu me dis là. Ce n'est pas pour me tenter, hein ?

— Non, non. C'est pour t'éviter de te blouser. Je vais, d'ailleurs, te donner le vrai tuyau. Le baron a un homme de confiance.

Et Charles Barilet continua :

Il fit connaître Karl Jordaëns, voulut indiquer la campagne à fournir.

Mais il n'eut pas dit trois mots là-dessus que Violette l'arrêta :

— Ne va pas plus loin !

— Tu as compris ?

— Et je refuse.

— Riri !

— Et le cœur me lève à t'entendre, toi, Charlot, me proposer ça !

Et, avec une réelle douleur :

— C'est donc vrai que tu me méprises à ce point. Ah ! Charlot ! Charlot !... tu ne veux donc pas croire que je t'aime encore, moi !...

Il s'effara ; quelque chose du vieil amour frémit au fond de son cœur, mais il se raidit :

— Ce n'est pas la question...

— Si !... Et il n'y en a pas d'autre... Je t'aime toujours... Je donnerais tout pour que tu m'aimes encore, et tu ne vois plus en moi qu'une fille et tu ne penses qu'à me proposer des choses qui m'écœurent.

— Ce n'est pas pour le plaisir de t'humilier, Riri ! Je te le jure ! C'est qu'il faut que je sache ce que je t'ai demandé de découvrir ! Il le faut ! Tu entends ! Il le faut, mais puisque je te fais de la peine, je n'insiste plus, je m'adresserai ailleurs... je trouverai...

Elle se jeta sur lui :

— Je ne veux pas que tu cherches ! Je te défends ! Non, non, ne cherche pas.

Et alors, docile et se résignant à jouer encore ce rôle :

— Tu peux m'envoyer cet homme... Je ferai ce que tu voudras. Il faut lui faire trahir son maître : il le trahira. Es-tu content ? Suis-je assez ton esclave ?

Il lui tendit la main et les larmes aux yeux :

— Merci, Riri.

Puis, dans un soupir où pleuraient les regrets des bonheurs perdus :

— Ah ! Riri, que j'aurais été heureux si Flourac n'était pas passé entre nous !

On frappa à la porte du cabinet ; le garçon rentra et lui présenta une carte.

C'était celle du faux Lazare.

— Qu'y-a-t-il ? demanda Violette.

— Quelqu'un qui voudrait bien t'être présenté.

— Oh ! pas cet homme au moins !

— Non, un bon ami à moi, que je t'ai fait connaître : M. Lazare.

— Ah ! le vengeur, murmura-t-elle à voix basse.

Monté derrière le garçon, Cornélis fut aussitôt introduit.

Violette parla la première :

— Les amis de Charles sont mes amis, monsieur. Je suis heureuse de faire votre connaissance, ou plutôt de la compléter, car vous n'êtes pas un inconnu pour moi ; j'ai même été votre complice.

Cornélis s'inclina, acceptant le terme.

Elle continua, s'expliquant tout à coup le désir de présentation :

— Vous venez sans doute chercher une réponse à la nouvelle demande de mon ami Charles ? C'est vous qui avez besoin d'être fixé sur le compte du baron de Rahden ? Vous le serez, monsieur ; j'ai promis à Charles.

Elle allait au but, très vite, dans une hâte de se
débarrasser de la visite, pour rester seule avec Charles.

Cornélis remercia, mais il ajouta :

— Ce n'est pas tout, mademoiselle ; j'ai à vous
donner quelques indications... J'attendrai, d'ailleurs,
qu'il vous plaise de m'entendre.

Elle fronça un peu le sourcil.

— Je vous recevrai chez moi quand il vous plaira.

— Je ne peux pas aller chez vous.

Elle vit là un rappel de son indignité et son orgueil se cabra :

— Vous dites, monsieur ?

— Je dis que la prudence m'impose de ne pas me
montrer chez vous...

Et comme il avait remarqué le mouvement de Violette :

— La prudence seule, mademoiselle, et une prudence des plus élémentaires. Vous avez été ma complice, disiez-vous tout à l'heure ; je vous demande de
l'être encore ; or, nos efforts combinés ne sauraient
aboutir qu'autant que notre accord restera ignoré,
surtout à cette heure où, comme a dû vous le dire
votre ami Charles, vous avez à arracher à l'homme
de confiance du baron de Rühden le secret de la vie
de cet homme à Paris.

Violette inclina la tête :

— Vous avez raison, monsieur.

Elle demanda :

— Est-ce que, si je vous fournis le renseignement
en question, vous vous chargerez d'achever le comte
de Flourac ?

Actuellement, le comte de Flourac est dans la main
du baron, pour l'achever, il suffit d'exécuter le baron.

— Et vous espérez trouver dans ce renseignement
de quoi faire cette exécution ?

— Tout dépend du renseignement, mademoiselle.

— J'en suis presque sûr.

— Dans ce cas, je marche ! Donnez-moi vos indications...

Cornélis toucha Charles à l'épaule :

— Voulez-vous me laisser un instant seul avec
mademoiselle !

Charles eut un haut-le-corps, et Violette ne se
gêna pas pour se récrier...

Mais Cornélis laissa tomber :

— Mademoiselle, ce que j'ai à vous dire [illegible] que vous et moi. J'ajoute que votre ami Charles m'[illegible] assez pour ne pas se froisser de ma demande.

Charles s'était déjà levé pour se retirer :

— J'ai dit un instant, mademoiselle, rappela Cornélius.

Violette laissa sortir Charles.

— Monsieur, déclara-t-elle dès que Charles eut disparu, vous m'avez prise par le côté faible des femmes : la curiosité qu'éveille en elles tout mystère. Je vous écoute.

— Ce ne sera pas long, sourit Cornélius.

— Voici ce que j'ai à vous dire : quoi que vous appreniez du baron de Rilnden, vous ne ferez part de [illegible] découverte qu'à moi seul.

Il expliqua :

— Je veux rester le maître de la campagne que j'ai entreprise.

— Mais... Charles ? observa Violette. Charles qui nous est dévoué jusqu'à tout risquer pour vous ?

— J'aime beaucoup Charles, il a toute ma confiance, je vous le prouverai tout à l'heure ; mais je [illegible]derai moi-même s'il doit être mis dans le secret. Voulez-vous me promettre, mademoiselle, de ne révéler qu'à moi-même le résultat de vos recherches ? Me le promettez-vous ?

Violette était femme et sa curiosité était piquée :

— Je vous le promets, monsieur.

— Je compte que vous me tiendrez parole...

— Vous pouvez y compter.

— Merci, mademoiselle. A votre tour, en échange du service que vous allez me rendre, demandez-moi ce que vous voudrez...

— Je n'ai besoin de rien.

Mais, ayant dit cela, elle se reprit aussitôt :

— Pardon ! Je n'ai besoin de rien pour moi, mais je vais vous demander quelque chose pour un autre.

— Dites !

— Vous êtes riche, je crois.

— Très riche.

— Faites la fortune de Charles.

— Plus que sa fortune, mademoiselle, son bonheur[illegible]

— [illegible] déclara.

— Que voulez-vous dire ?

— Vous savez peut-être que j'ai une fille, une enfant [illegible]quise ; j'ai décidé qu'elle serait sa femme.

Ce n'était pas cela qu'attendait l'ancienne Riri de Charlot, et le coup la fit pâlir :

— Ah ! vous avez décidé...

— De faire le bonheur de Charles comme je le lui dois.

— Et vous êtes sûr que son bonheur est là ?

— Le sien et celui de ma fille.

— Ils s'aiment, sans doute ?

— Ils ont, depuis longtemps, une grande affection l'un pour l'autre.

Violette courba la tête en se mordant les lèvres.

Elle comprenait maintenant pourquoi Charlot ne voyait plus en elle qu'une camarade.

C'était fini, Charlot ne pouvait plus l'aimer, il en aimait une autre.

— Ce que je vous confie là n'a pas l'air de vous ravir, mademoiselle ! observa Cornélis... Est-ce que vous en souffririez ?...

— Moi, protesta-t-elle. Je ne peux souffrir de rien. Est-ce que je compte, moi !

— Mademoiselle !

— Non, non ! Je ne compte pas ! Faites le bonheur de Charles... faites-le bien vite... J'applaudirai, je vous bénirai.

Il y avait des larmes dans sa voix.

— Oui, je vous bénirai ! Oh ! je dois bien cela à mon pauvre Charlot... C'est tout, monsieur, c'est tout. Nous n'avons plus rien à nous dire. Comptez sur moi comme je compte sur vous pour le bonheur de Charles.

Cornélis lui prit les mains :

— Vous êtes un bon cœur, mademoiselle...

— Plus un mot, je vous en prie. Allez-vous-en et emmenez Charles.

— Vous ne voulez pas le revoir ?

— Emmenez-le. Je ne veux pas qu'il voie que j'ai pleuré... Qu'il soit heureux, et je vous bénirai, monsieur. Je vous bénis, déjà...

X

Toujours ingambe, mais un peu frileux — il allait sur ses soixante-dix ans — le docteur Daubray lisait ses journaux devant un bon feu de bois.

Tout à coup, il eut un haut-le-corps prolongé.

Il venait de lire :

« Sans s'en douter, les pauvres de Paris ont gagné, l'avant-dernière nuit, deux cent mille francs dans un des grands cercles de Paris. C'était M. Lazare, de New-York, qui tenait les cartes pour eux, et l'on a déjà compris : M. Lazare a envoyé à l'Assistance publique cette somme de deux cent mille francs, qui représentait son gain. »

— Lazare..., mon filleul, faisant des différences de deux cent mille francs au jeu.

Et son étonnement s'aggravait d'une crainte :

— Est-ce qu'il n'est pas fou d'aller s'exhiber dans les cercles où il peut se trouver nez à nez avec Flourac !

Un gémissement le fit tressaillir :

— Ah ! c'est toi qui rêves, mon brave Mourzouck...

A quelques pas de lui, étendu de tout son long sur le tapis, Mourzouck, le terre-neuve de Cornélis, dormait.

— ... de ton maître peut-être... ? Est-ce que tu sentirais son retour ?

La servante entra, une robuste fille de trente ans qui avait remplacé la vieille gouvernante morte depuis quelques années.

Elle venait présenter une carte au docteur.

Il y jeta les yeux, et, se levant vivement :

— Lazare ! mon ami Lazare !

Cornélis entrait :

— Mon cher docteur !...

Ils s'embrassèrent, puis, s'écartant de son filleul, Daubray l'examina :

— C'est bien toi... un peu changé ; cette barbe... mais toujours toi... Attends ! Ne parle pas ! Je veux faire l'expérience du chien d'Ulysse...

Il montrait Mourzouck, toujours endormi :

— Oh ! mon bon chien... murmura Cornélis.

— Tais-toi ! Nous allons voir s'il te reconnaît, lui...

Le docteur appela :

— Mourzouck !

Le terre-neuve ouvrit les yeux, regarda Daubray, puis l'étranger.

Il se leva, preste encore et solide, et toujours très beau dans sa robe soigneusement peignée, et ce ne fut pas au docteur qu'il alla.

Le museau tendu, quelque chose comme une angoisse dans les yeux, il s'approcha de Cornélis le flaira longuement.

— Mon brave Mourzouck ! ne put s'empêcher de

soupirer Cornélis.

A cette voix, le terre-neuve tressaillit de tout son corps, et, brusquement, se dressant sur ses pattes de derrière, de celles de devant il embrassa son maître en poussant de petits gémissements.

Il semblait dire à Cornélis et il lui disait certainement :

— Enfin ! enfin ! je te revois.

Et cela était si expressif que le maître répondait :

— Oui, oui, je suis revenu, mon bon Mourzouck ; c'est bien moi.

Le docteur souriait, tout ému :

— Hein, pas moyen de le tromper celui-là ! Il n'y a pas à dire, les chiens ont plus de mémoire que les hommes... Je ne parle pas du cœur... Allons, Mourzouck ! assez causé... J'ai à parler à ton maître, moi aussi !

Il fit asseoir Cornélis devant le feu, son chien auprès de lui ; il s'assit lui-même :

— D'abord, une explication : qu'est-ce que cette histoire de cercle, ces deux cent mille francs gagnés au jeu et envoyés à l'Assistance publique ?

— Une histoire vraie de tout point.

— Tu es donc joueur maintenant ?

— Je serai tout ce qu'il faudra pour atteindre mon but. C'est à Flourac que j'ai gagné ces deux cent mille francs.

— Hein ? à...

— Lui-même.

Et Cornélis raconta la scène et ses suites :

— J'ai reçu les deux cent mille francs. Pour les payer, les Flourac ont dû engager la propriété de l'hôtel, tout ce qu'il leur restait de ma fortune. C'est le premier coup de pioche ; avant trois mois, l'hôtel n'existera plus pour eux ; ils seront réduits à la misère et aux expédients honteux, et c'est alors que le vrai châtiment commencera.

Daubray prit la main de son filleul :

— Tu souffres donc toujours ?

— Non, je ne souffres plus.

— Alors, pourquoi es-tu méchant ?

— Vous préféreriez peut-être me voir pardonner ?

— Heu ! la souffrance passée, ce doit être si bon de ne faire sentir que son mépris aux misérables qui vous ont fait souffrir... Et puis, là n'est pas la vraie question... il y en a une autre qui me tourmente : j'ai toujours peur que tu ne te trahisses...

— Bannissez cette crainte. J'ai vu passer à quelques pas de moi celle qui fut ma femme ; je suis resté une heure avec Flourac, face à face, les yeux dans les yeux... Je ne me suis pas trahi, pas une seconde le besoin ne m'est venu de leur dire : c'est moi qui reviens pour vous châtier !

« Vous parlez de mépris, j'en suis arrivé là, je n'obéis plus qu'au besoin de faire justice. Qu'un autre s'en charge à ma place et je disparais de nouveau, je retourne à New-York !... Et tenez, je vais vous donner une preuve de ma sincérité : hier, j'ai failli renoncer à mon œuvre de justice.

Le docteur béa :

— Oui, continua Cornélis, j'ai acquis la quasi-certitude qu'un homme poursuit le même but que moi...

— Et cet homme ?

— C'est le baron de Rühden, celui qui a fourni les deux cent mille francs que j'ai envoyés à l'Assistance publique.

— Et, naturellement, il vise à devenir le seigneur de la comtesse ?

Ici, Cornélis hésita :

— Je ne sais pas. C'est le but apparent, mais peut-être y en a-t-il un autre.

— Quel autre ?

Cornélis répondit encore :

— Je ne sais pas... Je ne connais pas cet homme, je serai fixé prochainement. Mais, je vous en prie, mon parrain, ne vous préoccupez pas de tout cela. La question m'est personnelle et, désormais, je suis sûr de la résoudre sans vous. J'aurai la vengeance que j'ai rêvée...

— Alors, te voilà satisfait... heureux enfin...

— Heureux... répéta Cornélis, avec un accent douloureux, je ne le serai plus jamais !

— Oh !

— Vous savez le remords que je traîne... le crime...

— Involontaire, mon ami. J'ai tout pesé et, après t'avoir accablé, je t'ai pardonné.

— La veuve ne m'eût pas pardonné, elle, et l'orpheline ne me pardonnera pas !

— Elle n'aura pas à te pardonner, elle ne saura jamais...

Cornélis hocha la tête :

— Si, elle saura.

— Et qui donc aura la cruauté...

— Moi-même... Oui, moi, qui ne peux plus supporter ses tendresses et ses bénédictions ! Si vous saviez ce que je souffre chaque fois qu'elle me tend son front ou sa joue ! Je me sens toujours près de me trahir...

« Un jour ou l'autre, un cri m'échappera. Je confesserai mon crime, et je connaîtrai le châtiment, moi aussi : la malédiction de cette enfant que j'ai faite orpheline et la douleur de ne plus la voir.

— La douleur...

— Oui, la douleur.

Et, dans un grand soupir :

— Ah ! mon cher parrain, comme on s'habitue vite à se sentir aimé, même d'une affection qu'on vole ! Et si vous saviez comme elle est tendre, cette jeune fille que je trompe, et la vie nouvelle, si douce et si consolante, que ses tendresses me feraient, si je ne savais pas qu'elles ne s'adressent pas à moi !

— Tu étais né pour être père, mon ami.

— J'étais né pour être aimé, mon parrain ; je ne savais qu'aimer, moi. Ah ! les misérables qui ont perdu ma vie !

Il se leva pour partir :

— Je vous quitte. Il faut que je rentre. C'est aujourd'hui que j'entame la partie décisive. Oh ! je reviendrai souvent... et vous viendrez aussi. Je veux que vous voyiez... ma fille. Vous l'aimerez tout de suite... ; il est impossible de ne pas l'aimer.

Et revenant à sa souffrance intime :

— Ah ! quel châtiment je me suis préparé là !

— Nous trouverons peut-être un moyen d'arranger ça, murmura Daubray.

— Il n'y en a pas.

— Peut-être...

Cornélis se dirigeait vers la sortie ; il s'aperçut que Mourzouck l'accompagnait.

— Oh ! je t'oubliais, mon bon Mourzouck. Est-ce que tu voudrais venir avec moi ?

Le terre-neuve remua son panache et ses yeux suppliants répondirent :

— Oui, oui, emmène-moi !

Cornélis regarda son parrain :

— Vous permettez que je vous le reprenne ?

— Sans doute, il est à toi, et tu as besoin de te sentir aimé.

Cornélis embrassa Daubray :

— Au revoir ! A bientôt !... Je viendrai vous pré-

...ter muraille.

— Je te préviens que je l'aime bien.

— Elle vous le rendra.

— En ce cas, je crois que j'ai trouvé le moyen de
m'arranger...

— Lequel ? Je vous dis qu'il n'y en a pas.

— Mais si, mais si... Il y a celui-là... Prépare-la à
m'aimer, à m'ouvrir son bon petit cœur : je trouve le moyen... Au revoir, à bientôt !—

Cornélis parti, le vieux parrain reprit sa place
devant le feu de bois et rêva tout haut.

— Oui, je le sèmeraI, le moyen... Puisse-t-il fleu...
mon pauvre Jean ! Tu es encore à un âge où
l'on peut recommencer sa vie.

XI

En ces jours-là, un fait bizarre se produisit à la
Bourse.
Basée sur l'exploitation du principe de la direc-
tion des ballons, la Société des voyages aériens n'a-
vait jusqu'ici exploité que ses actionnaires. Le principe restait à découvrir.
Émises à cinq cents francs l'une et entièrement
libérées, les actions pouvaient être, la veille, obte-
nues au paquet à vingt francs pièce.
Brusquement, dans une seule séance, elles montèrent à cinquante francs. Un seul spéculateur avait
pris tous les titres qui traînaient sur le marché.

Corrac, qui ne s'occupait de la Société que pour
la caisse, n'apprit la chose que trois ou quatre
jours après, en passant voir s'il n'y avait rien pour
le siège social.
Il se précipita aussitôt chez le Baron de Rohden.
Il était, il rayonnait, il avait pour sa part une
somme assez importante à toucher.
Il trouva le baron de fort méchante humeur, et
cela pour les mêmes raisons qui mettaient
Corrac en joie.

— Tiens, il ne peut y avoir qu'un imbécile
pour une opération pareille... ou un ennemi
qui veut vous couler...

— Couler !

— Parbleu. Demain, le porteur de ces titres
peut demander la liquidation de la Société... C'est

peut-être déjà fait !

— Eh bien ! on liquidera.

Runden toisa Flourac et, haussant les épaules :

— Décidément, c'est vous qui êtes l'imbécile !

— Hein ?

— Comment ! Vous ne vous doutez pas que cette liquidation vous enverra tout droit en correctionnelle ?

— Vous... vous dites ?

— En correctionnelle, vous et vos collègues du conseil d'administration ; vous, d'abord, le président.

— Ah ! mais... vous n'êtes pas folâtre, baron. Voyons, voyons, nous n'en sommes pas là.

— Pardon !... moi, je crois que nous y sommes. Ce n'est pas un imbécile qui a fait le coup à la Bourse, c'est un ennemi ; et cet ennemi, je crois le connaître, je sens sa main.

— Qui donc ?

— Votre Américain du Cercle.

Flourac frissonna.

— Je sens sa main, vous dis-je.

— Moi aussi, mais que faire pour cela ?

— Je cherche. L'enquête à laquelle j'ai fait procéder n'a rien donné que vous n'ayez déjà appris vous-même et je n'y découvre pas de moyen de traquer cet homme à son tour ; cependant, il faut nous débarrasser de lui.

— A qui le dites-vous !

Runden parut réfléchir, puis, comme s'il venait de trouver.

— Tiens ! mais qu'est-ce que vous diriez d'un duel ? Vous devez être d'une assez jolie force à l'épée.

— Je me défends assez agréablement et quand j'attaque je touche.

— Eh bien ! si vous essayiez ? Le prétexte sera facile à trouver... Une discussion au cercle... ou ailleurs.

— Oh ! c'est facile, comme vous dites... mais...

— Mais ? Est-ce que vous reculeriez ?

— Les Flourac ne reculent jamais, mon cher baron.

— Alors.

— Ils réfléchissent avant d'agir.

— Réfléchissez, mon cher, réfléchissez.

— J'ai réfléchi...

— Et le résultat de vos réflexions ?

— C'est que notre homme a dû prévoir que je le provoquerais et se préparer à me répondre.

— Il n'a qu'une réponse à vous faire : se battre...

— Et me tuer !

— Hein ?

Le baron avait sursauté :

— Ah ! mais, décidément, mon cher, vous avez peur !

— Vous vous trompez. Je n'ai peur de rien, et je me moque de la mort ; mais je ne veux pas mourir de la main de cet homme. Non ! je ne veux pas lui donner cette satisfaction.

Les yeux d'acier de Rühden fouillaient ceux de Flourac.

— Je ne comprends pas, mon cher comte.

— C'est que vous ne voulez pas comprendre. Comment ! voilà un homme qui, d'après vous, est acharné à me perdre, qui a dû, je le répète, se préparer à atteindre son but même en me supprimant d'un coup d'épée ou d'une balle de pistolet, et vous ne trouvez pas naturel que je ne courre pas lui offrir ma poitrine !

— Vous pouvez vous défendre dans ce duel-là et rester le vainqueur ; partout ailleurs, vous êtes sûr d'être écrasé et déshonoré. Si j'ai vu clair, comme je le crains, si c'est cet homme qui a fait acheter les actions de notre société, vous ne tarderez pas à vous apercevoir que je dis vrai... Attendons.

— Attendons, accepta Flourac d'un air tranquille.

— Tiens ! fit Rühden, vous voilà bien rassuré. Vous l'étiez moins tout à l'heure, quand je vous parlais du juge d'instruction.

— J'ai eu un moment de faiblesse, c'est vrai ; maintenant j'ai recouvré mon aplomb. Je me suis dit que vous ne pouviez pas permettre que je sois écrasé et déshonoré, comme vous dites.

— Parce que ?

— Vous seriez trop atteint. N'oubliez pas que si je suis le président du conseil d'administration de la société, vous en êtes le véritable fondateur.

— Un fondateur qui a rempli tous ses engagements, ne l'oubliez pas. Je suis en règle, moi, je n'ai rien à redouter de la justice. Je défie qu'on m'incrimine, moi ! Si vous comptez là dessus pour vous tirer d'affaire, détrompez-vous.

— Ainsi, vous me laisseriez exécuter ?

— Il faut se laisser faire ce qu'on ne peut pas empêcher.

— Pardon ! au fond de tout cela, il n'y a qu'une question d'argent.

— Possible, mais il s'agit de près d'un demi-million à rembourser. Croyez-vous qu'il existe au monde un homme capable d'un tel sacrifice pour sauver un ami ?

Flourac baissa la tête, et se mordant les lèvres :

— Vous avez raison.

Puis, un peu nerveux :

— C'est entendu, vous voulez que je me batte avec l'Américain ?

— Je ne vois que ce moyen de nous débarrasser de lui, et il faut agir sans retard. Vous pouvez, ce soir même, rencontrer votre ennemi au Cercle.

— Il n'y est pas retourné.

— Il y retournera ce soir.

— Comment pouvez-vous affirmer cela ?

— Je l'affirme, parce qe j'en suis sûr. Il a reçu un petit bleu qui l'y convoque pour la revanche à lui donner.

— Mais ce petit bleu...

— C'est moi qui le lui ai fait adresser, signé d'un nom quelconque.

— Et vous croyez qu'il se rendra...

— N'en doutez pas. Le petit bleu lui annonce que vous serez là et que vous comptez bien le tomber à votre tour, il y sera aussi. Il ne me fait pas du tout l'effet d'un homme à se dérober.

Flourac ne fit qu'une objection.

— Je ne peux pas aller au cercle sans argent.

— Je vais vous en donner.

Ici le mari de Fernande eut un ricanement.

— Allons, décidément, vous m'avez condamné à tuer cet homme !

— Comme vous dites ! répondit froidement Rûtden.

Et ouvrant son secrétaire, il en tira une liasse de billets de banque qu'il jeta à Flourac.

— Voici le prix d'un coup d'épée et ce n'est pas moi que vous sauvez, c'est vous. Je vous répète que si vous ne supprimez pas cet homme, vous êtes perdu. Je vous ai averti, faites ce qu'il vous plaira.

— Je ferai ce qu'il faudra ! Je vais au cercle, vais tout de suite !

Et sur une rapide poignée de main, Flourac alla.

Rühden le regarda sortir, et, resté seul, il murmura :

— Il a été long à se décider, mais il y est, il fera tout son possible pour tuer l'homme, et il le tuera !

Il était onze heures du soir quand Flourac arriva au cercle.

Il n'eut qu'à paraître, on vint à lui, on l'entoura. On savait qu'il avait payé les deux cent mille francs, et tous ceux qui s'empressaient à lui faire cet accueil avaient aux lèvres la même question :

— Vous venez pour la revanche, hein ?

Il sourit de son bel air bravache, une petite angoisse au cœur :

— Heu ! je ne dis pas non... mais il faudrait pour cela que mon adversaire...

— Il est venu ! lui répondit-on. Il est là. Il taille en vous attendant, car il doit vous attendre...

Rühden n'avait pas menti.

— Il m'a réclamé, peut-être ?

— Non, mais il n'y a que vous pour lui tenir tête...

— C'est bien. Nous allons voir.

Il passa dans la salle de baccarat.

L'Américain taillait, en effet, et perdait, comme à sa première apparition, avec la même bonne humeur.

Il vit Flourac entrer dans la salle et s'approcher de la table de jeu et il continua de tailler comme s'il ne l'eût pas aperçu.

Il ne se décida à le regarder ouvertement qu'en l'entendant annoncer :

— Vingt-cinq louis tombent !

Et, après l'avoir regardé, il dit au croupier :

— Je n'accepte pas ces vingt-cinq louis.

— Vous dites ? fit Flourac qui avait déjà bondi.

— J'ai dit : je n'accepte pas.

Robert sortit son portefeuille et fit tomber les vingt-cinq louis.

— Rendez çà ! dit l'Américain au croupier ahuri. Je ne veux pas de l'argent de monsieur...

Il faisait mieux que d'aller au-devant de la provocation pour laquelle Flourac était venu, il provoquait lui-même.

Les autres joueurs se regardaient, ne comprenant rien à cette attitude d'un banquier qui tenait tous les coups et à qui son inoubliable victoire sur Flourac faisait une obligation de ne rien refuser à ce dernier.

Très pâle, la voix tremblante de colère, Flourac
demanda :

— Voulez-vous expliquer votre refus, monsieur ?

— Il vaut mieux que je ne l'explique pas, répondit-il.

— Mais je l'exige, moi !

L'Américain regarda le croupier :

— Faites faire les jeux, s'il vous plaît ! Continuons,
messieurs ?

Le commissaire Livarol n'eut que le temps de se
jeter entre les deux adversaires : le comte se précipitait, la main levée, sur Lazare.

Il ne put pas empêcher Flourac de crier, furieux :

— Vous me rendrez raison de votre insolence !

Lazare se leva et tout le monde s'aperçut alors
qu'il était, lui aussi, très pâle et que sa voix tremblait
et que son accent américain avait presque totalement
disparu :

— Monsieur le comte de Flourac, déclara-t-il, vous
voulez une explication : soyez satisfait.

Mais Livarol l'arrêta :

— Pas ici, monsieur. Ici l'on joue... Je vais, si
vous le désirez, vous donner un salon pour vous expliquer.

L'Américain fit observer :

— C'est publiquement que j'ai offensé M. de Flourac ; je l'invite à choisir deux de ses amis pour assister à l'explication. Pour moi, je n'ai besoin de personne, ma conscience me suffit.

Il ne retirait rien, et l'on sentait à l'entendre l'homme sûr de lui.

Deux membres du comité, de ce comité dont, jusqu'à son mariage, Flourac avait fait partie, s'offrirent spontanément, et l'on passa dans le salon réservé
à l'administration du cercle.

Dans la salle de jeu, il y avait eu, au début de
la scène, une minute de stupeur. Personne n'avait
compris que l'Américain refusât d'admettre sur le
tapis les vingt-cinq louis d'un ponte qu'il avait, dans
une première rencontre, soulagé de deux cent mille
francs.

Puis l'intention outrageante avait sauté à tous
les yeux : il s'agissait bel et bien d'une exécution du
beau comte, et toutes les sympathies s'étaient rangées du côté de l'Américain ; Flourac était universellement détesté.

Maintenant on cherchait à démêler le fond de

...ble, on s'arrangera à couvert —

— Sinon il a... pas réglé... prennent... sur allon.

— Elles ne seront être pas réglés du tout.

— Si !... Puisque l'Américain les a envoyés à la
presse politique.

— Alors, il aura appris que Flourac s'est également
trouvé d'argent.

— Dans tous les cas, il n'a pas eu l'air de reculer
avant l'explication.

— Nous allons savoir tout à l'heure.

Au bout de vingt minutes, Flourac reparut avec les
membres du comité.

Il était blême, et le sourire qu'il arborait ressemblait à une grimace.

L'Américain ne revint pas.

Les deux témoins de Flourac, aussitôt entourés,
pressés, se contentaient de répondre:

— Mais ce n'est rien... rien du tout ! Il n'y a pas
quoi fouetter un chat... Un simple malentendu...

Le regard de Flourac les suivait, angoissé, lui...

Ils ne sortirent pas de leur première réponse.

— Voir un malentendu, on s'est expliqué...

— Mais encore, ce malentendu ?...

— Être un petit bleu où l'Américain avait ru...
mettait sa correction en doute...

— Qui, la petit bleu ?

— Je ne sait pas... C'est là le malentendu ! L'Américain croyait que c'était Flourac qui lui avait fait...
Alors il était venu exprès pour lui deman...
que vous savez... C'est qu'ils sont arrangées
...

— Alors, il n'y aura pas de duel ?

— ... encore, du moins.

— ... qui avait failli échapper cela si mobile...

— Si ! la chose est arrangée, il aurait...
... demain... Pour... encore, se penchant à l'o-
reille, il gronda...

— Tout ça, c'est de la blague pour ne pas compro-
mettre... avec la vérité... Flourac est foutu !...
Il... prouvera ça tout à l'heure, quand il dira
partir...

La scène des explications avait été très courte.

mais accablante pour Flourac.

M. Lazare avait déclaré :

— Messieurs, je suis venu ce soir sur un petit bleu par lequel on me rappelait que j'avais une revanche à donner à M. de Flourac.

Le comte tressaillit imperceptiblement à cette confirmation de la déclaration de Rüdhen.

— Je ne suis pour rien dans ce message ! jeta-t-il.

— C'est secondaire, répondit Lazare.

Il continua :

— Je n'ai pas cru pouvoir me dérober à cette provocation, mais je proclame que je suis venu avec l'intention arrêtée d'exécuter M. de Flourac.

Et, s'adressant à ce dernier :

— Vous voyez, monsieur, que je ne cache rien...

— J'attends vos explications, monsieur ! ragea le mari de Fernande.

— J'y arrive, monsieur. J'ai refusé d'accepter votre argent, parce que cet argent provient d'une source suspecte.

Et comme Flourac hurlait.

— Un instant, monsieur, je vais m'expliquer : je suis ici pour cela. La source suspecte, c'est la Société des Voyages aériens, dont vous présidez le conseil d'administration : il n'y a jamais eu d'administration, cette Société est une pure volerie, sur laquelle le parquet va se prononcer.

Ce disant, il tirait de son portefeuille et tendait aux témoins une lettre.

— Lisez, messieurs, je n'avance rien dont je ne sois sûr.

La lettre émanait du cabinet d'un avocat d'affaires, très connu et très écouté au Palais.

Elle disait :

« J'ai déposé aujourd'hui entre les mains du procureur de la République la plainte contre la Société des Voyages aériens. Un juge d'instruction a été immédiatement désigné, qui a sur l'heure commencé sa tâche. Le président du conseil d'administration sera convoqué demain. »

Lazare reprit :

— Vous trouverez bon, monsieur, que j'attende, pour répondre à la demande de réparation de M. de Flourac, l'arrêt du juge d'instruction. Actuellement, mon adversaire appartient à la justice. Je m'engage d'ailleurs à lui faire des excuses publiques si l'arrêt dont je viens de parler ne justifie pas la réserve que je crois devoir observer à l'endroit de M. de Flourac.

Là-dessus, il avait salué les deux témoins de la scène et il était parti, laissant son adversaire écrasé.

Oh ! Flourac avait bien senti la nécessité de répondre ; mais les mots s'étaient arrêtés dans sa gorge, il n'avait même pas pu cracher l'ordinaire protestation :

— Vous êtes un lâche !

Tout ce que lui avait dit Rüdhen, dit et prédit, lui était soudain revenu, il s'était vu devant le juge d'instruction, et c'était cette menace de la justice qui l'avait étranglé.

— M. Lazare part sans que vous lui ayez répondu ! observa l'un des témoins.

Il se secoua, retrouva un instant son air bravache :

— Cet homme est un imbécile ou un fou ! Il s'est laisser monter la tête par quelqu'un des bandits de la Bourse qui nous aboient aux chausses ou il aura rêvé de lui-même l'accusation qu'il vient de formuler. Dans les deux cas, c'est un lâche, et je sais où le retrouver !

Les deux autres avaient écouté cela d'un air tranquille, sans rien laisser voir de leur sentiment intime : ils en avaient tant entendu de ces exécutés qui répondaient comme Flourac ! Et tout de suite, soucieux de garder leur cercle en dehors de l'affaire, ils avaient trouvé ceci :

— Nous allons dire qu'il n'y avait entre vous qu'un malentendu... tenez ! ce petit bleu, ce message... la provocation dont vous n'êtes pas l'auteur...

Pour la forme, Flourac avait regimbé, exigeant que tout fût dit :

— Je n'ai rien à redouter de la vérité et je vous demande de ne pas la cacher...

Mais il avait suffi aux deux autres d'invoquer les intérêts du cercle, Flourac s'était incliné.

Et tant qu'il avait été là, dans la salle de jeu, où ils étaient revenus, les deux témoins n'avaient dit que ce qu'on était convenu de dire.

Mais, Flourac parti, ils ne surent plus résister au besoin de s'épancher dans le gilet du commissaire Livarol. Un quart d'heure après, tout le cercle savait ce qui s'était passé.

Le comte Robert s'en allait effondré, lamentable.

Devant ses témoins, il avait fait tête, joué de tous ses nerfs l'homme qui ne craint rien ; maintenant, sur

le trottoir, seul en face de la fin qui le menaçait, il
s'avouait qu'à moins d'un miracle, il était perdu, et il
en restait écrasé.

Ce miracle, Rüdhen seul pouvait le faire ; mais
Rüdhen refuserait.

Flourac connaissait bien son homme, savait, ou
croyait savoir où il tendait, et se disait :

— Ma chute sert ses desseins, lui livre Fernande
incapable de se résigner à la misère. Non seulement
il refusera de faire le miracle, mais je dois m'attendre à ce qu'il me donne le coup de pied final.

Comme il marchait, la tête basse, il s'entendit
appeler :

— Monsieur le comte !

Il se redressa. Le chapeau à la main, Charles
Barilet l'accostait.

— Excusez-moi, monsieur le comte, mais il y avait
urgence ; Madame la comtesse m'avait demandé de
vous joindre à tout prix et de vous ramener à l'hôtel ; j'ai couru au cercle, vous veniez de partir...

— Sais-tu de quoi il s'agit ?

— Une lettre est arrivé d'un juge d'instruction qui
vous convoque pour l'affaire des Voyages aériens.

Le visage de Flourac se contracta.

— Madame la comtesse a ouvert cette lettre, et vous
voyez d'ici son émoi. J'ai essayé de la rassurer, j'y
ai perdu mon éloquence. Et pourtant...

— Pourtant ?

— Ce n'est pas la peine de se tourmenter tant que
ça.

Flourac dressa l'oreille.

— Tu crois ?

— Je suis sûr que vous pouvez vous en tirer.

— Sûr ?

— Comme je vous vois, monsieur le comte.

Flourac héla un fiacre.

— Monte avec moi. Nous ne pouvons pas causer
sur le trottoir.

Et au cocher :

Le fiacre roula.

— Voyons ! explique-toi ; où puisses-tu cette assurance ?

Charles s'expliqua :

— Comme je quittais l'hôtel, un homme s'est présenté qui avait une lettre à vous remettre. C'est moi
qui ai reçu l'homme, et voici ce qu'il m'a dit : « Le
comte court, en ce moment, un grave danger. Il

baron de Rühden ! Le comte hésitait...

Et moi, il lui répond... Et puis, je vais dire devant... il
livre sa lettre. La voilà...

Comme tous les gens qui se noient, Fleury saisit
la planche de salut qui lui était offert :

— Donne cette lettre.

Il l'ouvrit vivement, essaya de lire, et, n'y
parvenant pas, il arrêta la voiture :

— Un instant, je ne vois pas.

Il descendit, et courut sous un bec de gaz...
...il était bouche bée, regardant toujours la
lettre et Charles qui le surveillait, rentra dans la
voiture, pour se dire :

— ...que le moyen ne lui est pas ?

Charles ignorait, d'ailleurs, ce que contenait la
pièce publique, contrairement à ses affirmations. Il
connaît très bien la personne qui la lui avait remise
pour le comte.

— Cette personne, c'était Cornélis lui-même, Cornélis
qui lui avait dit :

— Voici pour le comte de quoi se sauver...

Et comme il s'étonnait :

— Vous trouvez singulier, n'est-ce pas, que ce soit
moi qui tende au comte la planche de salut ? Vous
comprendrez plus tard, mon ami ; bientôt. En
attendant, faites-vous plus que je veux ; ... ou
allez-y les yeux fermés. Cette lettre remise au
comte, vous n'aurez qu'à vous occuper de voir où
il ira après l'avoir lue. Si je ne me trompe pas,
il ira chez le baron de Rühden.

Charles n'avait fait qu'une réflexion :

— Il y a là-dedans le secret de la vie du baron ?
— Violette a réussi !

Cornélis avait mis un doigt sur sa bouche :

— Silence ! Faites ce que je vous demande, sans
chercher à approfondir ce qui ne regarde que moi.

Il avait lu et relu la lettre. Fleury se décida :

— Laissez la voiture.

— C'est une mauvaise plaisanterie, déclara-t-il,
comme la plupart des lettres anonymes.

Il n'était plus le même homme. Il avait...
...assiette et son visage, tout à l'heure
...était redevenu serein.

...lui donner le change, souriait-il :

— ...Charles ! Le moyen de salut est certain...

nement bon, et tu vas t'en servir... Je vais bien voir, d'ailleurs.

Le fiacre s'était remis en marche, vers les Champs-Elysées.

Flourac fit arrêter à la Madeleine.

— Non, récrimina-t-il, décidément cette lettre n'est qu'une fumisterie. On s'est moqué de toi, mon pauvre Bibi, et de moi aussi, de moi surtout...

Puis, donnant du poing sur son genou :

— Il faut pourtant que je pare le coup qui m'est porté !

Et se décidant brusquement :

— Je vais d'abord mettre le baron au courant de ce qui m'arrive.

Charles tressaillit légèrement.

— C'est bien ça, se dit-il. Il veut me donner le change.

Et tout haut :

— C'est ce que j'allais vous conseiller, monsieur le comte. M. le baron est un homme de bon conseil et, en somme, il vous doit un coup d'épaule et même mieux que ça : c'est lui qui vous a fait faire cette affaire des Voyages aériens.

— Comme tu dis. Allons-y !

Flourac jeta au cocher l'adresse du baron.

Le fiacre roula, une course de quelques minutes dont Charles profita pour tâter encore le terrain.

— Alors, c'est une fumisterie cette lettre ?

— Une farce amère de quelqu'un de mes ennemis.

— Ce qu'on est bête tout de même : à entendre le bonhomme, j'aurais juré qu'il vous était tout dévoué et qu'il vous apportait vraiment le moyen...

— Une farce, je te dis !

— Vous indique-t-il seulement un moyen ?

— Mais non, rien du tout !

Charles n'osa pas aller plus loin ; aussi bien, il était fixé.

XII

Rühden n'était pas sorti, ce soir-là. Il s'attendait à recevoir la visite de Flourac : après la scène qu'il était allé chercher au cercle, le comte ne manquerait pas d'accourir au rapport.

En l'attendant, Rühden travaillait avec Karl Jordaëns.

nom de Flourac, il rassembla les papiers qu'il avait devant lui, les enferma dans son coffre-fort et donna à Jordaens l'ordre d'introduire.

Il alla même au-devant du visiteur nocturne.

— Eh bien ! c'est fait ; vous vous battez demain ?

— Il a refusé de me rendre raison.

— Hein ? Alors, vous l'avez exécuté de telle façon qu'il n'ose plus se montrer nulle part ?

— Non, c'est moi qui suis exécuté.

Et, se laissant aller dans un fauteuil, Flourac ajouta :

— Vous disiez vrai, ce soir ; c'est lui, l'homme de la Bourse, la plainte est au Parquet et je suis convoqué devant un juge d'instruction...

Rühden se leva d'un bond et lâcha un juron formidable.

Puis, presque immédiatement, recouvrant son calme :

— Vous voilà propre ! C'est vous qui êtes à terre, mon pauvre ami !

Un instant, Flourac garda un silence accablé, écoutant les condoléances du baron ; mais, tout à coup, se redressant :

— Je suis revenu pour que vous me sauviez...

— Mais je ne peux pas ! se récria Rühden.

— Vous pouvez ! Comme je vous l'ai fait observer, là, ce n'est qu'une question d'argent à rembourser, vous avez de l'argent, tout l'argent qu'il faut.

— C'est ce qui vous trompe... Aussi bien l'aurais-je que je ne pourrais pas faire ce sacrifice.

— Pardon ! vous le ferez.

— Voyons ! mon cher Flourac...

— Je vous dis que vous le ferez !

Le comte Robert avait prononcé cela d'un ton sec, il avait dans les yeux une assurance insolente...

— La bourse ou la vie ?... ricana Rühden.

— Si vous voulez.

Ses yeux d'acier eurent un éclair :

— Je n'aime pas ces plaisanteries-là, comte de Flourac !

— Je ne plaisante pas, baron de Rühden ! Vous me sauverez la mise, ou je vous supprimerai !... Oh ! inutile de vous mettre en garde ; je n'ai pas d'armes sur moi et je ne me risquerais pas à vous sauter à la gorge : c'est moi qui serais vaincu. C'est d'un trait de plume que je vous supprimerai, d'un mot adressé à qui de droit, à ceux qui ont intérêt capital à savoir ce que vous êtes.

Rühden avait tressailli ; sa face, en se contractant, avait pris un air sauvage.

Constatant, à la mine de son homme, que le coup portait, Flourac continua audacieusement :

— Baron de Rühden, gentilhomme polonais, vous n'êtes ni Rühden, ni gentilhomme ; il n'est même pas sûr que vous soyez polonais. Ce que vous êtes, un espion...

— Misérable ! éclata Rühden, misérable maître-chanteur !

— Tout ce que vous voudrez, ricana à son tour Flourac, mais vous chanterez, parce que je vous tiens, mon cher baron ; vous êtes bel et bien ce que je dis ! Si vous ne l'étiez pas, vous m'auriez déjà jeté par la fenêtre !

« Au surplus, regardez-vous donc dans cette glace ; vous êtes effrayant, mon cher ! Effrayant pour vous-même ; moi, vous ne sauriez plus me faire peur et je suis sûr maintenant que vous allez me sauver !

Un silence tomba, tel l'intervalle entre l'éclair et le coup de tonnerre.

Flourac s'était rassis : il attendait, vraiment tranquille.

Le baron le fouillait des yeux, et peu à peu son visage se déconvulsait, reprenait son air froid, simplement hautain.

— Comte, dit-il enfin, vous n'êtes pas l'inventeur de cette calomnie. Dites d'où elle vous vient, et je m'emploie à vous sauver.

— Oh ! vous me sauverez sans ça ! fit Robert de Flourac.

— Non.

— Allons donc ! Je vous répète que je vous tiens... Je vous tiens deux fois, et par ce que vous appelez une calomnie, et par votre participation à l'affaire dont s'occupe le parquet. Cette dernière considération aurait suffi pour vous déterminer à me sauver ; mais vous vous seriez fait tirer l'oreille ; grâce à l'autre, vous allez céder tout de suite.

Rühden secoua la tête :

— Non.

Et ce non tombait si tranquillement résolu que Flourac s'en troubla :

— Ah ! ça, baron, vous ne voulez pas me réduire à vous dénoncer ?

Rühden eut un sourire :

— Comte, vous n'êtes qu'un enfant pervers, capable de tout, mais un enfant.

Et s'expliquant :

— A supposer que je sois l'homme que vous dites, qu'importe que j'achète votre silence, si derrière vous reste quelqu'un qui peut me dénoncer à son tour !

Flourac resta une seconde interloqué.

— C'est juste, murmura-t-il en se remettant.

— Alors, donnez-moi cette satisfaction. D'où est venue cette calomnie ?

Flourac tira de sa poche la lettre que lui avait remise Charles.

— Voici. Ce papier m'a été transmis par un secrétaire qui l'avait reçu d'un inconnu.

Rühden prit la lettre et lut à mi-voix :

« Je vous offre le moyen de vous tirer du mauvais pas où vous êtes engagé. Il n'y a, à Paris, qu'un homme pour vous sauver, c'est le baron de Rühden.

« Cet homme, je vous le livre ; il est, à Paris, l'espion d'une grande puissance étrangère.

« Cette révélation vous suffira sans doute pour obtenir de lui qu'il vous sauve. Dans le cas contraire, je livrerais aux journaux la preuve de mon accusation le jour même où le Parquet croirait devoir vous faire arrêter. »

Rühden passa sa main sur son front et prononça :

— Il me faut le nom de l'homme ou de la femme qui a écrit cela. C'est votre secrétaire qui vous a remis cette lettre ; c'est par lui que vous aurez ce que je demande.

— Même s'il ne sait pas ? Il m'a déclaré qu'il ne connaissait pas le porteur de la lettre, et c'est que réellement il ne le connaît pas.

— Possible, mais il le reconnaîtra maintenant. Mettez-le en demeure de retrouver ce porteur mystérieux, ou plutôt envoyez-le-moi : je lui ferai sa leçon, moi !

— Oh ! je peux la lui faire moi-même et il m'obéira bien mieux qu'à vous... ; mais je vous ferai remarquer, mon cher baron, que nous nous éloignons du sujet qui m'a amené ; permettez que je vous y ramène... Voulez-vous, oui ou non, faire le nécessaire pour moi ?

Il y eut un court silence au bout duquel Rühden laissa tomber :

— Je ne peux pas et je ne veux pas traiter cette

question avec vous...

— C'est-à-dire... !

— Je suis prêt à la trancher avec votre femme.

— Ah ! ah !

— J'ai dit : j'attendrai la comtesse toute la matinée de demain.

Charles Barllet attendait toujours dans la rue et il commençait à trouver que les deux hommes étaient un peu longs à se mettre d'accord, quand la porte se rouvrit et Flourac reparut.

L'ancien Bibi-Boucan n'eut qu'à le regarder.

— Ça y est ! jugea-t-il. Le moyen était bon

Flourac était tout à fait redevenu lui-même. Il remonta légèrement en voiture et donna l'adresse de son hôtel.

— Nous rentrons, mon petit Bibi ; j'ai hâte de rassurer ma femme.

— Alors, vous avez réussi ?

— En plein ! Le baron a compris tout de suite qu'il ne pouvait pas me laisser sauter sans s'exposer à sauter lui-même, lui, l'inspirateur de la création de cette société, le véritable fondateur...

De la lettre, pas un mot, et Charles jugea inutile d'y revenir ; sa conviction était faite : c'était par cette lettre que le comte avait forcé la main à Rühden.

Rentré chez lui, Flourac alla tout droit à la chambre de sa femme.

Fernande ne dormait pas. Depuis des heures, elle se rongeait.

Elle lui montra sur la table de nuit la lettre qu'elle avait ouverte.

— Lis cela. C'est pour toi !

Sa voix était brève et saccadée, comme celle d'un fiévreux, et ses yeux brillaient d'un éclat étrange.

Flourac ne s'émut pas.

— Je sais ce que c'est ; j'ai vu mon secrétaire. Je l'attendais, cette convocation ; j'étais prévenu.

— Et c'est la fin, n'est-ce pas ! jeta-t-elle. Le baron t'aura fait commettre quelque faute. J'ai vu qu'il s'agissait de cette Société des Voyages aériens...

— Tu as bien vu.

— Et c'est grave ?

— Un demi-million à rembourser ; faute de quoi, ce sera la police correctionnelle, l'arrestation immédiate.

Elle sauta à bas de son lit.

— Tu dis ! On va t'arrêter !

— Le mandat d'arrêt est déjà signé !

Il ne cherchait pas à rassurer sa femme. Bien plutôt visait-il à l'épouvanter. Il fallait la décider à aller chez Rühden.

— Mais je ne veux pas ! cria-t-elle.

— Tu ne peux rien empêcher : il faut le demi-million, te dis-je. Où veux-tu que je le prenne ?

Elle se tordit les mains :

— Ah ! ce Rühden ! ce Rühden ! Quand je te le disais qu'il te perdrait !

— Le coup ne vient pas de lui, mais d'un ennemi qui ne désarmera que lorsque l'un de nous, lui ou moi, aura cessé de vivre.

Fernande eut un grand frisson ; elle avait deviné.

— Encore lui !

— Toujours lui. Je l'ai revu, c'est lui qui m'a averti le premier. Ah ! la volupté que je lisais dans ses yeux ! Comme il savourait ce nouveau coup !

Fernande souffla très bas, d'une voix de terreur, des égarements dans les yeux :

— Tu l'as bien regardé ! C'est Cornélis, n'est-ce pas ?

— Cornélis ?

Flourac n'avait pas songé à faire la vérification : il était convaincu, lui, que Cornélis était mort et bien mort, depuis sept ans.

Il haussa les épaules :

— Tu es folle, Cornélis est là haut au Père Lachaise... Ce qui est vrai, c'est qu'il a laissé quelqu'un pour exécuter sa menace. Ne pleure pas, je te le défends ! Souviens-toi de ce que tu me criais l'autre jour : « Il faut faire tête ! » Je t'impose d'accepter la bataille...

— Elle est perdue !

— Non... si tu me restes et si tu veux combattre avec moi !... Je triompherai de cette épreuve et je te la referai, ta vie de luxe...

— Comment ? Comment ? implora-t-elle éperdue.

— Je sais où tu trouveras le demi-million, mieux encore, le million tout entier, et, après ce million, un autre et encore un autre.

— Où ? Où ?

— Chez Rühden !

Elle s'écarta violemment de Robert.

— Oh ! c'est toi qui me proposes !...

— Tu ne sais pas ce que cet homme veut de toi.

Tu t'es figuré qu'il rêvait de t'avoir pour maîtresse.
Tu t'es trompée. Si jamais ses lèvres te touchaient, je
le tuerais !

Il parlait avec la belle flamme d'autrefois, et il
étreignait Fernande comme pour la défendre contre
les caresses d'un autre.

— Tu n'es qu'à moi, et tu resteras mienne !

Il vainquit : elle accepta d'aller chez Rühden et
de vaincre à son tour.

Du rôle que le baron lui imposerait, Flourac ne dit
pas un mot : c'était l'affaire de Rühden.

A neuf heures du matin, Fernande entrait dans le
cabinet du baron.

Elle en sortit une heure après, d'un pas de fièvre,
le visage altéré, et, remontée dans sa voiture, elle
murmura d'un air sombre, avec un geste qui repoussait le pacte :

— Pas sa maîtresse ! mais pire ! Oh ! ce rôle ! cette
honte ! Moi Fernande de Nivernay, comtesse de
Flourac ! Si quelqu'un m'avait dit que je descendrais
là ! Mais il me l'avait dit, lui !

Elle secoua la vision de honte.

— Je n'y suis pas encore !

Et elle donna à son cocher l'ordre de la conduire
avenue de Villiers, à l'adresse de M. Lazare.

— Je vais le voir, cet homme ! Il faut que je le
voie, que je lui parle ! Je m'humilierai ! Je deman-
derai grâce !

Elle eut un sursaut ;

— Si c'était lui, pourtant ! Je l'entends encore, je
l'entendrai toujours : « Je serai mort, mais je vivrai ! Je serai là... » Si c'était lui !

Et voilà que, frappée par le châtiment, elle avait
moins peur du mort ; elle le revoyait tel qu'il était
au jour de son mariage, si épris et si bon. Elle se
souvenait des bonheurs perdus, elle rapprochait la
vie qu'il lui avait faite de celle qu'elle devait à Flourac.

Et, au fond de son cœur meurtri des rancunes et
des colères s'éveillaient contre elle et contre Robert ; toutes les déceptions que lui avaient infligées
Robert, tout ce que, depuis son second mariage, elle
avait souffert en son amour et son orgueil, lui revenait, lui soufflait des révoltes.

— Il ne se trompait pas, lui, en me prédisant que
Robert le vengerait !

Et soudain, elle eut une crise de larmes où se dé-

Elle pria, très humble, déjà courbée par toutes les humiliations, en franchissant le seuil de [la maison] ; elle n'avait plus qu'une pensée : obtenir de lui qu'il pardonnât.

Un valet de chambre l'introduisit au salon et, en la laissant seule avec un grand chien qui la [regardait], semblait lui dire :

« Qu'est-ce que tu viens faire ici, toi ? »

À le considérer, ce chien, elle se souvint que l'on en avait eu un, un terre-neuve comme celui-là, qui avait disparu et qu'on n'avait jamais revu.

Une jeune fille entra, au joli visage, un peu pâle sous le noir des vêtements de deuil, à la voix très [douce] :

— Vous désirez voir mon père ; il est absent en ce [moment] ; je suis seule.

Et, remarquant que le chien tournait autour de la [visiteuse], elle l'appela à elle :

— Ici, Mourzouck !

— Mourzouck !

Fernande frissonna ; c'était le nom du chien de [Cordélia].

Mourzouck alla à sa petite maîtresse, qu'il avait [reconnue] tout de suite, et lui tendit sa tête à caresser en fermant ses bons yeux.

Fernande surmonta son trouble et demanda :

— Monsieur votre père rentrera peut-être bientôt, mademoiselle ?

— Je l'espère ; j'en suis même sûre. Il déjeune [tous] les jours avec moi.

— Voulez-vous me permettre de l'attendre ?

— Certainement, madame. Veuillez prendre un [fauteuil].

Elle s'assit, et comme Laurence restait là, elle [avait envie] de causer.

— Vous devez aimer beaucoup votre père, made[moiselle] ?

— Au-dessus de tout, madame.

— Il vous aime bien, aussi.

— C'est le meilleur des pères.

— Voulez-vous me permettre de vous demander [une grâce] ?

— Une grâce à moi ?

— [Oui], mademoiselle, et je suis presque sûre que [vous voudrez] me l'accorder. Il s'agit d'empêcher [mon] père d'être cruel.

Laurence en un frêle le corps.

— Cruel ! cela père ne peut pas l'être, madame.

— Hélas ! il l'est... Attendez ! laissez-moi vous mettre au courant, autant que cela m'est permis. Votre père connut jadis à Paris, avant de partir pour l'Amérique, un homme qui se montra, paraît-il, très bon pour lui. Cet homme est mort, mais votre père a dû garder le culte de sa mémoire et vous parler de lui.

Laurence avait tressailli :

— Ce bienfaiteur de mon père, le nôtre, s'appelait M. Cornélis.

Et elle interrogea :

— Est-ce au sujet de M. Cornélis que mon père se montrerait cruel ?

— Oui, mademoiselle... Oh ! pas pour le plaisir de l'être, mais égaré par un sentiment qu'il croit être la justice et qui serait, en effet, cela si le point de départ n'était faux.

— Mon père ne peut pas se tromper, répondit Laurence d'une voix qui devenait sévère.

— Mais il peut se laisser tromper.

Laurence secoua la tête :

— Pas davantage...

Et elle interrogea encore :

— Pardon, madame, j'ignore à qui j'ai l'honneur de parler !

Fernande n'avait pas donné son nom au valet de chambre, qui avait annoncé tout simplement :

— Une dame.

Elle le donna à Laurence :

— Je suis la comtesse de Flourac.

— L'ancienne...

Laurence s'était levée dans un violent mouvement de répulsion, et elle s'en allait à reculons en regardant cette femme qui avait fait mourir M. Cornélis.

Et le sentiment qui agitait la jeune fille était si éclatant, que Fernande la vit quitter le salon sans pouvoir rien dire pour la retenir.

— Elle sait, elle a été élevée à me haïr ! Qu'est-ce que je viens faire ici ? Je n'obtiendrai rien de cet homme.

Mais voici qu'elle entendit une voix.

Le père venait de rentrer, il parlait à sa fille.

— Qu'as-tu Laurence ? Tu as l'air toute troublée.

Elle n'entendit pas ce que répondait la jeune fille. Cette voix du père avait empli ses oreilles du bruit donnements.

Elle la reconnaissait, cette voix ; c'était celle de Cornélis.

Une épouvante folle s'empara d'elle ; au moment de voir l'homme qu'elle venait supplier, elle perdit la tête, n'eut plus qu'une idée :

Ne pas le voir...

Elle se précipita vers la porte par où elle avait été introduite et prit la fuite.

Un quart d'heure après, elle reparaissait chez Rüdhen et lui jetait d'une voix de délire :

— Sauvez-moi ! Sauvez-moi de cet homme, et je vous appartiens !

XIII

Le comte Robert de Flourac se présenta la tête haute au cabinet du juge d'instruction, et fit cette déclaration :

— Je sais, par votre lettre de convocation, que je suis ici pour répondre à une plainte déposée contre la Société des Voyages aériens. Je n'ai qu'une réponse à faire et je la fais : j'ai là, derrière moi, le caissier de la Société et ses livres ; je vous prie d'entendre d'abord cet employé, de permettre qu'il vous mette sous les yeux toutes les opérations auxquelles s'est livrée la Société et la situation actuelle de cette dernière : j'en revendique l'entière responsabilité et je me tiens à votre disposition.

Le juge fit entrer le caissier et, moins d'une heure après, Flourac s'en retournait la tête haute, comme il était venu.

La plainte ne tenait pas debout, la constitution de la société était régulière ; les fonds souscrits n'avaient été employés qu'à des opérations se rapportant à l'objet de la Société.

Enfin, le comte de Flourac s'était déclaré prêt à rembourser toutes les dépenses faites, à reconstituer intégralement le capital social et à racheter à leur prix d'émission toutes les actions répandues dans le public et, à l'appui de son offre, il avait présenté au juge et déposé sur son bureau la somme nécessaire en un chèque délivré le jour même par la Banque de France.

Quelques journaux avaient signalé la plainte déposée contre la Société des Voyages aériens ; ils y revinrent pour venger la haute honorabilité du comte de Flourac d'une manœuvre qui ne l'avait pas atteinte, d'ailleurs.

Tous annoncèrent, en termes trop identiques pour ne pas émaner de la même source, la découverte d'un ballon dirigeable dont les expériences auront lieu prochainement par les soins et aux frais de la Société, et ils couvraient de fleurs cette dernière et son fondateur, « un gentilhomme de la vieille France, qui employait sa fortune à poursuivre la solution d'un des plus passionnants problèmes de l'heure ».

Le baron de Rühden avait bien fait les choses.

A la lecture d'un de ces articles, Clément sursauta et courut la mettre sous les yeux de Cornélis.

Le maître repoussa le journal :

— J'ai déjà lu.

Il souriait, une volupté dans les yeux.

— Comment ! Vous paraissez enchanté de l'avortement de vos manœuvres ! protesta Clément.

— Mes manœuvres ont parfaitement réussi, observa Cornélis. Je n'ai coulé Flourac que pour le faire sauver par Rühden.

— Ah !... Je ne comprends plus !

— Tu vas comprendre. J'ai voulu que Flourac et sa femme fussent à la merci de cet homme : ils y sont ; sois convaincu qu'en cédant il a posé ses conditions. Désormais, il tient ces deux êtres, il fera d'eux ce qu'il voudra, ils joueront le rôle qu'il lui plaira de leur faire jouer.

« Or, je le connais le rôle qu'il a dû leur imposer, et je me réjouis de les savoir enchaînés à cet homme : je suis sûr maintenant qu'ils auront une fin entre toutes ignominieuse.

« Ah ! je la tiens bien, ma vengeance : le châtiment sera plus terrible encore que je ne l'avais rêvé. Ce ne sera pas seulement la ruine et la misère, ce sera la honte, ce sera la chute dans la boue, le mépris de tout un peuple !.. »

Il s'était levé pour proclamer la réalisation de sa vengeance, et une joie débordante éclatait dans sa voix et ses yeux.

— Qu'est-ce donc que ce baron de Rühden ? demanda Clément.

— C'est...

Cornélis arrêta l'explication qu'il avait sur les lèvres :

— C'est l'instrument de la justice... répondit-il. Ni

m'en demande pas davantage ; dis-toi que, si je me
tais avec toi, c'est que je ne peux pas parler, c'est
que, malgré toi, dans un moment d'insurmontable
révolte, tu pourrais trahir le secret de cet homme et
faire avorter ma vengeance... ma vengeance assurée
aujourd'hui, même en dehors de moi...

— Et il poursuivit :

— Mon rôle à moi est fini. L'heure venue, il suffira
de dire un mot pour que justice soit faite !

Puis, envahi tout à coup par une tristesse noire :

— Oui, mon rôle est fini... Je n'ai plus qu'à disparaître... comme un mort que je suis.

Clément frémit :

— Vous dites ! Vous voulez...

— Il le faut, mon ami. Je n'ai plus de place parmi
les vivants.

Et, répondant au geste de protestation du vieux
collaborateur :

— Oui, je sais, Lazare... Je peux continuer à prendre la place du malheureux ; mais c'est au-dessus
de mes forces ! Le poids est trop lourd. Je souffre
trop ! trop ! Je n'en puis plus !

— Je ne comprends pas, bégaya Clément. Vous
n'avez autour de vous que des dévouements, Mlle
Laurence vous aime comme si vous étiez réellement
son père ; c'est pour elle surtout que vous n'avez pas
le droit de disparaître.

— Elle n'a plus besoin de moi.

— Dites plutôt qu'elle ne pourrait plus se passer
de vous avoir auprès d'elle !

— Elle s'y habituera... Le consolateur viendra qui
me fera oublier.

Clément se cabra :

— Ah ça, qu'est-ce qui vous prend ? Qu'est-ce que
vous avez ? D'où vous vient ce besoin de faire du
mal à cette pauvre enfant qui vous adore, qui ne vit
que pour vous ?

Cornélis ne répondit rien.

Il se mit à marcher par la pièce, la tête basse,
absorbé en une discussion intérieure dont son visage
était tout altéré.

Il revint devant Clément et prononça, presque
farouche :

— Mon ami, je m'en vais, parce qu'il faut que
m'en aille. J'ai dit... Inutile de chercher à combattre
ma résolution. Incline-toi et écoute. Je vais te donner mes instructions. Les voici : Je retourne en Amé-

rique, où je veux terminer la tâche de mon père.

— Sans moi !

— Pour le moment, oui. Tu viendras me rejoindre quand tout sera terminé ici. Ce ne sera pas très long maintenant. En ce qui concerne Flourac et sa femme, tu n'auras plus qu'à laisser faire. Le moment venu, je reparaîtrai pour l'exécution finale.

— Et comment saurez-vous que le moment sera venu ?

— C'est toi-même qui m'en avertiras.

— Je saurai donc, moi ?

— Oui, par Charles Barilet, qui est seul bien placé pour surveiller la marche de la justice. Je précise : ce moment sera celui où Charles t'annoncera que la comtesse de Flourac a pris pour amant M. Lauraguais.

— Lauraguais !

— Oui, Lauraguais, le fils de l'homme que mon père exécuta ! Il y a de ces rencontres effrayantes dans l'œuvre de la justice !... Assez là-dessus. Ce n'est pas encore l'heure...

Cornélis fit encore quelques pas dans son cabinet, et s'arrêtant :

— Il reste à régler le sort de celle qui me croit son père...

Il eut là une seconde d'hésitation, puis, résolu, encore que la voix un peu altérée :

— J'ai décidé de la marier, et son mari est tout trouvé ; je crois qu'elle l'aimera bien.

— Charles ! fit Clément.

— Oui, son parrain. En cela, j'accomplis deux devoirs : j'assure à jamais le bonheur de Laurence et je récompense Charles de son dévouement... Vois-tu un empêchement à ce mariage ?

— Aucun... Mais c'est mon avis que je vous donne ; il vaudrait mieux avoir celui des intéressés.

— Ils s'aiment.

— Comme parrain et filleule... ; ça ne suffit pas pour un mariage.

Cornélis passa la main sur son front :

— Ce n'est pas à nous de prononcer. Tu leurs feras part de mon désir, et tu te conformeras au leur.

— A la bonne heure !

— Croyais-tu donc que je songeais à les marier malgré eux !

— Je ne sais pas... ; vous êtes si bizarre en ce moment.

Cornélis ne releva pas l'observation.

— Nous reparlerons de tout cela avant mon départ, murmura-t-il.

Il éloigna Clément et, resté seul, il se laissa tomber dans un fauteuil.

— Le châtiment ! gémit-il. Je le connais aussi... Ah ! Laurence ! Laurence ! Comme tu venges ton père, sans t'en douter !

Un long moment, il songea, se débattant contre une résolution déjà prise :

— La quitter... ne plus la voir... jamais !

Il se décida :

— Oui, il faut partir, sans le lui dire ! Je succomberais à ses tendresses, je me trahirais... et je ne serais plus qu'un monstre pour elle !

XIV

La veille, après le départ de Flourac, le baron de Rühden s'était pris la tête à deux mains :

— Ce n'est pas lui qui a découvert l'instrument de son chantage. Il a été averti... Comment ? par qui ?

Il alla à une porte de son cabinet, l'ouvrit et appela :

— Jordaëns !

Rien ne lui répondit.

— Qu'est-ce à dire ! Est-ce qu'il se serait endormi ?

Il s'avança dans la pièce.

Jordaëns était à son poste, assis devant sa table de travail, mais il avait laissé aller sa tête sur la table et il semblait dormir, en effet.

Le baron lui frappa sur l'épaule, le secoua.

Un râle lui répondit, et tout à coup il recula, les yeux écarquillés d'horreur.

La table était rouge de sang, Jordaëns s'était ouvert la gorge avec un canif.

Rühden comprit tout de suite.

C'était Jordaëns qui l'avait trahi. Tout à l'heure, il avait entendu Flourac, et, pris de remords ou se dérobant au châtiment, il s'était suicidé.

— Misérable ! rugit Rühden.

Et il se précipita pour appeler du secours.

Une heure après Jordaëns reposait dans une chambre où l'avait fait transporter et soigner son maître..

Il n'était pas mort, et il ne mourrait pas. On avait pu fermer la blessure...

Il ne tarda pas à recouvrer sa pleine raison avec l'usage de la parole.

Et d'abord, en regardant autour de lui, il vit que le maître était là qui le veillait.

Dès que le médecin put se retirer en répondant du blessé, Rühden fit sortir derrière lui les autres personnes qui entouraient le lit de Jordaëns, et, resté seul avec ce dernier, il posa la question :

— Ainsi, tu m'as trahi, Karl ?

Il ne criait pas, il y avait même plus de douleur que de reproche dans sa voix.

Jordaëns ne répondit qu'en tournant vers le maître des yeux qui imploraient sa pitié.

— J'aurais dû te laisser mourir, continua Rühden, je le pouvais, c'est à moi que tu dois de vivre encore. Sais-tu pourquoi je t'ai sauvé ?

— Pour que je passe ma vie à expier, balbutia le blessé.

Rühden secoua la tête :

— Non, que tu expies ou non, c'est secondaire pour moi. Ce qui m'importe, c'est qu'il ne reste rien du mal que tu m'as fait. Veux-tu l'effacer ?

— Ordonnez, j'obéirai. Je vous jure de vous obéir toujours les yeux fermés, comme avant les jours de folie que je viens de vivre.

— Tu crois avoir été fou ?

— Je l'ai été.

— Comment l'es-tu devenu ?

— Une femme.

— Ah !

— Une femme qui m'a tourné la tête, plongé dans les supplices de la tentation.

— Et qui a fini par t'imposer de trahir ton maître ?

— Oui, et j'ai succombé.

Les yeux d'acier de Rühden se firent terribles.

— Qui est cette femme, tu la reconnaîtrais, tu sais où la retrouver ?

— Oui.

— Son nom ?

— Violette Cœurdelys.

— La maîtresse du comte de Flourac ?

— Son ancienne maîtresse.

— Non... pas ancienne... sa maîtresse toujours. C'est pour lui qu'elle a joué cette comédie avec toi. Comment l'as-tu connue ?

— Par le secrétaire du comte.

— Tu vois bien !... Oh ! oh ! bien joué, Flourac !

puis pas m'empêcher de la recommander.
...on se rapprocha davantage du blessé.
— Alors, tu l'as follement aimée, cette femme...
— Oui.
— Tu l'aimes encore ?
— Non. Elle m'a joué, elle s'est moquée de moi.
...dien se pencha sur Jordaëns, et à voix basse,
un souffle :
— Il lui a fallu t'ensorceler pour que tu l'oublies
trahir, et tu as beau dire, tu l'aimes encore...
— Maître ! je vous jure...
— ...! Les traîtres n'ont plus le droit de...
à être crus. Tu l'aimes et elle n'aura qu'à
un signe pour que tu trahisses encore. Eh bien,
...elle pourra le faire et tu n'y répondras pas...
ne pourras plus la voir ni l'entendre.
Avant que le blessé eût pu même comprendre
voulait en venir son maître, celui-ci, d'un geste
brusque que violent, avait arraché l'appareil
andait la blessure.
...aëns poussa un cri de douleur et porta ses
mains à sa gorge d'où le sang jaillissait de
veau.
...ord s'étrangla, ses mains retombèrent ; le poing
Rübben s'était abattu sur son crâne.
...long quart d'heure, le maître resta encore là à
...rder la vie du traître s'en aller avec son sang.
...nd il jugea que Jordaëns ne pouvait plus en
...oir, il souffla :
— Et dain ! Toi, tu ne me trahiras plus. Il me
...te mettre les autres hors d'état d'exploiter la
...son.
...tit de la chambre en fermant soigneusement
...e derrière lui et donna cet ordre :
— Qu'on le laisse dormir comme il me l'a demandé.
bien, il n'a plus besoin de rien : tout le monde
...retirer.
...on valet de chambre :
— Viens me coucher Frédéric.
...de chambre suivit.
...un grand beau garçon de vingt-huit à trente
...llé en hercule, avec des yeux très doux,
...mine un peu astucieuse. Le maître ne
...directement sa chambre à coucher. Il
...son cabinet, fit entrer Frédéric et lui
...siège.
— Voici. Nous avons à causer.

Le valet de chambre obéit.

— Que penses-tu de ce qui est arrivé à Jordaëns ?

Frédéric répondit sans hésiter :

— Je pense qu'il a eu tort d'aller chez l'ancienne maîtresse du comte de Flourac.

— Tu sais donc ? ne put s'empêcher de s'écrier le baron.

— Le maître n'oublie pas que je suis là pour tout voir et tout rapporter au maître.

— Pourquoi ne m'as-tu pas prévenu ?

— Parce que c'est Jordaëns que le maître aurait cru et c'est moi qui aurais été renvoyé. Maintenant Jordaëns est par terre, et il a avoué en essayant de se suicider... Je peux parler, le maître me croira.

— Trop tard ! le mal est fait.

— Il peut se réparer. Que le maître me donne la succession de Jordaëns : je me charge de tout. Je débarrasserai le maître de tous ceux qui peuvent le gêner, et ceux-là, je vais les désigner : le comte de Flourac, son ancienne maîtresse, son secrétaire, et enfin une quatrième personne dont Jordaëns ne s'est pas suffisamment occupé...

— Qui donc ?

— M. Lazare, le plus dangereux des quatre.

— Dangereux... pour moi ?

— Oui, maître.

— Explique-toi.

— Cet homme s'est juré d'exécuter le comte de Flourac et sa femme, et il aurait déjà réussi sans le maître ; il le sait, et désormais il va viser le maître aussi.

— C'est logique ; mais que me peut-il, à moi ?

— Rien, en ce moment ; mais, s'il se met en tête de connaître votre secret, il y arrivera.

— C'est impossible.

— Rien n'est impossible à un homme qui dispose d'une fortune comme la sienne. Il faut supprimer M. Lazare comme les autres.

Frédéric prêchait un converti.

Le baron posa ses deux mains sur les épaules de son valet de chambre :

— A partir de ce moment, tu prends ici la p'ace de Jordaëns.

— Ah ! maître..., tout ce que je désirais !

— Tu as fait tes preuves comme enquêteur, tu vas les faire comme exécuteur. T'engages-tu à me débarrasser de ceux qui me gênent ?

— Il n'y a pas un jour à perdre.
— Je suis prêt.
— Inutile de toucher au comte de Flourac. Je l'épargne désormais; en essayant de me perdre, il se perdrait lui-même; d'autre part, j'ai besoin de lui.
— Je ne toucherai pas au comte, l'ancienne mal...
— ... à la livre.
— Le secrétaire?
— Également.
— M. Lazare?
— Je vais te fournir l'occasion de le supprimer. Si mes souvenirs ne me trompent pas, tu étais une des meilleures carabines du régiment, on le disait...
— Tu sais tirer encore.
— Je ne crains personne.
— Tu te chargerais de descendre un homme à cinquante mètres?
— Et je le descendrais.
— Bien. Après-demain, M. Lazare se battra en duel avec le comte de Flourac, un duel au pistolet, dans un endroit que j'aurai choisi moi-même. Tu t'y trouveras, placé pour bien voir sans être vu.
— Et comme M. de Flourac pourrait manquer son adversaire, je tirerai en même temps que lui.
— J'ai bien compris. Tu es bien mon homme.
Le lendemain, lorsque, en sortant du cabinet du juge, Robert de Flourac vint lui apporter le résultat de son entrevue avec ce magistrat, le baron le laissa venir à lui parler.
— C'est parfait. Vous voilà sauvé; mais il ne faut pas oublier que ce n'est que partie remise.
— Que voulez-vous dire? Auriez-vous l'intention de me poursuivre à votre tour?
— Moi, je ne suis là que pour vous tirer d'affaire. Ce que je veux dire, c'est que cet homme reste, qu'il ne désarmera pas, qu'il ne vous lâchera jamais. Vous ne serez réellement sauvé que le jour où vous vous serez débarrassé de lui.
Flourac fit la moue; Rahden lui gâtait sa joie.
— Je ne peux pourtant pas l'assassiner, ricana-t-il.
— Non, mais l'expédier proprement. Lavé de l'accusation bien qu'il vous accablait, vous allez reprendre... et il ne peut plus se dérober sans se condam... disparaître.

Et comme Flourac renâclait :

— Il faut vous battre. Vos amis du cercle ne comprendraient pas que vous renonciez... Ce serait une reculade que personne n'admettrait.

Là-dessus, coupant court à toute discussion :

— Vous lui enverrez vos témoins demain matin. Choisissez deux amis solides... Vous pouvez vous procurer ça j'espère ?

— Facilement.

— Donner-leur pour instructions d'exiger un duel sévère, au pistolet.

— Pourquoi au pistolet ?

— Parce que vous tirez bien et que votre adversaire n'y entend rien.

— Comment savez-vous cela ?

— Je me suis renseigné. Il fait de l'épée et du fleuret tous les jours, mais il ne s'exerce jamais au pistolet, et pour cause : à vingt pas, il distingue mal ce qu'il a devant lui. Ces renseignement me viennent de son valet de chambre et je les tiens pour absolument exacts.

Rühden mentait, mais avec une telle assurance que Flourac ne songea pas à douter.

Il s'assit devant la table de travail du baron, et écrivit :

« Monsieur,

« Deux de mes amis iront demain matin vous rappeler que vous me devez une réparation et je compte que vous me l'accorderez.

« Recevez... »

Le baron fit porter la lettre.

Le lendemain matin, deux messieurs très graves se présentaient chez M. Lazare et demandaient à parler à ce dernier.

Ce fut Clément qui les reçut.

Ils avaient fait passer leurs cartes : Gaëtan de Montargis et Félix Lauraguais.

Ce fut ce dernier qui prit la parole :

— Monsieur, nous sommes chargés par le comte de Flourac de réclamer à M. Lazare la réparation qu'il doit à notre ami.

Clément ne s'étonna pas de la démarche, il devait s'y attendre.

— En ce qui concerne la demande de réparation, j'ai le regret de vous annoncer qu'elle arrive trop tard... ou trop tôt.

— Qu'entendez-vous par là ?

— M. Lazare a quitté Paris hier soir, pour s'embarquer au Havre ce matin.

Les deux témoins de Flourac se regardèrent, et Montargis laissa voir un sourire très expressif, qu'il compléta, d'ailleurs, par cette observation :

— M. Lazare avait dû recevoir, hier soir, une lettre de notre client lui annonçant notre visite. Dans ces conditions, je ne m'explique pas ou je m'explique trop son départ.

Clément protesta :

— M. Lazare n'est pas de ceux qui se dérobent, monsieur ! Il reviendra, ses affaires terminées.

Et d'une voix grave et regardant plus particulièrement Lauraguais :

— Souhaitez qu'il revienne le plus tard possible !

Le chef de bureau se cabra :

— Mais on dirait, monsieur, que vous parlez pour moi !

— Pour M. de Flourac, d'abord, pour vous ensuite. Souvenez-vous, Monsieur, que les Cornélis sont fatals aux Lauraguais... et Cornélis revit en Lazare...

A ce moment, un cri déchirant s'éleva d'une pièce voisine qui était le cabinet de Cornélis.

Clément sursauta et se précipitant vers le cabinet :

— Pardon, messieurs, un accident...

Il disparut, et les deux témoins, que ce cri avaient tout remués, restèrent là et tendirent malgré eux l'oreille.

— Et ils entendirent une voix de jeune fille qui sanglotait :

C'était Laurence qui venait d'aprendre le départ de son père.

Comme tous les matins, en descendant de sa chambre, elle était venue tout droit au cabinet de son père.

Le cabinet était vide ; sur la table de travail, Laurence avait trouvé une lettre à son adresse :

« Ma chère enfant,

« Il faut que je parte. Je te confie au dévouement de Clément : écoute-le comme si c'était moi qui te parlais. »

Et, lisant cela, elle avait poussé ce cri qui avait fait sursauter Clément.

Le vieux collaborateur pénétra en courant dans le cabinet, et les deux témoins de Flourac distinguèrent cette plainte sanglotée :

— Parti sans m'emmener, sans même me prévenir ! ô mon père, que t'ai-je donc fait ?

... elle se montra charmante bou...

... du bureau sortit de là la tête à l'envers,
... blié la prédiction de Clément ou ne s'en sou-
... que pour en rire.

... chez lui, Röhden sonna Frédéric.
— ... Il faut vérifier si M. Lazare est réellement
... our l'Amérique.
— ... déjà vérifié, maître; il n'est pas parti.

— ... pour cause; il n'y a pas de départ de paque-
... samedi. Je suis convaincu qu'il n'a disparu
... préparer un autre coup... Ce coup, je vais
... ourir moi-même et c'est lui qui en sera tou-

... crois?
... éric exposa son idée.
... il cessa de parler, Röhden lui frappa sur

... es décidément un gaillard précieux; voilà
... que j'aurais dû te donner la place de ce
... ble Jordains.
— ... a payé, murmura Frédéric, il est mort.
... gardait son maître dans les yeux, et ce regard
... ce que la bouche ne pouvait pas se permettre
... r sortir.
— ... ais pourquoi on l'a trouvé mort alors qu'on
... ait sauvé: je connais la main qui a arraché
... ail sauveur!
... den soutint sans broncher ce regard du valet
... aire.
— ... a compris qu'il n'avait plus le droit de vivre,
... il. Il a bien fait de rouvrir la blessure après
... part.
— ... dit comme le maître.
— ... Je veux plus entendre prononcer son nom...
... ons à nos affaires. J'approuve le plan que tu
... de m'exposer; tu t'occuperas dès demain de
... llon.
— ... Bien, maître.
— ... rappelle que tu as, en même temps, à sup-
... deux autres personnes...
... ancienne maîtresse et le secrétaire.
... as-tu songé?
— ... uis prêt, mais il me manque quelque chose.
— ... mande!
— ... besoin d'être riche pendant quelques jours.
— ... Allez à ma caisse.

Il remarqua tout de suite qu'elle était triste, encore qu'en le voyant entrer une joie vint éclairer son joli visage.

Mais, dans les premiers mots de Riri : « Ah! tu es venu! » il avait démêlé comme une angoisse soulagée.

Elle avait eu peur qu'il ne vint pas.

— C'est donc vrai que tu avais besoin de moi?

— Oui, c'est vrai. Sans cela, je ne me serais pas permis de te déranger. Je n'en ai pas le droit...

— Oh ! en camarade...

— Justement, je ne suis qu'une camarade. Assieds toi, fais-toi servir tout ce que tu voudras. Tu es chez toi.

— Dis-moi ce que tu as à me dire... Tu sais que le camarade n'a rien à te refuser...

— Merci, mon petit Charles. Je commencerai par les choses agréables... Tu dois savoir que M. Lazare est parti pour l'Amérique...

— Oui, avant-hier.

— J'ai reçu sa carte avec un souvenir.

— Ah ! ça ne m'étonne pas de lui... Un joli souvenir ?

— Cent billets de mille francs.

Charles ne s'étonna pas encore.

— Il te les devait sans doute. J'ai compris à certains signes que tu lui avais rendu le service qu'il attendait de toi.

— Oui, en effet ; mais cela ne valait pas cent mille francs, ne m'ayant coûté qu'un peu de coquetterie. L'homme s'est laissé rouler comme un enfant.

— Il l'a payé cher, observa Charles.

— Cher...

— Il est mort.

Riri se leva à demi, toute pâle :

— Mort !

— Un suicide ou peut-être bien une suppression. Je ne sais pas ce que tu t'es fait révéler par ce pauvre diable, et je ne te le demande pas. M. Lazare m'ayant défendu de chercher à approfondir ; mais ce doit être très grave, puisque, je le répète, il en est mort.

— Tu crois qu'il est mort de cela ? demanda Violette, la voix altérée.

— J'en suis à peu près sûr.

— Le baron de Rühden aurait donc appris... ?

— Probablement.

— Alors..., qu'est-ce qu'il va me faire à moi ?

— A toi ? Il ne te connais pas, il ne sait pas le rôle que tu as joué.

— Si ! Avant de mourir, l'homme a dû tout confesser.

Et, prenant sa tête à deux mains, Violette se dit :

— C'est donc ça ?

— Quoi, ça ? Qu'est-ce que tu as ?

— J'ai que, depuis hier, je suis prise d'une indicible angoisse, comme si je sentais un danger sur ma tête. Ma nuit dernière n'a été qu'un cauchemar. Je me suis vue gravement malade, à la mort, et c'est pour cela que je t'ai fait venir, acheva-t-elle à voix basse, pour te revoir une fois encore.

Très pâle à son tour, envahi par l'angoisse qui tenait Riri, Charles s'était levé :

— Ne dis pas cela, Riri..., ce sont des idées.

— Je ne peux pas les chasser... Je ne comprenais pas... Je comprends maintenant ; le baron s'occupe de moi et pour me supprimer aussi.

— Non ! non ! je t'en prie... Ce n'est pas vrai, je te dis que ce sont des idées... On ne te fera pas de mal, je suis là, je te garderai, on me tuera d'abord ! Oh ! ma Riri ! ma pauvre Riri !...

Il s'était rapproché d'elle, il l'avait entourée de ses bras, comme pour la défendre, en effet, et il l'étreignait comme autrefois, au temps où ils s'aimaient.

Il s'oubliait à l'embrasser comme autrefois.

— Ah ! soupira-t-elle, je suis heureuse, je n'ai plus peur... mon Charlot ! mon Charlot ! Tu le sais bien, toi aussi que je n'ai jamais aimé que toi !... Ah ! nous en aller ensemble, où tu voudras, où personne ne nous connaîtra... Dis, veux-tu partir avec moi ? Veux-tu ? J'abandonne tout et je ne regrette rien.

Il hésita une seconde, inclinant plutôt à accepter en cette explosion du vieil amour si longtemps étouffé.

— Réponds ? Veux-tu ? Dis oui, mon Charlot.

— Oui, mon cœur te dit oui, ce sera tout ce que tu voudras.

Elle n'eut pas le temps de crier sa joie ; il ajouta aussitôt :

— Mais pas encore... Je ne suis pas libre... J'ai des devoirs...

— Des devoirs ? Quels devoirs ? Cet exécrable tripot dont tu es le secrétaire ?

— Non, celui-là je le hais et je le méprise, et je suis sûr qu'il sera puni comme il le mérite.

— Alors ?

— J'ai promis à M. Lazare...

— Quoi ? Qu'as-tu promis ?

Elle avait jeté cela vivement en s'écartant un peu de son Charlot

Le souvenir lui revenait des intentions que lui avait confiées M. Lazare : récompenser Charles en lui donnant sa fille et sa fortune.

— Je lui ai promis de rester là jusqu'à la fin...

— La fin de quoi ?

— De ce que tu sais bien, le châtiment des misérables. Ce ne sera pas long maintenant, mais il faut que je reste. M. Lazare est parti sur cette confiance que je serais là...

Violette n'essaya pas de discuter avec ce dévouement ; mais elle demanda :

— C'est uniquement pour cela que tu veux rester ?

— Uniquement.

— En dehors de cette promesse à tenir, rien ne te retiendrait ?

— Rien.

— Il ne faut pas te cacher de moi, mon Charlot, même si tu avais peur de me faire de la peine.

— Mais je ne te cache rien. Que supposes-tu donc ?

— Tu aurais pu promettre autre chose à M. Lazare ?

— Non...

— Bien sûr ?

— Je ne vois pas du tout ce que tu veux dire.

— Ecoute... Le matin où il vint me parler à Armenonville... tu te souviens, pas ?

— Oui, oui.

— M. Lazare me fit part d'un projet... très agréable pour toi... Un projet d'avenir... ta fortune et ton bonheur... un mariage...

Charles ne s'effara pas.

— Oui, sourit-il, je sais.

— Ah ! tu sais...

— Dès son retour d'Amérique, il me l'annonça à moi-même, son projet.

— Et puis ?

— Il s'est trompé, il a mal vu. Je ne suis pas le mari qu'il faut à Mlle Laurence.

— Il paraît que vous vous aimez, pourtant, il me l'a dit...

— Je te répète qu'il a mal vu. Je ne suis pas du tout l'idéal de Mlle Laurence, et elle n'est pas le mien, le mariage ne se fera jamais.

Et Charles acheva :

— Je t'avais donné mon cœur, je ne l'ai jamais repris.

— Oh ! c'est pour moi que tu refuses ?

A son tour, elle l'embrassait ardemment.

— Ce n'est pas pour m'épargner une peine que tu dis cela ?

— Je mentirais si je te parlais autrement. Oh ! surtout depuis que tu m'as laissé voir tes craintes... Non ! non ! ne crains plus rien, ma Riri, je suis là, je te garde !

Ah ! que je t'aime, mon Charlot, et que je suis heureuse ! Oh ! oui, je t'aime !

Et, arrangeant déjà la vie nouvelle qu'elle se promettait :

— Alors, dès que M. Lazare n'aura plus besoin de toi, tu seras mien tout à fait ?

— Oui !

— Nous partirons ensemble... Nous irons ?

— Où tu voudras, à une condition, c'est que tu ne regretteras rien !

— Mais je te l'ai dit... Oh ! regretter quelque chose, quand j'ai mon Charlot !

Elle redevenait la petite amoureuse de Montmartre qui ne voyait rien en dehors de son amoureux.

« J'ai une idée : nous achèterons une jolie maison à la campagne... avec un grand jardin tout plein d'arbres... et une pièce d'eau où nous aurons des canards. Les jours de fêtes, on tirera des feux d'artifices... On fera venir la musique du pays... Oh ! comme on s'amusera !

Elle exprima un désir :

— Si tu voulais, on s'occuperait bien vite de trouver la maison... Je m'y installerais et je t'y attendrais. Demain, par exemple, — oh ! je suis très pressée... J'ai beau faire, je me sens encore un petit frisson en songeant à ce baron de Rühden...

Il l'eut, lui aussi, le petit frisson et approuva :

— C'est ça, demain. Je m'arrangerai pour avoir ma journée, on partira pour la campagne et on trouvera.

Et, prenant toutes les mesures de prudence, convaincu que sa Riri était en danger :

— Il ne faudra pas partir ensemble et tu sortiras de bonne heure, quand on te croira encore endormie. Je t'attendrai à la gare... une gare éloignée, Vincennes, par exemple, oui, Vincennes... Nous nous trouverons sur cette ligne-là...

Elle sonna.

— Pourquoi sonnes-tu ?

— J'appelle ma femme de chambre pour lui donner mes ordres...

— Inutile... Personne ne doit savoir... Tu prendras une autre femme de chambre, une paysanne qui ne saura rien.

La femme de chambre entra :

— Madame a sonné ?

— Oui... faites servir le thé au salon.

Elle prit le bras de Charles :

— Viens... Tu vois comme je suis docile ! Je ne dis rien et, demain matin, de bonne heure, je me lèverai, je m'habillerai toute seule, je descendrai, j'arrêterai un fiacre et en route pour la gare de Vincennes !... Ah pendant que j'y pense, je vais te remettre tout à l'heure les cent mille francs de M. Lazare.

— Oh ! tu n'y songes pas !

— Si ! Ils sont à toi comme à moi... Tu peux les prendre, je te dis qu'ils ne m'ont rien coûté... et il te les faudra demain pour acheter la belle maison... Je veux que tu les prennes !

Le thé servi, elle donna congé à la femme de chambre :

— Je n'aurai plus besoin de rien. Qu'on me réveille demain matin à l'heure habituelle.

— Bien, madame.

— Attendez... Revenez... Montrez votre main... Cette jolie bague que je ne vous connaissais pas...

Une très jolie bague, en effet, dont la pierre avait sous la clarté de la lampe des éclairs qui avaient forcé Violette à la remarquer.

La femme de chambre eut un léger embarras :

— C'est un cadeau que je me suis offert moi-même... pour ma fête.

— Il est superbe, le cadeau !

— Oh ! c'est madame qui se moque.

La fille avait retrouvé son aplomb.

— C'est de l'imitation. J'en ai eu pour dix-sept francs cinquante.

— Vraiment ! De l'imitation !

— Madame pourra voir ça au jour, demain matin.

— Tiens ! j'aurais juré... au surplus, ça vous regarde... Bonsoir.

— Bonne nuit, madame.

— Bonne nuit, ma fille.

Violette ne s'occupa plus que de Charlot :

— Là, nous voilà seuls. Nous sommes nos maîtres... Je veux dire : tu es le maître.

Il fit cette observation :

— Tu as peut-être eu tort de renvoyer tes gens...

— Pourquoi donc ?

— Tout à l'heure, quand je m'en irai, car il faut que je rentre... prévenir que je m'absente demain.

— Ah ! c'est indispensable que tu préviennes ?

— Oui... Flourac chercherait à savoir ce que je suis devenu ; il se mettrait à me faire surveiller. Prévenu, il me croira sur parole, et nous serons tranquilles...

Il acheva avec un accent de regrets :

— Je vais donc te laisser toute seule.

— Oh ! je n'ai pas peur chez moi...

Le grand escalier était éteint quand il s'en alla. Les concierges dormaient.

Dans la rue, il fut un long moment à se demander s'il n'aurait pas mieux fait de rester.

Maintenant qu'il n'avait plus à dissimuler devant Riri, il s'avouait qu'il avait peur pour elle.

Ce baron de Rühden ne pardonnait pas, témoin le sort de Jordaëns, et Rühden n'avait pas dû laisser mourir Jordaëns sans se faire livrer le nom de celle qui avait arraché au malheureux le secret mortel.

La rue était paisible, l'hôtel dormait, la lune souriait, bonasse, dans le ciel bleu.

Il s'éloigna.

— Je retrouverai Riri à huit heures, à la gare de Vincennes.

En ce moment, Riri entrait dans sa chambre.

Sa pensée avait suivi Charles, tout illuminée des bonheurs promis.

Tout à coup, la lampe qu'elle tenait à la main s'éteignit en lui échappant, et elle s'abattit elle-même.

II

— Mais enfin, dites-moi pourquoi il est parti !

Laurence ne parvenait pas à comprendre, encore moins à se consoler.

D'abord Clément avait essayé de lui expliquer ce départ par la nécessité de liquider ses affaires de New-York.

Mais cette raison ne lui avait pas suffi. Elle y avait répondu :

Il pouvait envoyer quelqu'un faire cette liquidation et, si sa présence était indispensable, pourquoi ne pas oser le dire lui-même ! Pourquoi me cacher qu'il partait !

Il est vrai que Clément avait trouvé, lui aussi, une bonne réponse à cette observation :

— Parce qu'il savait que vous voudriez le suivre et qu'il se refusait à vous faire subir les fatigues de ce long voyage.

Mais Laurence hochait toujours la tête et son cœur restait gros.

Finalement, Clément s'avisa d'aborder la question du mariage.

Il commença par interroger Laurence sur son parrain ; il constata tout de suite qu'elle aimait beaucoup Charles, qu'elle avait pour lui une affection profonde.

Alors, se risquant plus avant, il posa la question :

— Votre père, en partant, s'est préoccupé de vous donner le vrai consolateur que réclame votre âge.

Elle ne comprit pas sur-le-champ, et il dut mettre les points sur les i :

— Ce consolateur, Mademoiselle, c'est un mari.

— Un mari... à moi !

Elle s'effara, une rougeur lui vint à la joue.

Clément acheva :

— Un mari qui s'appliquera de tout son cœur à faire votre bonheur ; un mari que vous aimerez bien, que vous aimez déjà...

Et il le nomma :

— Votre parrain, M. Charles Barflet.

Une seconde elle resta interloquée.

— Ah ! mon parrain. C'est mon père, dites-vous, qui a trouvé ce mariage ?

— Oui, Mademoiselle, c'est votre père.

— Et il le désire vivement ?

— Il y voit votre bonheur assuré ; mais, si vous ne l'y voyez pas vous-même, il serait le premier à vous dire...

— De refuser...

Elle rêva un instant, puis interrogea encore...

— Mon père sera auprès de moi le jour où je me marierai, n'est-ce pas ?

— Sûrement, Mademoiselle.

— Alors, il faut lui écrire de revenir bien vite.

Je suis toute décidée, j'accepte.

Clément fronça un peu le sourcil.

Il ne pouvait pas s'y tromper : c'était pour faire revenir son père qu'elle consentait à se marier ; c'était son père seul qu'elle voyait.

Il le dit.

— Il ne faudrait pas, Mademoiselle, que le désir de revoir votre père un peu plus tôt vous fît faire un mariage qui ne vous plairait pas !

— Mais, celui-là me plaît, répondit-elle ; j'aime beaucoup mon parrain... et je suis sûre qu'il me le rend de tout son cœur. Écrivons à mon père. C'est moi qui ferai la lettre.

Ce même jour, Clément se rendit à Longjumeau. Cornélis lui avait fait cette recommandation de ne rien laisser ignorer au docteur.

Il annonça la nouvelle à ce dernier :

— La situation s'éclaire, docteur ; Laurence va épouser son parrain.

Mais Daubray eut un haut-le-corps :

— Vous dites ? Laurence.... C'est au moins vous qui avez trouvé cette combinaison ?

— Non, c'est M. Cornélis.

— Ah !... Est-ce qu'il en avait parlé à Laurence avant de partir ?

— Non.

— Très-bien. Je vois...

Et sans dire ce qu'il voyait, le docteur posa encore cette question :

— Comment Laurence a-t-elle accueilli la chose ?

— Sans enthousiasme...

— Et vous approuvez, vous, qu'elle se marie dans ces conditions-là ?

Pardon, docteur, je ne discute pas, moi ; j'ai reçu des instructions, je m'y conforme autant que je le peux.

— C'est le tort que vous avez. A votre âge, on a le devoir de discuter, de réfléchir, pour le moins... Enfin, je suis là, et je réfléchis pour deux, et voici mes conclusions, mon bon Clément...

« Cette petite ne se mariera que lorsqu'elle le voudra et elle n'épousera que l'homme qu'elle se sera choisi...

« Au fait, je vais le lui dire à elle-même. Je suis sûr que nous nous entendrons très-bien. Je vous suis à Paris.

Il s'était levé et, appelant sa gouvernante, demandait sa canne et son chapeau...

— Nous partons, mon brave Clément, nous partons. Cette petite ferait un mariage ridicule... Non pas que son parrain soit un garçon à dédaigner : c'est un excellent cœur, une nature de choix... mais ce n'est pas ça, là ! ce n'est pas ça. J'ai mon idée là-dessus, et c'est la bonne.

— Puis-je vous demander, docteur ?...

— Non, pas encore, du moins... Vous la trouveriez folle, mon idée...

Comme ils allaient quitter la villa pour se rendre à la gare, quelqu'un se présenta qui demandait à parler au docteur pour une consultation pressante.

Encore qu'il eût pris sa retraite, le docteur Daubray ne refusait jamais de donner une consultation. Il avait coutume de dire là-dessus :

« Le médecin, c'est comme le boulanger, la boutique ne doit jamais être fermée. »

Il reçut le visiteur, un grand beau gaillard, à qui son visage entièrement rasé donnait l'air d'un comédien, un visage qui respirait d'ailleurs la santé, si bien que le docteur ne put s'empêcher de lui dire :

— Ah ! mais, ce n'est pas pour vous que vous avez besoin de mes lumières ?

Le visiteur répondit sans rire, avec un léger accent étranger :

— Non, docteur, ce n'est pas pour moi que je viens, c'est pour vous.

— Tiens ! fit Daubray, voilà qui est nouveau.

Et, dévisageant ce client bizarre en qui il commençait à soupçonner un détraqué :

— Parions que vous avez inventé quelque méthode souveraine ?

L'autre secoua la tête :

— Je n'ai rien inventé, docteur, dans le domaine de la médecine du moins ; mais j'ai fait ailleurs une découverte qui pourrait vous être utile.

Il parlait si posément que le soupçon de détraquement tombait de lui-même.

— Et quelle découverte, s'il vous plaît ?

— Je vais vous le dire. Vous avez perdu, il y a sept ans, un homme que vous aimiez beaucoup.

Le docteur tressaillit visiblement.

— Et qui vous le rendait bien, continua l'étrange visiteur ; c'est vous qu'il choisit comme exécuteur testamentaire. Il s'appelait M. Cornélis.

Daubray, qui se surveillait maintenant, ne broncha plus.

— C'est ça votre découverte ? demanda-t-il... **Pas** difficile à faire... Tous mes amis auraient pu vous dispenser de chercher.

— Pardon, docteur... ce n'est là que le point de départ de ma découverte. J'arrive à ce que vos amis n'auraient pas pu m'apprendre...

— Voyons !

— Vous avez ajouté quelque chose au testament de M. Cornélis...

— Ah bah ! sourit le docteur, mal à l'aise d'ailleurs.

— Et ce quelque chose, c'est la vengeance du mort...

— La vengeance... Quelle vengeance ?

— Celle que, d'accord avec vous, poursuit cet autre ami de M. Cornélis qui s'appelle M. Lazare.

— Ah ! il y a un nommé Lazare qui poursuit une vengeance ?

— Et vous le connaissez très bien, il est votre ami ; et tout à l'heure, quand je suis arrivé, vous aviez auprès de vous son intendant, M. Clément.

De plus en plus mal à l'aise, le docteur eut un mouvement de révolte.

— Et puis ! où voulez-vous en venir, monsieur ?

— A ceci, docteur : J'ai à me venger, moi aussi, du comte de Flourac, et je viens vous offrir mes services.

Cela dit, l'homme attendit.

Le docteur ne répondit rien ; il respirait après quelques minutes d'angoisse : il s'était demandé si le visiteur n'allait pas finir par lui jeter à la face :

— Ma découverte, c'est que M. Lazare et Cornélis le mort ne font qu'un.

L'autre reprit :

— Vous paraissez réfléchir, docteur... Peut-être vous méfiez-vous de moi ?

— Dame !... fit Daubray, c'est la première fois que je vous vois, et vous me parlez de choses si extraordinaires... vous me proposez de vous associer à une vengeance dont je ne sais pas le premier mot !...

L'autre eut un sourire :

— Inutile de dissimuler, docteur. Je suis sûr de ce que je dis. Tout Paris sait à cette heure que M. Lazare a cherché à tomber le comte de Flourac : or, il est venu, lui qui ne voit personne, vous voir plusieurs fois, vous vous êtes rendu un jour à son hôtel, avenue de Villiers.

m'accordiez pas tout de suite votre confiance, que
vous attendiez au moins de me connaître. Je vais
donc vous apprendre qui je suis, finir par où j'aurais dû commencer.

Ce disant, le visiteur avait tiré sa carte, qu'il présentait au docteur en en déclinant la souscription :

— Baron Charles de Grœtz... étranger comme vous
vous en êtes sans doute aperçu à mon accent, autri-
chien, pour préciser.

Et il continua :

— Je suis à Paris depuis quelques mois à peine,
mais cela m'a suffi pour faire connaissance avec les
dangers de la vie parisienne. A mon arrivée, j'ai
eu le malheur de tomber sur le comte de Flourac
et de donner ma confiance à ce gentilhomme de
grand bois. Cela m'a coûté ma fortune, tout simplement. J'ai eu beau réclamer au comte, je n'ai pas
pu obtenir le moindre remboursement... Je puis, si
vous le désirez, vous faire la preuve de ce que
j'avance...

— Inutile, monsieur, répondit le docteur ; je m'en
rapporte à vous.

— Pardon ! Je préfère que vous voyiez la preuve.

Le visiteur tira son portefeuille et exhiba des effets
souscrits par Flourac et représentant plusieurs centaines de mille francs.

— Voici, docteur. Veuillez bien examiner ces papiers... C'est très important, ce que je vous demande
là. Chacun de ces effets porte avec la signature du
comte de Flourac celle d'un de ses amis, le vicomte
Gaëtan de Montargis.

— Je vois... mais que me disiez-vous que vous
n'aviez rien pu obtenir de M. de Flourac ! Vous avez
là de quoi rentrer dans vos fonds. C'est le vicomte
de Montargis qui a accepté ces traites : il paiera.

Le visiteur secoua la tête.

— Non. Il ne paiera pas.

— Alors, vous poursuivrez devant les tribunaux...

— Qui ne pourront pas le condamner à payer.

— Et pourquoi donc ? Il a signé.

— Pardon, il n'a pas signé.

— Hein ?

— On a signé pour lui, imité sa signature ; le
comte de Flourac a fait là une demi-douzaine de
faux.

— Allons donc ! Il aurait déjà trouvé le moyen de
réaliser ces effets de vos mains...

[illegible] puis [illegible] quoi, mais [illegible] remarquez, d'ailleurs, que ces [illegible] pas encore échus et qu'il a eu le temps de [illegible] d'accord avec son ami Montargis pour les [illegible] échéances.

— Alors, vous serez payé.

— C'est probable, mais ça ne me suffit plus. Je vous ai dit que je voulais me venger. Le comte de Flourac a abusé de ma confiance, commis à mon détriment une escroquerie qui crève les yeux. Je veux qu'il soit flétri par les tribunaux.

— Dans ce cas, déposez une plainte, portez ces signatures au parquet.

— J'ai quatre-vingt-dix chances sur cent de ne pas réussir.

— Pourquoi donc ?

— Je suis étranger, docteur, je ne connais personne, je suis ruiné, je n'ai même plus de quoi [illegible] un avocat.

Et, allant droit à son but, le visiteur s'écria :

— Vous ne voulez donc pas me comprendre, docteur ! c'est de M. Lazare que j'attends ma vengeance. C'est à lui que je me proposais de remettre [illegible] de Flourac, à lui qui a tout ce qu'il faut pour faire marcher la justice. Je suis allé chez lui, ce matin : on m'a appris qu'il était parti pour l'Amérique. Je suis venu ici... Je vous en prie, ne me repoussez pas. Promettez-moi au moins de faire part de ma démarche à M. Lazare, de lui offrir de ma part ce moyen sûr d'exécuter celui qui vient de lui échapper deux fois. La troisième sera bonne. Voyez, docteur ! Vous reconnaissez bien qu'à moins d'un miracle M. Lazare a là de quoi envoyer le comte de Flourac en prison !

— Le miracle viendra, répondit le docteur, qui s'oubliait à examiner la chose et à avouer par là qu'il était moins ignorant qu'il ne le disait de la campagne entreprise par Lazare, M. de Flourac paiera comme il a déjà payé et la plainte tombera.

— Mais je vous répète qu'il ne peut plus payer. Il est ruiné.

— Il trouvera un prêteur.

— Il l'avait trouvé hier, il ne le trouvera pas aujourd'hui...

Et le visiteur laissa tomber :

— Je connais celui qui, par deux fois, lui a donné de quoi se sauver, c'est le baron de Rühden. [illegible] faisant, le baron poursuivait un but qu'il a atteint depuis hier ; la comtesse de Flourac n'a plus rien à lui refuser, et désormais il ne demanderait pas mieux que de se débarrasser du mari.

Puis, dans un rire d'homme satisfait de soi :

— Oh ! j'ai bien fait mon enquête, docteur, bien étudié les tenants et les aboutissants. Vous pouvez m'en croire : c'est bien la fin du comte de Flourac que j'apporte à M. Lazare, et vous ne pouvez pas me refuser de lui soumettre au moins la question.

Il y eut un silence ; le docteur se laissait aller à se demander s'il ne devait pas accepter l'offre de cet étranger

Il conclut, se retranchant toujours derrière son ignorance des affaires de Lazare, mais acquiesçant au désir de l'homme :

— Encore une fois, monsieur, je ne sais rien de ce qu'a pu faire M. Lazare, et je ne puis savoir ce qu'il vous répondrait s'il était là, à ma place. Mais, comme vous le dites, il ne m'est pas interdit de lui soumettre la question.

— Bien vite, docteur ! Je vous en bénirai, et je suis sûr qu'il vous en remerciera, lui aussi.

Le docteur passa sa main sur son front :

— Faites-moi parvenir une note là-dessus, je la transmettrai à M. Lazare. Je vous préviens qu'il vous faudra attendre pour la réponse ; comme vous l'avez appris avenue de Villiers, M. Lazare est parti pour New-York.

— J'ai fait mon compte ; c'est une attente de quinze jours, et je m'y suis résigné d'avance.

Le visiteur, si pressé qu'il eût paru de savourer sa vengeance escomptée, semblait, en effet, résigné à attendre, et, dans ses yeux brillait une joie qui paraissait sans mélange.

— La note vous parviendra demain, déclara-t-il, et je tiens les billets à votre disposition ou à celle de M. Lazare.

Il renouvela ses renseignements, parla encore de sa soif de vengeance, et se retira.

Le docteur rappela Clément :

— Ç'a été un peu long, mon brave ; mais ce visiteur me disait des choses si intéressantes... Vous avez dû entendre, d'ailleurs ?

— J'ai tout entendu.

— Et... votre avis ? Vous n'avez pas l'air enthou-siasmé.

Clément avait ses sourcils froncés des heures de mécontentement.

— Je ne le suis pas du tout, docteur... La démarche de cet homme ne me dit rien qui vaille, il n'a nullement besoin de nous pour exécuter M. de Flourac...

— Mais, que voyez-vous là-dessous ?

— Je vois que cet homme est un escroc qui veut vous vendre des billets qu'il a fabriqués lui-même.

— Il n'a pas parlé de nous les vendre.

— C'eût été par trop maladroit ; mais attendez-le à sa seconde visite et laissez-lui entendre que vous tenez à avoir les billets dans vos mains ; vous verrez s'il ne posera pas la question d'argent !.. à moins cependant...

— A moins ?

Clément fit la grimace :

— Je ne sais pas... Je sens un danger... Il est impossible que M. de Flourac n'essaie rien pour se débarrasser de votre filleul. Il s'était certainement promis de le tuer en duel... Et ce n'est pas seulement M. de Flourac que je crains : il y a aussi et surtout ce baron de Rühden, que je crois capable de tout oser... témoin la mort de son secrétaire particulier, de ce Jordaëns par qui nous avons eu le secret du baron...

— Ah ! exclama le docteur ; il est mort, le secrétaire ?

— On a raconté qu'il s'était coupé la gorge dans un accès de fièvre chaude ; moi, je crois qu'on l'a aidé à se suicider...

— Hein ? le baron ?

— Oh ! quelqu'un de son entourage, et je n'ai pas besoin de vous dire sur quoi je fonde mon soupçon. Jordaëns avait trahi, on l'a supprimé ; et je ne serais pas étonné d'apprendre, un de ces matins, la disparition de celle qui força Jordaëns à trahir son maître...

— Oh ! vous tombez dans les histoires de brigands, mon ami ! Et pourquoi pas le jeune Barilet, alors ! Et vous et moi ? Voyons ! voyons ! Clément, vous avez besoin de vous purger...

Et se dirigeant vers la porte :

— En voilà assez sur cette bande ; vous me faites oublier que j'ai à parler à Laurence... Partons.

Il allait sortir ; il s'arrêta.

Quelqu'un entrait, dont la vue le cloua sur place, ainsi que Clément.

pouvanté...

— Quelle nouvelle nous apportez-vous ? demanda vivement Clément. Mauvaise, n'est-ce pas ?

...il s'assura qu'il était seul avec les deux amis, Corneille, et laissa tomber d'une voix lugubre :

— Violette Goeurdélys est morte !

...docteur et Clément sursautèrent !

— Morte ! comment ?

— Je ne sais pas. Ce matin, en entrant chez la pauvre, la femme de chambre l'a trouvée morte. ...je n'ai pu en entendre davantage ; j'ai perdu la...

— Ce n'était pourtant pas le moment !

— Oh ! Je m'en rends bien compte, maintenant. ...a été plus fort que moi !... Je vous mens quand je vous dis que je ne sais pas ! Je sais ! Violette Goeurdélys a été supprimée comme Jordaens et pour les mêmes motifs...

...docteur et Clément se regardèrent.

— C'est moi qui suis la cause de sa mort, continua Bibi-Boucan d'une voix où roulaient des larmes. Pauvre Riri ! Elle était si heureuse de me rendre ce service qui lui a coûté la vie. Mais elle sera vengée ; elle a suivi Jordaens de près, c'est mon tour maintenant.

— Oh !

— Si ! si ! Avant de mourir, Jordaens a dû tout dire à son maître et me désigner aussi...

...docteur et Clément cherchèrent en vain à le rassurer ; non seulement ils n'y parvinrent pas, mais ...qu'ils se prirent à s'inquiéter à leur tour... ...leur disait :

— Si vous connaissiez Rühden comme moi, si vous aviez ses yeux, vous seriez tout de suite de mon... Un crime, deux crimes, dix crimes, cet homme commettra ou en ordonnera autant qu'il lui en ...pour que son chemin reste libre ! ...supprimée comme il a supprimé Jordaens ...Violette, et après moi, ce sera le tour de M. Cor... ...reparaît à Paris, et en attendant M. Cor... ...vous voit, vous aussi, en danger... Ah ! ç'a ...malheur de s'occuper de cet homme ; il n'y ...chercher que pour lui casser les reins...

...quelques jours, observa le docteur.

— Trop tard ! M. Cornélis connaît seul le secret de cet homme... Ah !... pourquoi n'ai-je pas demandé à Violette.

A ce moment, la bonne entra, tout effarée, sans frapper.

— La police, monsieur le docteur !

Deux hommes entrèrent derrière elle.

L'un d'eux alla droit à Charles.

— Vous êtes bien le nommé Charles Barilet, secrétaire du comte de Flourac ?

— Oui, monsieur...

— Au nom de la loi, je vous arrête !

Charles se rejeta en arrière, bégayant :

— Vous m'arrêtez... moi... Pourquoi ? Qu'ai-je fait !

— Vous êtes l'assassin de Violette Cœurdelys.

III

Charles n'avait omis qu'une chose, en apprenant au docteur et à Clément la mort de Violette : c'était qu'il avait passé la soirée chez la pauvre petite morte.

Une pudeur l'en avait retenu :

Pourquoi raconter ce réveil d'un roman qu'il avait proclamé fini et bien fini ?

Et c'était cela qui lui valait d'être arrêté comme étant l'assassin de Violette, de sa Riri pour qui, la veille, il eût voulu donner sa vie !

Le matin, avant l'heure fixée, il s'était trouvé à la gare de Vincennes, guettant l'arrivée des voitures et marchant au-devant d'elles :

A dix heures, Riri n'avait pas encore paru.

Alors il s'était dit :

— Elle ne viendra pas.

Que lui était-il donc arrivé ? Elle paraissait si décidée la veille, si heureuse d'aller se cacher à la campagne !

Il prit un fiacre et se fit conduire rue Pierre Charron.

Il trouva l'hôtel en l'air et les concierges affolés.

Une foule assiégeait l'entrée.

Il pénétra jusqu'à la loge et s'informa.

— Qu'y a-t-il donc ?

La concierge le regarda drôlement, lui rappela :

— Vous êtes venu hier soir, n'est-ce pas ?

— Oui.

— Vous avez passé la soirée chez Mlle Violette ?

— Oui.

— Eh bien ! ce matin, on l'a trouvée morte dans sa chambre.

— Morte ! Violette...

Il perdit la tête, prit la fuite en se frappant la poitrine :

C'était sa faute ! Elle sentait la mort planer sur elle, elle le lui avait dit, et il n'était pas resté pour la défendre !

La concierge le regarda s'enfuir et, se tournant vers son mari, elle résuma son impression :

— As-tu vu ? Et il n'y a que lui qui soit venu hier soir !

En ce moment quelqu'un se précipita dans la loge :

— Vous connaissez le jeune homme qui sort d'ici ?

— Oui, c'était un ami de Mlle Violette. Nous étions là, mon mari et moi, à nous dire qu'il était resté avec elle une partie de la nuit et qu'il avait un drôle d'air, ce matin.

— Vous auriez dû le faire arrêter.

— Ah ! vous croyez, vous aussi ?

— Je n'ai eu qu'à le voir s'enfuir ; il se frappait la poitrine, il s'accusait lui-même.

Cinq minutes après, le concierge dénonçait Charles aux magistrats venus pour constater le crime, et le dénonçait de telle façon que le pauvre Bibi ne pouvait pas échapper à l'arrestation.

Or, au sortir de la loge, cet homme qui était entré pour pousser le coude aux concierges, retourna se perdre dans l'attroupement qui obstruait l'entrée de l'hôtel.

Il resta là, une minute encore, puis, sautant dans un fiacre, il disparut.

Revenu de sa première stupeur, Charles ne s'était pas laissé arrêter sans protester, et le docteur et Clément avaient protesté avec lui, se portant garants de son innocence.

Les deux agents avaient refusé de les entendre : ils étaient là pour exécuter un mandat et non pour discuter ; Charles dut suivre ceux qui venaient de l'arrêter.

Il les suivit, sans se laisser voir trop accablé ; fort de son innocence, sentant derrière lui des dévouements qui ne l'abandonneraient pas, il se croyait sûr de faire reconnaître la vérité.

A son arrivée au Dépôt, il se prêta à toutes les formalités.

Comme on allait le fouiller, il vida lui-même ses poches ; mais, tout à coup, une question l'étrangla :

— D'où vous vient cette fortune que vous avez là ?

La fortune c'étaient les cent billets de mille francs de Violette.

— Allons ! répondez !

Il parvint à répondre, et il dit la vérité :

— Cette fortune me vient de Mlle Violette Cœurdelys.

— Ah ! ah !

— Elle me l'a confiée...

— Vraiment ?

— Pour l'achat d'une maison de campagne.

Autour de lui, on éclata de rire.

Le mobile du crime était patent : l'assassin avait tué pour voler cette fortune.

Maintenant, le docteur et Clément pouvaient intervenir.

IV

La comtesse Fernande rentrait de Fontainebleau, où elle avait passé la journée. La veille, elle avait eu le désir de visiter la grande forêt, et elle avait demandé à Lauraguais de l'y conduire, d'être son ciceronne.

Lauraguais était devenu le familier de l'hôtel, où le baron de Rühden ne se montrait plus, cédant toute la place au nouveau favori.

Il n'y avait pas eu que ce changement à l'hôtel de Flourac : tout d'un coup, un vent de sagesse y avait soufflé ; plus de dîners, d'invitation, plus de soirées, une vie bien calme, un seul invité, le bon ami Lauraguais.

Montargis, le cousin de Lauraguais, son introducteur à l'hôtel Flourac, en avait bavé.

— Non ! c'est un peu fort ! Ce malotru de Lauraguais !

Champigny, en bon sceptique, avait souri :

— La femme est un abîme, mon cher Montargis ; avec elle, il ne faut jamais jurer de rien.

Et il avait ajouté, sans rire cette fois :

— Au surplus, la bonne fortune de Lauraguais en est-elle une réellement ? Il y a beaucoup de louches [illegible]

être d'attendre pour féliciter Lauraguais ou l'envier...
Souviens-toi de mon premier mot, le soir où je m'aperçus que la belle comtesse était en train de lui tourner la tête.

— Quel mot ?

— Ah ! tu as oublié ? Moi, je me souviens très bien et je peux le répéter à peu près textuellement :

« Si tu tiens à ton cousin, tu feras bien de ne plus le conduire ici. »

— J'aurais dû t'écouter... pour moi.

— Et pour lui aussi, va ! Je n'ai pas changé d'avis. Nous en reparlerons dans quelque temps...

En attendant, Lauraguais triomphait.

Ce jour-là, il l'avait passé à Fontainebleau en compagnie de la comtesse, et ils rentraient ensemble, et quelqu'un qui, à cette heure, eût étudié la mine du triomphateur aurait eu quelque peine à y découvrir l'expression de son triomphe.

Un observateur eût diagnostiqué :

— Cet homme souffre ; il est déchiré par un combat intérieur.

Il ramena la comtesse à son hôtel ; elle descendit de voiture, le remercia d'un signe de main et le laissa là.

Il descendit aussi, étendit la main comme pour la retenir et, à voix basse, supplia :

— Un mot, je vous en prie !

Elle secoua la tête, sans le regarder :

— Non.

Et elle pénétra dans l'hôtel.

Il hésita une seconde et brusquement se décida.

Il s'élança derrière elle :

— Je vous en prie ! Ecoutez-moi...

Elle se retourna et laissa tomber :

— J'ai dit : non ! C'est fini.

Que s'est-il donc passé entr'eux ?

Pendant de longues heures, Lauraguais avait pu se croire aimé, toucher au couronnement de ses vœux.

Cent fois, il s'était dit, ivre de joie et d'orgueil :

— Elle est à moi !

Cent fois, elle s'était reprise au moment de recevoir le baiser qui scelle l'union des êtres.

Et, l'heure de rentrer venue, elle avait tout à coup éprouvé le besoin de justifier ses résistances :

[illegible]

On me croit fière, je ne suis que personnelle. J'entends qu'on se donne à moi tout entier, sans réserve comme sans retour.

— Mais, c'est bien ainsi que je vous appartiens ! Je ne vois que vous au monde. Je ne vis que pour vous !

— Vous le dites, et le premier soupirant venu m'en dirait autant.

— Je suis prêt à le prouver, moi ! Proposez-moi une épreuve.

— Non !

— Je vous le demande... je vous en prie !

— Non. Vous en sortiriez vaincu, forcé de reconnaître que j'avais raison de ne pas croire...

— Proposez toujours et attendez, pour me condamner, que je l'aie mérité.

— Vous le voulez ?

— Je vous en supplie ?

— Soyez heureux... Voyons ! Quelle est la chose au monde que vous garderiez le plus jalousement... celle qu'il vous en coûterait le plus de partager avec moi ?

Ici, elle avait paru réfléchir, chercher ; puis, ayant trouvé :

— Ah ! voici. Vous êtes, je le sais, un fonctionnaire modèle ; vous avez, au suprême degré, le culte de votre devoir. Gardien de certains secrets de la défense nationale, vous vous feriez tuer plutôt que d'en livrer quoi que ce soit à votre ami le plus sûr...

— C'est vrai.

— Eh bien ! c'est là l'épreuve que je vous propose.

— Vous voulez...

— Que vous fassiez pour moi ce que vous ne feriez pour personne ; je veux que vous partagiez tout avec moi, votre devoir, la garde des secrets de la défense, tout ! Je veux que vous soyez mien, corps et âme, et j'exige cette preuve !

Lauraguais avait reculé, épouvanté.

— Oh ! vous n'y pensez pas ! c'est impossible que vous exigiez...

Elle avait prit son air hautain.

— Allons, vous n'êtes pas celui que je dois aimer... Rentrons, monsieur Lauraguais.

Monsieur !... Tout à l'heure encore, elle disait : mon ami, et d'une voix si douce, pleine de tendresse !

Il avait joint les mains, imploré :

— Écoutez ! Demandez-moi ma vie...

— Non, je veux que vous viviez pour être mien comme je serai vôtre, et j'ai posé la condition...

— Oh ! pas celle-là ! N'exigez pas que je trahisse mon devoir.

— Et que me demandez-vous donc... vous, sinon de trahir le mien ?... Est-ce que je n'ai pas juré, moi-même, d'être fidèle ?... Est-ce que ce n'est pas mon honneur que je mets entre vos mains en vous cédant ?....

Et, nerveusement :

— Inutile de discuter. Nous ne pouvons pas nous comprendre.

Tout le long du retour à Paris, elle s'était enfermée dans un silence obstiné, ne consentant à parler que pour décourager les tentatives de rapprochement.

— C'est fini. Restons fidèles.

Et maintenant, rentrant chez elle, c'était encore son dernier mot :

— Non. C'est fini.

Elle disparut, le laissant là, pantelant, écroulé. Lauraguais s'en alla, la mort dans l'âme.

— Tu reviendras, murmura Fernande et tu succomberas !

Elle monta chez elle et sonna sa femme de chambre :

— Mon mari ?

— Monsieur le comte n'est pas encore rentré... mais c'est tout naturel, monsieur le comte doit être aux nouvelles...

— Aux nouvelles... Lesquelles ?

— Madame la comtesse n'a donc pas appris ?... On a arrêté le secrétaire de M. le comte.

— Vous dites ? M. Barilet...

— Oui, madame la comtesse.

— Pourquoi ? Qu'a-t-il donc fait ?

— Il a assassiné une... demoiselle, Mlle Violette Cœurdelys.

— Ah ! bah ! mademoiselle... Non ! c'est impossible... Ce garçon si doux...

— Les mines sont trompeuses, madame la comtesse.

Fernande réfléchissait, cherchait à comprendre...

Cette fin de la femme qui lui avait pris Robert, pour ne le lui rendre qu'après l'avoir ruiné, n'était pas faite pour l'endeuillir.

Mais pourquoi cet assassinat ?

— Pourquoi le secrétaire de son mari ?

— Il a dû commettre son crime dans un mouvement de jalousie... Cette fille lui avait probablement tourné la tête... murmura-t-elle, interrogeant encore —

— On ne sait pas, madame la comtesse. On saura sans doute demain.

Une voiture entra dans la cour.

— Voyez donc si ce n'est pas mon mari qui rentre.

La femme de chambre obéit, et revenant :

— C'est M. le comte avec M. le baron de Rah...

Fernande fronça le sourcil.

— Le baron ? Pourquoi sortait-il des sentiers... Que venait-il faire ?

Elle se répondit sur le champ :

— C'est pour cet assassinat...

Elle jeta cet ordre à sa femme de chambre :

— Allez prévenir mon mari que je suis rentrée. Je descends dans un instant.

Elle acheva seule sa toilette d'intérieur et descendit au salon.

Il était désert. Robert devait s'être arrêté à son cabinet.

Elle s'y rendit.

Comme elle en approchait, la voix du baron frappa son oreille. La porte du cabinet était restée entre-bâillée, et il parlait haut, d'une grosse voix qui semblait enchantée :

— Là, voyons, que regrettez-vous ? Ce n'est pas Mathilde ; elle vous a fermé sa porte quand elle vous a su ruiné. Est-ce votre secrétaire ? Un assassin !

Robert répondait :

— Je ne regrette personne ; je ne comprends pas, voilà tout.

— Parce que vous ne voulez pas comprendre ! Vous aviez souvent envoyé ce garçon-là chez la belle, n'est-ce pas ! Il s'était monté la tête, elle y avait probablement aidé, et la nuit dernière, comme elle lui résistait, il a fait son petit Antony... vous savez, l'Antony de la pièce : « Elle me résistait, je l'ai assassinée ! »

Mais Robert n'acceptait pas cette explication.

— Non, ce n'est pas cela... Et si vous voulez toute ma pensée, je ne peux pas croire à la culpabilité de ce garçon-là... Charles assassin, jamais de la vie !

Fernande se décida à entrer.

À ce moment on vint annoncer une visite au comte : un inspecteur de la Sûreté.

le comte.

— Et, cela modifie peut-être votre opinion, mon cher comte ? put articuler Rühden.

Robert regarda le baron et devina un danger.

— Dame, répondit-il... Il y a de quoi...

— Pouvez-vous m'expliquer, monsieur le comte ? demanda l'inspecteur.

— Certainement. Les personnes dont vous avez parlé sont mes pires ennemis, et mon secrétaire ne pouvait les fréquenter qu'à la condition de me trahir... et, dès lors, vous pouvez juger vous-même de la moralité de l'individu.

— Très bien ! firent les paupières de Rühden en s'abaissant pour approuver.

L'inspecteur remercia.

— C'est tout, monsieur le comte. Vous serez appelé à témoigner.

— Je suis prêt.

L'inspecteur salua et s'en alla.

Dès qu'il fut parti, Fernande, qui n'avait rien dit jusque là, prit la parole.

— Baron, je n'ai compris qu'à la fin l'âpreté que vous mettiez à charger Charles Barilet : vous saviez donc que ce garçon-là s'était vendu à nos ennemis ?

Rühden n'hésita pas :

— Je le savais depuis hier seulement.

— Ah ! pourquoi ne pas nous le dire tout de suite ?

— Pour vous épargner l'émoi que vous laissez voir en ce moment ! Et je me résignais d'autant plus volontiers à me taire que, le traité arrêté, vous n'aviez plus rien à craindre de lui.

Cela dit, le baron se dirigea vers la porte.

— Où allez-vous ?

— Je rentre chez moi.

— Vous ne dînez donc pas ?

— Non. Vous savez ce qui est convenu : Je dois me montrer le moins possible ici... Je ne suis venu que pour accompagner votre mari qui me paraissait fort impressionné par... cet accident.

Robert de Flourac s'était levé :

— En effet... et je le suis encore... et ce n'est pas ce policier qui a pu effacer ces impressions. Voilà maintenant que mon secrétaire était vendu...

Mais Rühden haussa les épaules :

— Il est arrêté ! Il va être condamné.

Et, s'inclinant devant Fernande :

— Comtesse !

Elle le retint :

— Un instant encore. J'ai à vous annoncer que je réussirai. Avant quarante-huit heures, je pourrai obtenir tout ce que vous voudrez !

Il s'inclina de nouveau.

— Merci. Je n'attendais pas moins de vous.

Et, sur une poignée de main au comte, il se retirait.

Fernande le retint encore :

— Baron, vous ne partirez sans m'avoir dit la vérité...

— Mais, je vous l'ai dite...

— Non. Je vais vous la dire, moi ! Violette Cœurdelys est morte d'avoir été l'instrument de M. Lazare, et c'est par Charles Barilet qu'elle l'était devenue...

Laissez-moi parler. Je la vois, la vérité ; cette fille a été la première ouvrière de la vengeance de M. Lazare ; c'est poussée par cet homme ou plutôt par Charles Barilet, son représentant, qu'elle a ruiné mon mari. Poursuivant son rôle, elle a dû, ces jours derniers, s'attaquer à vous-même pour vous punir d'avoir sauvé Robert. Qu'a-t-elle pu faire ? Je n'en sais rien, mais je jurerais que c'est de cela qu'elle est morte !

Rühden eut un rictus effroyable :

— Alors, je serais l'assassin, moi !

Fernande n'hésita pas :

— Votre rôle exige une volonté qui ne recule pas devant le crime !... Je n'irais pas jusqu'à dire que vous avez tué, mais je jurerais presque que vous avez fait tuer...

Du visage de Rühden, le rictus s'effaça, en même temps que, dans ses yeux d'acier, s'allumait l'éclair de cette volonté dont venait de parler la comtesse.

Mais ce ne fut qu'un éclair, qui s'éteignit aussitôt.

— Comtesse, murmura-t-il, je vous rends grâce pour la haute opinion que vous avez de mon caractère... J'en pense tout autant du vôtre, et je me permets de vous rappeler que vous m'avez promis de réussir dans les quarante-huit heures... A bientôt, comtesse !

Là-dessus, il s'en alla.

Fernande et Robert se regardèrent, et, tout à coup, la comtesse éclata en larmes :

— Oh ! l'infamie ! l'infamie ! Je ne veux plus ! Demain, je signifierai à cet homme que je ne le connais plus, que je ne l'ai jamais connu...

— Oui, et ce sera la ruine complète, la misère !...

laissa tomber Robert, Et pire, encore : Rühden peut
défaire ce qu'il a fait ! Il m'a sauvé, il peut me perdre...

Fernande se tordit les mains :

— Alors... nous sommes liés à jamais à cet homme,
même pour le crime !

— Le crime ! Tu es folle. Rühden n'est pour rien
dans la mort de cette fille. C'est mon secrétaire qui
est l'assassin. Il a tué pour voler. N'as-tu donc pas
entendu cet homme de la police ?

— Si ! je l'ai entendu.

— Et tu t'obstines ?

Fernande frappa du pied :

— Je ne comprends pas. Je ne vois bien qu'une
chose, c'est que ton secrétaire était vendu à M.
Lazare.

— Et qui te dit qu'il n'a pas tué sur un ordre de
M. Lazare?

— Lui... C'est toi qui es fou ! Quel intérêt M. Lazare pouvait-il avoir à faire disparaître cette fille ?

— Celui qu'on a toujours à se débarrasser d'un
associé compromettant, quand il a fini de jouer son
rôle... A servir M. Lazare comme elle l'a servi, Violette Cœurdelys a dû pénétrer ce que cet homme
cache.

Fernande tressaillit :

— Ce qu'il cache...

Et, saisissant les bras de Robert et y entrant ses
ongles :

— Toi aussi, n'est-ce pas ? tu crois que c'est Cornélis ?

C'était bien là ce qu'il avait voulu faire entendre,
comme à chaque fois qu'il avait à dominer Fernande.

Il courba la tête, bégayant :

— Ne parlons pas de ça...

— Puis, l'air résolu :

— Laissons faire Rühden ; il ne peut plus nous
laisser tomber !

En quittant l'hôtel Flourac, le baron se fit ramener
chez lui.

Il sonna immédiatement Frédéric et lui jeta à la
face :

— Tu ne mérites pas ma confiance ! Tu n'as pas
vu la vérité et, et au lieu de me servir, tu m'as peut-
être perdu !

— Maître ! protesta Frédéric.

Et avec un calme qui suffisait à démentir le repro-

[illegible] pour t'éprouver. Veuillez me
[illegible] qui est à répandre.
[illegible] s'expliqua.
Pourquoi t'es-tu contenté de faire arrêter Char-
Barilet ? Les morts seuls ne parlent plus,
les morts, et les vivants qui n'ont rien à dire,
répondit Frédéric avec le même calme.
Qu'entends-tu par là ?
Charles Barilet ne sait rien du secret dont Vi-
Cœurdelys est morte.
Allons donc !
J'en suis sûr ! La nuit dernière, je l'ai entendu
déclarer lui-même à celle qui allait mourir ! C'est
qui l'a sauvé ! Il était condamné comme elle !
Alors que Violette Cœurdelys est morte sans lui
[livrer] ce secret.
Ghedon plongea ses yeux dans ceux de Frédéric :
Tu dis vrai ?
Je ne suis pas fou, maître ! Je sais ce que je
jure que Charles Barilet ne sait rien, ne soup-
çonne rien, et que vous pouvez être tranquille ;
Soit ! dit le baron. Mais je n'en reste pas moins
[inquiet] ! Sais-tu chez qui Charles Barilet a été arrêté ?
Oui, maître ! chez le docteur Daubray, un ami
M. Lazare, en présence de M. Clément, l'intendant
[ce] dernier, et ces deux hommes se sont portés
[gar]ants de l'innocence de celui qu'on arrêtait.
Et tu ne vois pas le danger !
Je vois que Charles Barilet, secrétaire de M. de
[Fleu]rac, était vendu à M. Lazare et que ce n'est pas
[pour] le compte de M. de Fleurac, mais pour celui de
Lazare, que Violette Cœurdelys a fait un traître
ordinaire...
Et tu es là, tranquille, quand mon secret est
[lié] aux mains de cet homme !
Je suis tranquille, maître, parce que j'ai fait le
[néces]saire pour vous débarrasser de M. Lazare. Il va
[à] Paris et vous savez ce qui l'attend !
Tu arriveras trop tard !
Non, maître ! M. Lazare n'a encore rien essayé
[contre] vous. Il a gardé votre secret pour lui, se ré-
[servant] de frapper son heure, et cette heure n'est
encore venue.
Tu parles avec une assurance !
Je raisonne, maître, et je m'étonne que vous

n'ayez pas encore vu ce que j'ai découvert tout de suite.
M. Lazare ne vous vise pas personnellement ; ce n'est
pas vous qu'il veut perdre, c'est M. de Flourac et la
comtesse. Son heure sera celle où il aura acquis la
preuve que Mme de Flourac et son mari sont à vous
et la certitude qu'en vous frappant il les atteindra et les
brisera !

« Cette heure, il est sûr aujourd'hui qu'elle viendra ; il sait pourquoi vous avez sauvé M. de Flourac
et ce que vous y avez récolté : en réalité, c'est lui qui
vous a livré la comtesse, c'est lui qui a tout mené.
Vous avez cru faire un coup de maître : c'est lui
qui vous l'a mis en main.

Seul, il a pu faire passer au comte la révélation
dont M. de Flourac s'est servi pour vous arracher son
salut, et il se doutait bien que, tout en cédant, vous
poseriez vos conditions, et il les connaissait, vos conditions !

— N'en doutez pas, maître je vous dis la vérité :
M. Lazare a voulu que la comtesse et son mari devins-
sent vos instruments, et aujourd'hui, qu'ils le sont,
leur ennemi mortel attend tranquillement l'heure de
frapper.

Or, avant que cette heure sonne, avant que M.
Lazare ait la preuve nécessaire du rôle que vous faites jouer à la comtesse et à son mari, je l'aurai supprimé. Je vous répète qu'il va rentrer à Paris.

Rühden avait écouté ces explications avec, dans les
yeux, quelque chose de cette admiration qu'on a toujours pour la force, sous quelque forme qu'elle se
manifeste.

— Tu es décidément un homme ! murmura-t-il.

— Le maître se rend à mon avis !

— Très humblement, c'est la vérité même qui parle
par ta bouche... Comment ne l'ai-je pas découverte
moi-même !

— Il vous eût suffi, maître, d'entendre, comme moi,
causer Violette Cœurdelys et Charles Barilet la nuit
dernière. Je n'ai eu aucun mérite à la découvrir, la
vérité. Le but de M. Lazare m'étant révélé, c'était un
jeu de deviner les moyens qu'il emploierait.

— Et tu dis qu'il va rentrer à Paris ?

— J'ai fait le nécessaire pour cela, et si je me
trompais dans mes prévisions, l'arrestation de Charles Barilet suffirait à le ramener.

— Il tient donc à ce garçon-là ?

— Comme à un fils, il a décidé de lui faire épouter sa fille.

— Sa fille !

Le baron en était stupide.

— Voyons ! voyons ! Frédéric, pas de fantaisie...

— Je vous répète ce que j'ai entendu la nuit dernière. C'était Violette Cœurdelys qui parlait, et Charles Barilet ne le démentait pas. M. Lazare doit tenir à ce mariage.

Rühden haussa les épaules :

— Je ne comprends pas... Mais les hommes de cette trempe ont de telles bizarreries ! Quoi qu'il en soit, ne perdons pas de vue le but à atteindre : l'ennemi, désormais, c'est M. Lazare.

— Encore une fois, je vous répète qu'il va rentrer à Paris, et je me charge...

Le reste fut un geste qui supprimait Lazare.

Le baron ne parut pas entièrement rassuré, il fit même cette observation :

— Je crains bien que tu ne te trompes, Frédéric. D'abord je constate que tu manques de logique. Tu me dis que tu as trouvé le moyen de faire rentrer notre homme à Paris, et, en même temps tu m'annonces qu'il attendra son heure, celle qu'il s'est fixée.

Frédéric ne se troubla pas :

— La contradiction n'est qu'apparente, maître ! M. Lazare vise à couler M. de Flourac et la comtesse. Si je lui en donne le moyen, il n'aura pas à attendre.

— Et tu crois pouvoir le lui donner ?

— Je l'ai offert, ce matin, à son ami le docteur Daubray. Je me suis présenté devant lui sous le nom de comte de Grœtz, et je lui ai montré ça...

Frédéric exhibait les fausses traites qu'il avait offertes au docteur.

— C'est moi qui ai fabriqué ces traites ; tout est faux, et j'ai mis ces faux sur le dos de M. de Flourac et sur celui de la comtesse.

— Ah ! je comprends, fit le baron.

— Au premier mot que le docteur va lui en écrire, M. Lazare rentrera pour s'emparer de ces traites et exécuter M. de Flourac et sa femme, comme des faussaires.

— Très-bien...

— Notez, maître, que l'arrestation de Charles Barilet suffirait, je le répète, à le faire reparaître...

— Tu crois donc vraiment qu'il tient à faire son

[...] de [...] Lyon [...] en vainqueur [...] sa [...]
dramatique plaid...

— J'avoue que c'est bizarre, mais je jure... que
j'ai réellement son intention...

— Alors, il y a un mystère là-dessous. [...] et
Charles Barllet doivent être liés.

— Oui, par la haine du comté et de la comtesse
Flourac.

— Ce lien-là ne suffit pas à me faire comprendre
le mariage en question...

Et Röhden conclut :

— Il me faut la clé de ce mystère ! Charles...
— Je vais chercher, maître.
— Et trouve !
— Je trouverai.
— Il le faut ! Je sens que tu [...] est là [...]
mystère...

Le baron s'accouda, la tête dans ses mains, [...]
pétant :

— Il le faut ! Il n'est pas possible qu'au moment
de réussir, j'échoue, parce que ce Lazare se sera [...]
au travers de mes combinaisons !... C'est la pierre
d'achoppement : je l'écarterai de mon chemin !

Et tout à coup se redressant :

— Il est une chose que tu ignores peut-être, Frédéric, et qu'il faut que je t'apprenne. Le comte
Flourac n'est que le second mari de la comtesse ; le
premier mourut tragiquement après quelques mois
de mariage, laissant toute sa fortune à sa femme
qu'il avait épousée pauvre.

— Ah ! fit Frédéric qui avait tressailli. Le maître
dit tragiquement... je voudrais savoir...

Röhden l'expliqua, raconta la mort de Corneille, le
mariage de la veuve avec Flourac, et il termina :

— La comtesse a peur de Lazare, parce que cet
homme est le portrait frappant de son premier mari,
parce qu'elle croit qu'il est plus que le portrait, qu'il
est le mort lui-même ressuscité !

Frédéric ne sourcilla pas.

— Elle a peut-être raison, murmura-t-il.
— Hein ?
— Je dirai mieux : elle doit avoir raison...
— Comment ! tu crois aux revenants, toi !
— Je crois aux maris qui se vengent. Celui-là a [...]
se faire passer pour mort et reparaître à son heure...
— Il a été enterré, il est au Père-Lachaise.
— Le maître est bien sûr de ce qu'il dit ?

[illegible] [illegible] dans [illegible] la mort [illegible] il [illegible] procéder à la [illegible] [illegible] épouvante de la comtesse [illegible] la mort était dans son cercueil, il ne l'ayait [illegible] quitté.

[illegible] peut y avoir une substitution de cadavre [illegible] cadavre qui reposait dans le cercueil était celui de Cornélis, le premier mari. La com[illegible] [illegible] la constatation et reconnut Cornélis [illegible] n'était pas encore une preuve décisive, [illegible] [illegible] ; le cadavre substitué pouvait ressem[illegible] [illegible] qu'on cherchait ; il devait même lui res[illegible] [illegible] ; il était de prudence élémentaire que [illegible] [illegible] eût pris ses précautions sur ce point.

[illegible] tu tiens à ton idée, fit le baron [illegible] [illegible] à découvrir la vérité que vous me [illegible] [illegible] et quelque chose me dit qu'elle est là [illegible]

[illegible] elle vu M. Lazare ?

[illegible] naturellement, puisqu'elle a cru reconnaître [illegible] premier mari.

[illegible] il me semble qu'elle devait assez [illegible] [illegible] mari, pour ne pas s'y tromper. [illegible] [illegible] Lazare serait le nom du cadavre resté [illegible] cercueil, et Cornélis aurait tout simplement [illegible] place de ce Lazare dans la vie...

[illegible] d'Amérique, ce Lazare ?

[illegible] c'est un Français, et il se peut qu'avant [illegible] pour l'Amérique il habitât Paris et qu'il [illegible] de Cornélis. Je m'entends et je veux [illegible] Cornélis aurait pu rencontrer autrefois [illegible] Lazare, qui se trouvait être quelque chose [illegible] son sosie, et profiter de la mort de cet homme [illegible] jouer la comédie que je soupçonne.

[illegible] bien, mais il resterait à expliquer sa pro[illegible] [illegible] lui, Cornélis ; car enfin, il mourut, on le [illegible] quarante-huit heures sur son lit de mort, on [illegible] dans un cercueil, on le porta au Père-La[illegible] dans le tombeau de famille... Il serait donc [illegible] le troisième jour et sorti du tombeau [illegible] [illegible] fait aussitôt remplacer par l'autre ?

[illegible] simplement.

[illegible] fou, Frédéric. Tu fais du roman-feuille[illegible]

[illegible] choses les plus extraordinaires ne se pas[illegible] [illegible] toujours dans ces romans-là, observa [illegible]

On frappa légèrement à la porte du cabinet ; un domestique entra et annonça la comtesse de Flourac.

Le baron fronça le sourcil.

— Que me veut-elle ? Il n'y a pas une heure que je l'ai quittée...

Il fit passer Frédéric dans la pièce voisine et donna l'ordre d'introduire, ou plutôt il introduisit lui-même.

— Vous, comtesse, chez moi, à cette heure !

Elle regarda autour d'elle :

— Nous sommes seuls ?

— Absolument seuls.

Elle s'assit.

— Après votre départ, j'ai été appelée au téléphone.

— Quelque chose d'important ?

— L'homme du ministère succombe : il m'attend demain matin.

Le visage de Rühden s'illumina.

— Bravo, comtesse !

— Je vous avais demandé quarante-huit heures pour vous procurer ce que vous désirez : vous aurez satisfaction dès demain.

— Merci !

— Ne me remerciez pas si vite ; ce n'est pas encore fait. J'y mets une condition.

— Laquelle ?

— Vous allez me dire la vérité sur l'assassinat.

Rühden s'agita :

— Mais je vous l'ai dite !

— Non. C'est vous qui avez fait supprimer cette fille !

— Encore ! Vous y tenez donc absolument ?

— Je veux la vérité, et je crois l'apercevoir ; oui, c'est vous qui avez fait cela, et vous l'avez fait parce que la victime devenait dangereuse pour vous.

— Pour moi ! vous n'y songez pas ?

— J'y songe et je sais ce que je dis. Violette Cœurdelys était l'instrument de M. Lazare...

— Je n'ai rien à craindre de cet homme, moi !

— Pardon ! il sait que vous êtes notre dernier soutien ; vous avez tout à craindre. Qu'un de ces jours il se mette en tête de découvrir votre rôle à Paris, il y arrivera, et vous voyez la suite.

Les yeux d'acier s'assombrirent ; c'était toute sa crainte que Rühden entendait exprimer là, et il avait la quasi-certitude que son secret était connu de Lazare.

Le fond violent de sa nature éclata :

— Il faut en finir avec cet homme qui vous affole, vous fait divaguer au point de me soupçonner, moi, d'ordonner des assassinats ! Finissons en !

Et, adoptant l'idée de Frédéric, il lâcha brutalement :

— Je suis arrivé à cette conviction que vos terreurs sont fondées : cet homme ne s'appelle pas Lazare ; son nom est Cornélis ; ce n'est pas le vengeur de votre premier mari : c'est ce mari lui-même...

Fernande s'était levée, livide :

— Ah ! c'est donc vrai ! c'est lui... lui ! Il a tenu parole... Mort et vivant !

— Comme vous dites ; mais, pour accomplir ce prodige, il a dû commettre un crime.

— Lui, un crime ! C'est impossible !

— Il l'a commis ! Ce n'est pas impossible, c'est la vérité qui s'impose. Il a fait mourir à sa place un homme qui lui ressemblait, qui devait s'appeler Lazare. N'avez-vous pas su qu'il avait un ami de ce nom ?

— Si, mais je ne l'ai appris que tout récemment, le jour de ma démarche à l'hôtel de l'avenue de Villiers. C'est Clément qui me l'apprit. Lazare, un employé de banque, c'est ce Lazare qui serait aujourd'hui le vengeur.

— Non, ce Lazare est mort, c'est Cornélis en personne qui se venge. Dans vingt-quatre heures j'aurai complètement démêlé le mystère, je saurai comment Lazare a été substitué à Cornélis dans le cercueil du Père-Lachaise.

Fernande ne dit rien, elle entendait sans éprouver le besoin de répondre, elle regardait sans voir, elle était anéantie.

Ruhden reprit froidement :

— Un renseignement, s'il vous plaît. Vous avez vu Cornélis sur son lit de mort ?

— Oui, je l'ai vu mort.

— Le médecin qui fut appelé à constater le décès ne fit-il aucune observation ?

— Aucune.

— Bien... Avez-vous assisté à l'enterrement.

— Non.

— Mais votre mari actuel y était ?

— Oui.

— Et il... ne remarqua rien d'insolite ?

— Il ne m'en fit pas part sur le moment, mais il

[...] il pleuvait [...] le docteur Delfraye et tout à l'heure venus l'auront [incinéré?] [illegible]

— Ah! dit Rühden, s'épanouissant à cette grande lumière. C'est qu'ils savaient, eux, que le mort n'était pas mort, qu'on allait incinérer un vivant!

— Et, entré dans cette voie, il poussa trois cris.

— Cornélis était un chimiste de premier ordre, n'est-ce pas?

— Oui, l'élève de son père.

— Comme son père, il étudiait, il travaillait.

— Il y consacrait tout le temps qu'il ne me donnait pas... Il cherchait, il poursuivait des découvertes.

— À l'époque de son mariage, il était sur le problème de la vie ou la mort à volonté, [prononça] une voix qui n'était ni celle de la comtesse ni celle de Rühden.

Ils se retournèrent d'un même mouvement de lente surprise.

Derrière eux, sans qu'ils s'en aperçussent, tout à la grave question qu'ils débattaient, la porte du cabinet s'était ouverte et Robert de Flourac, venu sur les [...] de me tendre, avait entendu.

— Oui, baron, répéta-t-il, la vie ou la mort à volonté. Je l'entends encore me parler de sa découverte : par elle, un homme pouvait se donner tout les apparences de la mort, jusqu'à la rigidité cadavérique, et se réveiller à l'heure qu'il serait fixée.

— Enfin! s'écria Rühden, nous l'avons, le mystère!

Et dans l'emballement de la victoire entrevue, désormais certaine, il appela :

— Frédéric! Frédéric!

Le confident du maître entra.

Rühden lui fit honneur de lui tendre la main.

— Ta main, Frédéric!... Bravo et merci!

Et, le présentant :

— Mon secrétaire, à qui nous devons, vous et moi, de pouvoir désormais dormir sur nos deux oreilles.

Puis, à Frédéric :

— Il ne te reste plus qu'à retrouver l'acte de décès de Lazare et quelques témoins de sa mort. Lazare était un employé de banque ; la date de sa mort doit être la même que celle de la mort de Cornélis.

— Un instant, fit le comte, qui avait tressailli [...]

Vous dites, employé de banque...

— Le renseignement me vient de la comtesse, qui le tient de l'intendant de Cornélis.

— Je sais, et je peux ajouter quelque chose. Je me souviens, moi, d'avoir rencontré un employé de banque, un garçon de recettes, qui ressemblait extraordinairement à Cornélis.

— C'était notre homme ! le malheureux que Cornélis fit enterrer à sa place... Ah ! nous le tenons bien, le fameux vengeur. Rappelez vos souvenirs, comte : à quelle banque Lazare était-il employé ? Pourriez-vous...?

Mourac chercha :

— Non, je ne me souviens pas. Je ne revois que vaguement l'uniforme... Attendez ! tout porte à croire que Cornélis avait dû connaître cet homme chez son propre banquier.

— Plutôt là qu'ailleurs.

— Eh bien ! Je la connais, cette banque là, j'y suis allé toucher un chèque.

Et à Frédéric :

— Elle existe encore et vous pouvez y aller vous-même demain.

Le lendemain, à midi, Frédéric rapporta au baron les résultats de son enquête.

Il avait obtenu de la Banque l'adresse de Pierre Lazare, rue Saint-Denis.

Rue Saint-Denis, par les concierges il avait tout appris sur Lazare, sa femme et sa fillette, Laurence, jusqu'au départ de ces deux dernières pour le Midi.

A partir de ce jour, Lazare avait disparu, lui aussi, et l'on ne savait ce qu'il était devenu.

— Nous le savons, nous, ce qu'il est devenu !... Johann Rübden. Il est au Père-Lachaise, dans le cercueil de Cornélis... Allons, Frédéric, en chasse ! Il faut savoir encore comment Lazare est mort et faire venir Cornélis à Paris pour l'exécution que nous ménageons !

— Maître, je dois vous faire observer que Lazare n'est pas mort. Je suis allé à la mairie de son arrondissement, son décès n'a pas été enregistré ; légalement il est vivant, et c'est Cornélis qui est mort.

— Et puis ?

— L'exécution d'un mort est chose superflue.

— Non ! Cornélis est vivant ; nous prouverons qu'il a supprimé Lazare pour prendre sa place dans... C'est là-dessus que je te demande de partir en chasse.

— J'y perdrai mon temps, maître ; il n'existe aucune preuve de la suppression de Lazare ; la chose a
dû être exécutée de telle façon qu'il n'en restât rien.

— Il reste les complices, ce docteur Daubray et
l'intendant Clément ; à n'en pas douter, ils ont été
de l'opération.

— Raison de plus pour qu'ils ne trahissent pas la
vérité.

— Il faut trouver pourtant ! s'entêta Rühden.

Et, soudain, ce fut lui qui trouva :

— Mais si ! s'écria-t-il, il y a quelqu'un qui la
dénoncera, la vérité !

— Qui donc ?

— La fille du supprimé, Mlle Laurence, cette jeune
fille que Cornélis a auprès de lui. Elle doit la savoir,
la vérité, mais on l'aura achetée en lui offrant la
fortune, le luxe : est-ce que tu ne te charges pas de
la faire parler, celle-là ?

Frédéric salua :

— Merci, maître. Cornélis sera démasqué et exécuté.

La sonnerie du téléphone résonna dans le cabinet.
Rühden alla décrocher le récepteur :

— Allô !

— Le baron de Rühden ?

— C'est moi.

— Lui-même ?

— En personne, comtesse !

C'était Fernande qui téléphonait.

— J'ai besoin de vous voir.

— Votre heure ?

— Tout de suite. Ne me demandez pas pourquoi,
je ne peux pas vous le dire ici.

— J'ai compris, et je me rends chez vous.

Il avait compris, en effet, ou cru comprendre : il
ne pouvait s'agir que de l'homme du ministère.

— Ma voiture ! jeta-t-il à Frédéric.

— Elle doit être prête, elle l'est toujours.

Un quart d'heure après, le baron était devant la
comtesse.

Il avait bien compris : Fernande avait réussi ;
Lauraguais, affolé d'amour, avait succombé, ouvert
tous les secrets dont il avait la garde.

Elle l'annonça tout de suite, sans artifices, comme
inconsciente de l'infamie qu'elle venait de commettre.

— Voilà... c'est fait... Vous n'avez qu'à ordonner,

je vous livrerai tout ce que vous voudrez... mais
d'abord...

— D'abord ?

— Vous savez nos conventions...

— Ma caisse vous est ouverte : combien vous faut-
il ?

— Nous allons régler nos comptes. Vous m'avez
avancé deux cent mille francs sur l'hôtel, et vous
avez tiré mon parti de l'affaire des VOYAGES AÉRIENS,
ce qui a porté vos avances à.... ?

— La seconde question n'est pas liquidée ; si le
juge d'instruction fût allé jusqu'au bout, cette affaire
m'eût coûté le demi-million, mais, la faculté nous
étant laissée de régler à l'amiable, il se peut que je
n'y perde qu'une partie de cette somme.

— Combien ?

— Je ne sais pas encore.

— Il faut savoir ; je veux régler, vous dis-je.

Rühden la regarda, cherchant à deviner ce que ca-
chait cette hâte.

Elle répondit d'elle-même à ce regard qui la fouillait.

— Voici pourquoi je veux régler. Le rôle que j'ai
accepté de jouer est au-dessus de mes forces. J'ai
réussi, c'est vrai, mais je suis incapable de continuer.
Je vous livrerai ce soir ce que vous désirez, mais ce
sera fini. Demain, je ne vous connaîtrai plus, je ne
vous aurai jamais connu.

Il essaya de sourire :

— Oh !... comtesse !

— J'ai dit.

Et, brutalement, dans un haut-le-cœur :

— C'était déjà trop d'être l'instrument d'un espion ;
je ne veux pas être encore la complice d'un assassin.

— Madame ! protesta Rühden.

— C'est vous qui avez fait assassiner Violette Cœurdelys. C'est vous ! Inutile de nier, vous n'arriveriez
qu'à me surexciter encore et je suis capable d'aller
crier ailleurs ce que je vous dis ici !

Là-dessus, elle revint à cette autre préoccupation :

— Réglons. Vous allez, d'ici ce soir, faire le
compte de ce que nous vous avons coûté, mon mari
et moi ; vous mettrez en regard la valeur de cet hôtel
que je vous abandonnerai en toute propriété.

Rühden tressaillit.

— Ah ça... comtesse, est-ce que !

Elle poursuivit :

Vous apporterez notre avoir le million que
vous me donnez contre les pièces que je vous
ce soir, et ce soir même, en recevant ces
vous me compterez tout ce qui me reviendra.

— Et demain ?

— Je vous l'ai dit, je ne vous connaîtrai
aussi bien demain...

— Que ferez-vous ?

— Cela ne regarde que moi.

— Comtesse, vous êtes dans une mauvaise
observa gravement Rühden.

— J'y étais, j'en sors.

— Promettez-moi au moins de ne pas faire
parable folie !

— Je vous promets que, si je fais une folie
ne nuira qu'à moi.

Et, écartant cela d'un mouvement brusque :

— Vos instructions pour les pièces. J'attends.

Clément avait soigneusement caché à Laurence
restation de Charles. Il avait déjà assez de
départ de son père.

Voici qu'elle avait là-dessus des réponses qui
leversaient Clément :

— Je ne comprends pas... je ne peux pas comprendre ; j'en arrive à me demander si c'est bien mon
père qui me revint de New-York !

Et, comme Clément levait les bras au ciel :

— Oui, je sais, c'est méchant ce que je vous dis,
mais si vous saviez ! Écoutez, il faut vous
n'est-ce pas ? Je n'ai pas attendu le départ de
père pour éprouver ce doute. Des choses me sont
nues qui m'ont torturée ; ma mère ne l'avait pas
connu dans ce portrait qu'il nous avait envoyé
New-York ; puis, en arrivant à Sainte-Lucie,
savait plus me tutoyer... et enfin je trouvais
tendresses quelque chose d'une réserve singulier.

Clément s'en alla trouver le docteur Daubray.

— Mon cher docteur, vous veniez voir Mlle
rence quand on arrêta ce pauvre Charles ; aujour-
d'hui, c'est moi qui viens vous prier de faire
tarder votre visite à Mlle Lazare.

— J'y vais, mon ami ! J'y vais. Excusez-moi
arrestation m'a un peu troublé, je n'ai plus

— Oh ! pauvre garçon ! qu'il est... de... vouloir... et que je puis... vous...

— Et le résultat ?

— Rien encore, mais je vais être entendu par le juge d'instruction et, soyez tranquille, je parlerai... on racontera. Vous disiez donc ? Mlle Laurence. Elle doit être très malheureuse, la chère enfant ! mon parrain...

— Elle ignore la chose.

— Ah ! vous ne lui avez pas annoncé ?

— Non. Elle a bien le temps de l'apprendre. Ce n'est pas pour cela que je vous prie de venir, c'est donc le père...

— Elle ne se résigne pas ?

— Elle en vient à soupçonner la vérité.

— Le faux père ! la substitution !

— Oui... et je ne sais plus que lui répondre... J'ai... de me trahir.

— Eh bien ! trahissez-vous.

— Docteur !

— Que craignez-vous ?

— Ce que je crains ? Mais ce sera épouvantable, docteur ! Vous ne voyez donc pas ? Cette jeune fille à qui l'on annonce que son père est mort depuis sept ans et que celui qui s'est présenté à elle comme son père est un étranger...

— Pardon ! vous m'avez dit qu'elle soupçonnait la vérité ?

— Oui, je vous l'ai dit.

— Alors ? Elle a dû se faire à cette idée. Il n'y aura plus qu'à lui expliquer convenablement la mort de son père et pourquoi c'est Cornélis qui l'a remplacé. Je me charge de lui expliquer tout cela de telle façon qu'elle n'aura que des bénédictions pour mon fils, et tout s'arrangera comme je le désire, mon brave Clément, et cette semence dont je vous parlais ces jours derniers tombera dans un terrain tout préparé... Et tout s'arrangera, je vous dis ! Tout s'arrangera... Allons-y !

Ils sortirent, Daubray très résolu, Clément ne croyant pas du tout que les choses pussent tellement s'arranger et redoutant une catastrophe.

À ce moment un homme se présentait à l'hôtel avenue de Villiers et demandait à parler à Mlle... de la part de son père.

— Mon père !...

Laurence donna aussitôt l'ordre d'introduire ; elle alla, elle courut au-devant de l'envoyé.

— Vous m'apportez des nouvelles de mon père : soyez le bienvenu, monsieur !

Elle ne connaissait pas cet homme, elle ne l'avait jamais vu : elle ne lui demanda même pas son nom.

— Parlez ! parlez vite !

L'homme parla.

— Mademoiselle, je m'empresse de vous annoncer que votre père se porte bien et qu'il serait parfaitement heureux s'il n'avait à se reprocher de vous avoir laissée à Paris. Il n'a pas cru pouvoir vous emmener avec lui, je vais vous dire pourquoi...

— Dites !

— Jusqu'à ce jour, il vous a laissé ignorer la lutte qu'il soutenait, l'œuvre de justice contre ceux qui torturèrent son ami, M. Cornélis...

Un mouvement de Laurence indiqua à l'homme que la jeune fille savait quelque chose de cette œuvre.

Il poursuivit :

— Ces jours derniers, la lutte prit une tournure dangereuse pour votre père — oh ! rassurez-vous, il doit triompher, il triomphera ! — mais devant le danger dont je vous parle, il jugea sage de disparaître quelque temps en laissant ses ennemis s'enferrer eux-mêmes. Il quitta donc Paris en faisant annoncer qu'il retournait en Amérique. Tout le monde le crut, vous la première...

— Et puis ?

— Votre père, mademoiselle, n'a pas quitté la France.

— Oh !

— Il s'est tout simplement retiré à Sainte-Lucie, d'où il n'a pas cessé un seul instant de s'occuper de ce qui se passait à Paris et d'abord de vous-même.

Laurence porta ses deux mains à son cœur :

— Sainte-Lucie ! la tombe de ma mère ! Oui, oui, c'est là qu'il devait aller.

— Aujourd'hui, mademoiselle, incapable de rester plus longtemps privé de sa fille, il m'envoie vous chercher...

Le premier mouvement de Laurence fut de crier :

— Je pars ! Je vous suis !

Mais elle songea qu'elle ne pouvait pas partir ainsi, sans prévenir Clément, et, en même temps, cette réflexion lui vint aux lèvres et elle la laissa tomber :

— Mon père ne vous avait-il [illegible]

— J'ai une lettre pour ce dernier, [illegible] qu'elle contient. La voici.

[illegible] tendait une lettre cachetée, sans suscription.

— J'étais chargé de la remettre en mains propres; [illegible] en arrivant ici, j'ai demandé M. Clément : il était sorti, je n'ai pas cru pouvoir vous faire attendre [illegible] retour... d'autant que j'ai promis à votre père [illegible] vous seriez auprès de lui demain matin, si vous voulez bien déférer à son désir. Il n'est que temps de partir : nous avons à prendre le rapide [illegible] trois quarts d'heure, juste le temps de nous rendre à la gare de Lyon.

[illegible] sonna, sa femme de chambre accourut.

— Nous partons en voyage, préparez vite l'indispensable.

— Bien, mademoiselle, répondit la femme de chambre sans paraître le moins du monde étonnée.

Elle avait échangé un regard avec l'homme.

Laurence la suivit en s'excusant :

— Deux minutes, monsieur, et je suis prête.

L'homme, resté seul, sourit :

— Ce n'est pas plus difficile que ça ! Pauvre [illegible] va !

[illegible] consulta sa montre :

— En supposant que l'intendant ne fasse que passer à Longjumeau, il ne pourra pas être de retour [illegible] une heure : nous serons à l'abri.

La femme de chambre reparut la première, une [illegible] à la main ; elle avait tout préparé pour le départ : elle était d'accord avec l'homme.

Laurence et l'inconnu avaient quitté l'hôtel depuis [illegible] d'une heure quand Clément rentra, ramenant [illegible] Daubray.

[illegible] seuil, ils apprirent l'événement, le concierge [illegible] au courant.

[illegible] regardèrent, surpris, n'en pouvait croire [illegible]

[illegible] précipitèrent dans l'hôtel et tombèrent sur [illegible] de chambre ; il leur confirma ce que leur [illegible] le concierge, mais il compléta par une [illegible] à mettre quelque lumière dans cette [illegible]

[illegible] de M. Lazare a apporté une lettre pour monsieur Clément ; vous la trouverez sur votre [illegible]

Ils allèrent à cette table ; la lettre y était.

Clément l'ouvrit, déplia le papier et resta, une seconde, stupide.

Le papier était tout blanc, immaculé ; on n'avait rien écrit dessus.

Daubray éclata le premier :

— Vous avez eu tort de quitter l'hôtel ; on a enlevé Mⁱˡᵉ Laurence !

Et il n'eut pas besoin de s'expliquer ; Clément avait déjà compris, et il pouvait nommer les coupables :

— C'est une vengeance ! Ce sont les Flourac qui ont commandé cet enlèvement !

Or, comme il proférait ce cri, un bruit de voix s'éleva.

Une femme discutait avec le valet de chambre et priait, suppliait :

— Je veux voir Mⁱˡᵉ Lazare ! Il faut que je la voie. Je vous demande comme une grâce d'obtenir qu'elle me reçoive !

Et la femme jetait son nom :

— Je suis la comtesse de Flourac !

Daubray et Clément tressaillirent.

— Le complément du crime ! souffla le docteur ; elle vient essayer de donner le change. Venez la recevoir.

Ils passèrent au salon, et Clément alla mettre fin à la scène qui se jouait entre la comtesse et le valet de chambre.

— Veuillez entrer, madame.

Fernande entra ; elle reconnut le parrain de Cornélis, mais ne parut pas troublée de se retrouver devant lui.

Elle salua Daubray d'un mouvement de tête et exposa tout d'un trait l'objet de sa visite :

— C'est Mⁱˡᵉ Lazare que je viens voir. Il est de toute nécessité que je la voie. On me répond qu'elle a quitté Paris pour aller retrouver son père.

— On vous trompe, répondit le docteur. Mⁱˡᵉ Lazare a bien quitté cet hôtel, mais sans savoir où elle allait : elle vient de nous être enlevée.

— Enlevée ?

— Par un misérable que vous connaissez peut-être... que vous connaissez certainement : c'est votre vengeance qu'il sert ; M. Lazare ne pouvait être atteint que par là ; sa fille, son unique amour, vous avez fait enlever sa fille !

Fernande s'était rejetée en arrière, bégayant sa

...ccusation.

— Monsieur... docteur... je vous jure...

Et dans ses yeux où la douleur s'imposait(?) une résignation, des larmes apparaissaient.

— Je vous jure que je n'y suis pour rien, que je l'ignorais...

— Non, c'est votre mari...

— Non, il me l'eût dit... Je vous jure, docteur, je vous jure que nous sommes innocents l'un et l'autre de cet enlèvement...

Soudain, les larmes qu'elle retenait jaillirent, elle éclata en sanglots.

— Oh! après tout ce que j'ai souffert, après ces douleurs et ces hontes, cette accusation encore! Vous ne voyez donc pas que je n'en puis plus de souffrir, que c'est pour demander grâce que je suis venue! Je vais me jeter aux pieds de cette innocente et la supplier d'implorer son père pour moi! Docteur, docteur, ne m'accablez pas, ne m'écrasez pas! Mlle Lazare, Mlle, écoutée, écoutez-moi.

— Je vous dis que je n'en puis plus, que je veux en finir avec ce cauchemar qui m'étouffe! Tout ce que je demande, c'est qu'il me soit permis de me justifier devant celui que vous appelez M. Lazare... Je lui confesserai tout. Il saura par moi comme il a été bien vengé et peut-être aura-t-il pitié!

S'il y avait eu à douter, la douleur et les regrets de cette femme étaient sincères, elle eût pu jouer la comédie pour donner le change à ceux qui la regardaient, mais elle ne fût pas allée jusqu'à crier grâce, jusqu'à reconnaître que le mort avait bien fait de la venger!

Dubray laissa tomber:

— Si M. Lazare était là, il ne vous répondrait qu'un mot: Allez! Je vous réponds pour lui: rendez-nous Mlle Laurence!

— Mais je vous répète, je vous jure...

— Cherchez, comme nous allons chercher nous-mêmes... Je vais de ce pas à la préfecture de police. Je vais y être déjà. Venez, Clément.

Le docteur se dirigeait vers la porte...

La voix de la comtesse l'arrêta:

— Attendez!

— Vous vous décidez?

Elle n'avait pas à se décider, elle était toute décidée... mais elle ne savait réellement rien de cet enlèvement et, comme elle cherchait à voir clair dans ce...

mystère, un soupçon venait de traverser son cerveau :

— Vous devez avoir raison, je crois que je peux retrouver Mlle Laurence. J'y cours : je vous demande une heure pour vous la ramener !

— En attendant, mon devoir est de me rendre à la préfecture.

— C'est inutile, je réussirai où la préfecture ne pourrait rien, et je ne vous demande qu'une heure !

Elle s'en alla en courant.

Daubray et Clément se regardèrent.

— Qu'en pensez-vous ? demanda le premier.

— Mon avis est qu'elle est sincère, répondit Clément. C'est son mari qui a tout fait en lui laissant tout ignorer.

Clément se trompait de moitié.

Fernande était sincère, c'était bien pour demander grâce qu'elle était venue, mais son mari était tout aussi ignorant qu'elle de l'enlèvement de Laurence.

Remontée en voiture, elle jeta au cocher l'adresse du baron de Rühden.

Là, on lui fit faire antichambre, et un moment elle trembla de ne pas être reçue...

C'est qu'elle avait rompu avec le baron ; les comptes avaient été réglés comme elle le demandait : Rühden avait eu communication des pièces qu'il convoitait, et il avait versé à son instrument le prix de la trahison.

Tout était fini entre eux, et c'était elle qui l'avait signifié.

Enfin, elle fut introduite dans le cabinet du baron. Rühden était là, c'était lui qui la recevait.

— Je vous demande pardon de vous avoir fait attendre ; je vous confesse qu'un moment je me suis tâté...

— C'est juste, nous ne devions plus nous revoir.

— Je suis ravi, d'ailleurs, que vous ayez changé d'avis.

— Je n'en ai pas changé. Le passé est et demeure enterré.

— Mais l'avenir nous reste ouvert ?

— Il n'y a pas d'autre avenir pour moi que de vivre oubliée et ignorée. J'aurai disparu demain. Il me reste quelque chose à faire aujourd'hui et c'est pour cela que je viens vous trouver.

Et, sans autre exorde :

— Je viens vous prier de faire ramener Mlle Laure chez son père.

Rühden s'écria :

— Mlle Lazare...

— Que vous avez fait enlever. Ne niez pas !...
L'homme qui a fait le coup est le même qui a supprimé Violette Cœurdelys.

Le baron eut une faiblesse ; il s'irrita au point de
se trahir en cédant à son mouvement de colère.

— Et puis ? que vous importe, à vous ! Est-ce qu'on
vous accuse ? Est-ce que vous avez à craindre ?...
Comment !... C'est pour vous qu'on agit, pour vous
sauver de cet homme qui vous terrorise, et vous pro-
testez !

Elle répondit froidement :

— Je ne veux pas être sauvée de cet homme. J'ai
un compte à régler avec lui, je le réglerai moi-même.

Et elle répéta :

— Vous allez lui faire ramener sa fille !...

Et Rühden haussant furieusement les épaules :

— Je vous donne une minute pour m'apprendre où
je peux la retrouvber. La minute écoulée, je sors d'ici,
mais pour me rendre directement chez le procureur
de la République et lui dénoncer tout ce que je sais
de vous, jusques et y compris le rôle que vous m'avez
fait jouer.

— Malheureuse ! rugit le baron.

— C'est votre dernier mot ?

Il la regarda et la vit si résolue qu'il eut peur.
Brusquement, sa colère tomba ; il essaya de faire
réfléchir la comtesse, de lui démontrer qu'elle allait
se perdre elle-même.

Elle haussa les épaules à son tour :

— Ah ! si vous saviez comme à l'heure actuelle je
me moque d'être perdue ! Ne vous occupez que de
vous-même : voulez-vous l'être, perdu, vous ? Si oui,
refusez-moi ce que je vous demande. J'attends !...
Non, je n'attends plus, la minute est écoulée.

Elle étendit la main vers la porte, elle ouvrit cette
dernière et s'en allant :

— Au revoir, baron, devant le juge d'instruction !

Il bondit, la ramena dans son cabinet :

— Mais c'est de la folie ! Vous ne savez donc plus
ce que vous faites !

Elle se dégagea :

— Oui ou non, rendez-vous la jeune fille ?

— Vous le voulez ?

— Je l'exige.

— Je vous répète que vous vous perdez !

C'était Frédéric qui entrait, et il plut à la comtesse de... monta, avec un accent de pleine satisfaction.

— C'est fait.

Fernand comprit : c'était Frédéric qui avait enlevé... l'heure...

— Sans violence, j'espère ? demanda-t-elle.

— Sans la moindre violence, répondit Frédéric, convaincu que la comtesse était au courant de tout. La jeune fille n'a protesté qu'en s'apercevant qu'elle ne prenions pas le train...

Les yeux d'acier du maître lui lançaient des éclairs terribles ; il s'en aperçut trop tard.

— C'est bien, dit la comtesse. Il vous reste à me conduire auprès de la jeune fille. Je vous préviens que, si vous hésitez, je vous fais immédiatement arrêter et pour cet enlèvement et pour l'assassinat de Violette Cœurdelys ! Décidez vous-même.

Ce fut le maître qui prononça :

— C'est un coup d'épée dans l'eau, mon brave... Madame ne veut plus et remonte... Conduis...

Et allant ouvrir la porte.

— Madame la comtesse de Flourac, nos rapports cette fois sont bien finis.

Elle sortit sans répondre.

— Viens, dit Ruhden à Frédéric, et revenons vite. Il n'est que temps de nous mettre à l'abri.

VI

Ce même jour, presque à la même heure, Charles Barlet comparaissait devant son juge d'instruction.

Le siège du juge était fait : Charles Barlet avait dû pour voler, les cent mille francs trouvés sur lui l'accablaient.

Il comparut sans crainte, avec plutôt un air de soulagement.

Enfin, il allait pouvoir se justifier !

Il était prêt, il avait eu le temps de prospérer... même dans la solitude où il était enfermé.

— Monsieur le juge, je suis innocent. L'état... d'enfance de Violette Cœurdelys, son...

leur ami, sa femme de chambre pourra vous le dire, et c'est moi qu'on accuse de l'avoir assassinée ! Et pourquoi aurais-je commis ce crime ?

« J'ai cru comprendre qu'on me soupçonnait de lui avoir volé ces cent mille francs que j'avais dans ma poche quand on m'a arrêté. Ces cent mille francs, elle me les avait confiés.

Et Charles dit la vérité pure : comment et pour quel motif Violette lui avait confié cette fortune : elle avait peur à Paris, elle se sentait menacée d'un grave danger, elle voulait se retirer à la campagne et elle l'avait chargé, lui, Charles, son meilleur ami, de lui acheter une villa.

Le juge l'écoutait sans l'interrompre.

— Et au lieu d'acheter la villa, fit-il à la fin, vous avez préféré garder cet argent pour vous et vous êtes allé au-devant des réclamations de votre victime en lui fermant pour toujours la bouche !

Cela tomba comme un coup de massue sur la tête de Charles.

Jusque-là il s'était, dans sa candeur, figuré qu'il n'aurait qu'à dire la vérité pour qu'on le crût.

— Monsieur le juge, bégaya-t-il, monsieur le juge...

— Je vous écoute, parlez, défendez-vous.

Se défendre, il ne le pouvait plus ; du moment qu'on ne le croyait pas, il ne savait plus que dire.

Il resta bouche bée, de l'épouvante dans les yeux.

— Je constate que vous ne répondez pas, dit le juge. Vous reconnaissez...

Il eut ce cri :

— Non ! non ! je ne reconnais rien ! Je suis innocent.

Et il répéta ce qu'il avait déjà dit, l'explication qu'il avait déjà donnée. Et tout à coup il crut avoir trouvé le moyen de faire éclater son innocence :

— La femme de chambre vous dira que sa maîtresse n'avait aucun mal quand je quittai l'hôtel...

— La femme de chambre ne dit pas cela du tout ; elle n'a pas pu vous voir partir, vous l'aviez envoyée se coucher, et elle s'est expliqué pourquoi, le lendemain matin, quand elle a trouvé sa maîtresse morte... Au surplus, elle viendra ici répéter cela devant vous. En attendant, je vais vous mener devant le cadavre de votre victime.

Charles frémit — oh ! pas de peur, il n'avait rien à craindre de sa pauvre Riri, c'était elle qui l'eût innocenté, si elle eût pu parler — mais une douleur

atroce avait serré le cœur à cette vision de la
morte, qu'il avait tant aimée...

Le juge s'y trompa, il crut à un mouvement de terreur.

— Nous partons, fit-il en se levant.

Charles Bardet allait encore vider ce calice, s'entendre accuser devant Riri, et il sentait que là-bas
il ne pourrait que crier en pleurant.

— Je suis innocent !

Et on ne l'écouterait pas, on ne voudrait pas le
croire — et ce serait fini, le juge l'enverrait à la cour
d'assises...

On frappa à la porte du cabinet ; le garde de service
entra présenter une carte au juge.

— Cette personne prétend avoir quelque chose de
très pressé à vous dire au sujet de l'assassinat de
Violette Cœurdelys. Elle a, d'ailleurs, écrit un mot.

Le juge prit la carte, lut le mot, et tressaillit.

Il donna l'ordre d'emmener son prisonnier et fit
entrer le visiteur...

Mais peut-être est-il temps de revenir au docteur
et à Clément, et surtout à Laurence.

C'était bien Frédéric qui avait enlevé la pauvre innocente et Rühden était au courant de l'opération.

Cet enlèvement répondait à un double but : il allait
permettre d'arracher à Laurence, terrorisée, le secret
de celui qui se donnait pour son père et il déterminait
vraisemblablement ce dernier à rentrer à Paris et
sur-le-champ.

Sur-le-champ, car Frédéric demeurait convaincu
que Lazare n'avait pas quitté la France.

Et, en rentrant, Lazare était supprimé, comme l'a-
vait été Violette.

L'exécuteur avait renoncé à l'expédient des billets
faux, qui était trop compliqué.

Il fallait que Lazare rentrât tout de suite ; il ne
pouvait manquer d'accourir en apprenant la disparition de Laurence.

Frédéric avait conduit sa victime chez le baron de
Rühden et l'avait enfermée dans une pièce où ses
cris seraient perdus. Et, sans perdre de temps, il
avait commencé le siège de la pauvre enfant, et c'est
ainsi que Laurence avait appris qu'elle n'était pas
seule à se demander si Lazare était son père.

Mais elle n'avait rien répondu aux questions de
Frédéric ; s'étant rendu compte de la violence qui lui

— Je vais tout vous apprendre, mademoiselle.

Et elle lui apprit tout, en effet, et Laurence enten-dit, de la bouche même de la coupable, l'aveu du mal fait à Cornélis et le récit de la vengeance du mort.

Le mort ! Fernande était menée par la conviction que Cornélis n'était pas mort, que c'était lui, en personne, qui se vengeait.

Et elle dit cela aussi et, avec des précautions infi-nies, elle révéla à la jeune fille la vérité telle qu'elle la voyait : c'était Lazare, le vrai père de Laurence, qui était mort, et Cornélis avait pris sa place.

Et, dans cette révélation, elle ne laissa pas tomber un mot de nature à noircir Cornélis dans l'esprit de Laurence ; elle s'appliqua à en éliminer tout ce qui aurait pu faire entendre à l'orpheline que son père avait été la victime de Cornélis.

Elle cessa de parler sans que Laurence eût dit une parole.

Elle regarda, un peu étonnée, la jeune fille.

Laurence pleurait silencieusement.

— Oh ! pardonnez-moi ! Je vous ai fait mal ! sup-plia Fernande.

— Je vous remercie, murmura l'orpheline.

—Puis, dans un grand soupir :

— Complétez : pourquoi M. Cornélis est-il parti ?

— Je l'ignore, Mademoiselle, mais M. Clément doit le savoir... Je suppose qu'il n'a disparu que pour pré-parer le couronnement de sa vengeance, et je m'y abandonne ; mais, avant de me porter le dernier coup, je veux qu'il sache que j'ai pleuré ma faute...

— Et qu'il vous pardonne, n'est-ce pas ?

— Je ne peux pas lui en demander tant. Qu'il me permette de disparaître moi-même et de finir ma vie dans l'oubli !

Elles étaient arrivées à l'hôtel de l'avenue de Vil-liers.

Laurence descendit la première.

— Venez, Madame ; je vais d'abord vous réconcilier avec M. Clément.

Fernande la suivit en tremblant.

En voyant passer Laurence, le concierge eut un cri :

— Oh ! Mademoiselle !... Votre père !

— Mon père...

— M. Lazare vient de rentrer à l'instant.

Fernande chancela.

un bon pays à l'étranger.

Et il sortit de l'antichambre du cabinet, puis
il rebutit d'une fuite éperdue.

C'était Yrabande qui avait pris; c'était elle qui se
livrait comme si elle eût déjà senti au-dessus
se mettre la main de la justice.

Laurence s'élançait. Cornélis la retint.

— Reste! — Laisse aller cette femme; c'est
elle qui fuit les malheurs immérités! Répondit-il.

— Pourquoi me fuir, vous mon enfant?

Elle répondit sans essayer de se défendre:

— Parce que vous n'êtes pas mon père!

— Laurence!

— Parce que vous n'êtes que mon bienfaiteur,
l'ami de ma mère, monsieur Cornélis!

Et il eut un silence.

Vraiment hagard, Cornélis ne trouvait rien
à protester.

Et pourtant s'échappa de sa gorge, il ne fut
un aveu et une prière:

— Alors, n'est-ce dit-il — vous allez me suivre?

Elle lui répondit à son tour :

— Oh ! ce n'était donc pas vrai que vous aimiez la pauvre orpheline !

— Laurence !

Il ouvrait les bras, elle s'y jeta.

Et Daubray, se tournant vers Clément :

— Je vous le disais bien, moi, que tout pouvait s'arranger.

Le lendemain matin, les Parisiens s'éveillèrent avec un beau scandale pour leur premier déjeuner.

Tous les journaux publiaient les détails d'une nouvelle affaire de trahison, nommaient l'espion étranger, le baron de Rühden, et les traîtres, un employé supérieur du ministère de la guerre, Lauraguais, et le comte et la comtesse de Flourac, les instruments de Rühden.

Le couple de Flourac avait été arrêté au moment où il s'apprêtait à fuir ; Lauraguais s'était brûlé la cervelle quand on lui avait exhibé le mandat d'arrêt.

Quant au baron, il avait trouvé le moyen d'échapper aux agents ; mais on avait découvert chez lui la preuve de la trahison, les pièces du ministère de la guerre.

A son départ, on avait arrêté son valet de chambre, et il se trouvait qu'en arrêtant ce dernier on avait mis la main sur l'assassin de Violette Cœurdelys.

Il s'était dénoncé lui-même : croyant qu'on l'arrêtait pour cet assassinat, il s'était défendu sans attendre d'être accusé. On avait saisi l'indication au vol et, en cuisinant l'individu, on l'avait amené à avouer...

Quelques jours plus tard, quatre personnes s'embarquaient ensemble, au Havre, pour l'Amérique : c'étaient Cornélis et Laurence, Clément et Charles Barllet.

Cornélis avait retrouvé son air de jeunesse et ses yeux bons et confiants.

Son cœur s'était rouvert à la foi et aux rêves de bonheur. Il aimait Laurence, il l'avait aimée dès l'heure où elle lui avait tendu son front, là-bas, à Sainte-Lucie, et le parrain Daubray ne s'y était pas trompé en entendant son filleul lui faire la confidence de ses déchirements, et il avait bien vu le dénouement de tendresse qui s'annonçait.

Et il n'avait pas eu, le bon docteur, à jeter dans

le cœur de Laurence, la semence mystérieuse dont il avait parlé à Clément.

Elle y était, la semence, et elle avait levé toute seule.

Dès l'instant où le doute s'était éveillé dans l'esprit de Laurence, dès la minute où elle s'était dit : « Et si cet homme si bon, si généreux, si tendre, n'était pas mon père ? » l'ardente affection qu'elle lui portait avait changé de nom.

Et Daubray, sans avoir semé, avait pu saluer la fleur :

— Mademoiselle Laurence, je remets entre vos petites mains la vie de mon filleul ; vous seule pouvez réparer envers lui les injustices du sort et lui donner le bonheur qu'il n'a pas connu, et c'est déjà fait : vous l'aimez comme il vous aime.

Et les fiancés partaient pour l'Amérique, où Cornélis pouvait revivre au grand jour, dans la paix et dans l'amour.

Clément et Charles les accompagnaient, Clément ravi, n'ayant plus à trembler pour son maître, Charles heureux lui aussi, mais avec une blessure au cœur : le deuil de sa petite Riri...

FIN

9 782019 971496